Reinhard Hempelmann

LICHT UND SCHATTEN
DES
ERWECKUNGSCHRISTENTUMS

W0188717

EZW-Reihe Orientierung

Der Autor

Dr. theol. Reinhard Hempelmann, geboren 1953 in Bünde, Studium der Evangelischen Theologie in Bethel und Heidelberg, Pfarrer der Evangelischen Kirche von Westfalen, ist seit 1992 Referent in der Evangelischen Zentralstelle für Weltanschauungsfragen (EZW) für neue religiöse und geistliche Bewegungen.

Reinhard Hempelmann

LICHT UND SCHATTEN DES ERWECKUNGSCHRISTENTUMS

Ausprägungen
und Herausforderungen
pfingstlich-charismatischer
Frömmigkeit

Quell

ISBN 3-7918-3441-X

© by Quell Verlag, Stuttgart 1998
Printed in Germany · Alle Rechte vorbehalten
Lektorat: Hans-Joachim Pagel
Umschlaggestaltung: Röger & Röttenbacher, Leonberg
Gesetzt aus der Stempel Garamond Roman OsF 9,8 / 13 pt
Gesamtherstellung: Maisch & Queck, Gerlingen

INHALT

VORWORT

Das Buch vereint verschiedene Beiträge zu pentekostal-charismatischen Bewegungen, die im Zusammenhang meiner Tätig-
keit als EZW-Referent entstanden sind. Es möchte informieren, Hinweise für eine kritische Auseinandersetzung geben
und Verständnis und Sympathie für das Anliegen einer geistlichen Erneuerung der Kirche zum Ausdruck bringen. Die be-
handelten Themen kommen aus unterschiedlichen Aufgaben-
stellungen. Ihre Verknüpfung ist eher locker; sie stehen auch
für sich und können ausschnittweise gelesen werden.
Informationsanfragen gaben Anlaß, sich über charismatische
Gruppen zu informieren. Einladungen zu Vorträgen, Semina-
ren und Tagungen nötigten dazu, sich auf unterschiedliche
Erwartungen und thematische Schwerpunkte einzustellen.
Die Beiträge sind nicht zuletzt mitbestimmt durch Begegnungen und Gesprächskontakte mit Christinnen und Christen
aus pfingstlich-charismatischen Erneuerungsgruppen und
zahlreichen Dialogtagungen, deren wichtigstes Ziel es war,
nicht über, sondern mit Charismatikern und Pfingstlern zu
reden.
Das Buch kann nicht beanspruchen, die Impulse und Herausforderungen charismatischer Frömmigkeit umfassend und sy-
stematisch zu bedenken. Es möchte ein realistisches Bild charismatischer Frömmigkeit skizzieren und der Diskussion
über ihre umstrittenen Ausdrucksformen nicht ausweichen.
Ich danke allen, die für mich Gesprächspartner bei der Entstehung des Buches waren, insbesondere meinen Kollegen
und meiner Mitarbeiterin Christa Tahhan, die mir mit viel Engagement und Geduld bei der Erstellung des Manuskriptes
behilflich war.

Berlin, im August 1998   Reinhard Hempelmann

EINE HINFÜHRUNG
ZUR CHARISMATISCHEN ERFAHRUNG

von Hanne Baar

Prüfe dich, ob dein Leben vor Gott, so wie dein Gewissen es dir zeigt, in Ordnung ist. Bekenne in einem Gebet oder in der Beichte deine Sünden und nimm die Vergebung Gottes an. Prüfe auch, ob du nicht an Dingen hängst, die vor Gott ein Greuel sind, ob du abergläubisch bist oder warst, dich für Horoskope interessiert hast, Amulette oder dein Sternzeichen trägst. Hiervon mußt du dich trennen und im Namen Jesu lossagen, ebenso von aller Verbundenheit mit nichtchristlichen Religionen. Tu das, auch wenn du es jetzt vielleicht nicht recht einsiehst und unwichtig findest. Es können hier Gebundenheiten an die Herrschaft eines anderen Geistes bestehen. Du kannst nicht zwei Herren dienen. Vertrau auf die Erfahrung, die andere damit haben, daß hiermit nicht zu spaßen ist, auch wenn du dich jetzt wunderst.

Was dir sicher besser einleuchtet: Vergib allen Menschen, denk an alle, die dich je verletzt haben, eingeengt, beleidigt, mißachtet. Denk an deine Feinde, wenn du welche hast und vergib ihnen, so wie der Herr dir vergeben hat.

Jetzt kommt ein wichtiger Schritt, den du auch dann noch einmal tun solltest, wenn du bereits Christ bist. Sag bewußt »Ja« zu Jesus Christus. Nimm ihn an als deinen persönlichen Erlöser, der für deine Sünden an deiner Statt starb. Danke ihm dafür. Durch sein Blut bist du gerecht gemacht. Dies ist die größte Gnade, die Gott dir erweist, daß er am Kreuz deine Schuld auf sich nahm, so daß du rein bist vor ihm und Gemeinschaft mit ihm haben kannst.

Nun übergib ihm dein Leben. Gib ihm alles im Vertrauen darauf, daß er als gütiger Vater dich beschenken wird, daß er dir nicht Dinge wegnehmen will, um dich traurig zu machen. Er nimmt dir nichts weg, was du zu deinem Glück brauchst, sondern er nimmt uns nur, was uns an unserem Glück hindert. Liefere ihm alles aus im vollen Vertrauen, daß er gütig ist, daß er dein Bestes will, daß er dich liebt, viel mehr als dich Menschen lieben können, viel mehr, als du dich selber liebst. Übergib ihm alles, alles Schöne und alles Schwere, jede Sorge, alle Not und Krankheit. Dein ganzes Leben leg in seine Hände im Vertrauen, daß es in seiner Hand gut aufgehoben ist. Alles, was du an ihn losgelassen hast, kann er jetzt ordnen und heilen und dir zurückgeben. Du bekommst alles zurück, was du brauchst.

Nun bitte um die Erfüllung mit dem Heiligen Geist. Du kannst das allein tun. Steht dir jedoch eine Gemeinde oder ein Gebetskreis mit geisterfüllten Christen zur Verfügung, dann laß dir die Hände auflegen. Bitte die Geschwister, daß sie mit dir beten. Es ist in jedem Fall ganz einfach: Du bittest den Herrn, dich mit seinem Heiligen Geist zu erfüllen, wie es in der Schrift verheißen ist. Du darfst sicher sein, daß Gott deine Lebensübergabe angenommen hat und dir jetzt die Erfüllung mit seinem Geist gibt. Er wartet schon lange voll Sehnsucht darauf, eingelassen zu werden und in dir Wohnung zu machen.

Wenn du das glauben kannst, dann ergreife es im Glauben, am besten, indem du dankst. In diesem Moment hat etwas Neues begonnen, das wachsen will und wachsen wird, wenn du es nicht erstickst in Alltäglichkeit und Sünde. – Eine junge Frau gab folgendes Zeugnis: »Bei meinem Gebet um Geisterfüllung ist nichts Besonderes passiert, außer daß sich seither alles verändert hat.«

Wahrscheinlich wirst du Frieden und Freude spüren. Was man fühlt, ist individuell so verschieden, daß hier keine Vorhersagen gemacht werden können. Wichtig ist zu wissen, daß du sehr viel spürst, eine große Freude oder vielleicht auch, daß du sofort in »Zungen« sprichst. Trau Gott alles zu, trau ihm vor allem zu, daß von ihm nur Gutes kommen kann, so daß du ohne jede Angst sein darfst. Ich habe eine Geisterfüllung erlebt, wo die Kraft Gottes so stark in jemandem wirkte, daß er einen Moment lang wie bewußtlos wirkte. Bedeutend häufiger jedoch erlebe ich, daß alles Gefühlsmäßige zunächst im Hintergrund bleibt und daß der Glaube, einfach ein trockenes Ergreifen der biblischen Verheißungen im Glauben im Vordergrund steht. Es kommt nicht darauf an, was du fühlst, sondern darauf, was du wirklich willst und was du glaubst und im Glauben ergreifst. Du hast von Geistesgaben gehört. Die Gaben, die man erfahrungsgemäß am leichtesten bekommt, sind die Sprachengabe und die Gabe der Unterscheidung der Geister.

Die Sprachengabe bekommst du entweder spontan, d.h. du fängst an, in einer anderen Sprache zu beten und Gott zu preisen, einfach, weil dir neue Worte und Silben in den Mund kommen, die du aussprichst, indem du diesem Fluß in dir nachgibst. Das braucht dich nicht zu erschrecken, es darf dich freuen. Diese Sprache ist dir als Gebetssprache gegeben. Du kannst sie anwenden zum Lob und zur Anbetung Gottes oder auch in Fürbittefällen, in denen du nicht weißt, um was du Gott bitten sollst. Der Geist betet dann in dir. Dein Verstand wird nicht beansprucht. Das ist erholsam. Dazu ist dir die neue Sprache auch gegeben: daß du dich erholst und auferbaust.

Kannst du nicht sofort in Sprachen beten, so bitte Gott speziell noch einmal um diese Gabe, wenn du sie wirklich haben möchtest, und beginne dann im Glauben die Silben auszusprechen, die dir einfallen. Es muß dich nicht stören, wenn das, was dir einfällt, erst sehr spärlich ist, und wenn zunächst Unsicherheit besteht, ob diese Laute wirklich von Gott sind. Sprich aus, was dir kommt, und bitte Gott, daß er es zu seinem Lobpreis annimmt, daß er es vermehrt und befreit zu seiner Ehre. Je sicherer du weißt, daß alles, dein ganzes Instrumentarium an Wollen, Fühlen, Denken und Sprechen Gott ausgeliefert ist, um so sicherer wirst du sein, daß die Laute aus den Tiefen deiner Seele durch ihn und für ihn sind.

Die Gebetssprache wird dir nicht gegeben, um sie vor anderen Menschen anzuwenden, es sei denn, eine Auslegung folgt. In dieser Sprache betest du zu Gott. Für ihn ist sie bestimmt. Du mußt dich nicht darum kümmern, wie sie klingt. Du brauchst sie keinem vorzuführen. Sprich aus, was in deinen Mund kommt. Gott wird deinen Mund immer mehr füllen.

Wahrscheinlich wird mit der Geisterfüllung auch die Gabe der Unterscheidung da sein. Du wirst genauer unterscheiden können zwischen Gut und Böse, zwischen Gott und Satan, Gottes und Satans Werken. Vielleicht kannst du jetzt manche Filme nicht mehr gut ertragen oder manche Illustrierte nicht mehr lesen, weil dir bestimmte Beiträge einfach wehtun. Das ist die Gabe der Unterscheidung. Diese Gabe wird dir auch für dein eigenes Handeln gegeben. Du wirst unterscheiden können, was gottwohlgefällig ist und was ihn betrübt, wirst unterscheiden können, welche Reaktion in einer bestimmten Situation die richtige ist, wann du reden sollst und wann es besser ist, zu schweigen.

Es gibt noch andere Gaben, z. B. die der Prophetie, das Wort der Weisheit, der Erkenntnis, Gaben der Heilung. Du wirst geistlich weiterwachsen. Man kann nicht vorhersagen, welche Gaben dir Gott geben will. Es wird auch davon abhängen, welche du brauchen wirst, welche Dienste du für Gott übernimmst. Er wird dir die Gaben geben, die du brauchst, und zwar dann, wenn du sie brauchst. Auch deine natürlichen Fähigkeiten wird er befruchten und entfalten zu seiner Ehre.

Da du dein Leben Gott übergeben hast, kannst du damit rechnen, daß er dich führen wird, und zwar Schritt um Schritt. Gott wird deutlich zu dir sprechen, leise, aber deutlich. Er wird im Gebet zu dir sprechen, wenn du dich ihm öffnest und auf ihn hörst oder durch Predigten, durch Bibelstellen, durch Glaubensgeschwister und durch Umstände. Du wirst natür-lich geistlich um so schneller wachsen, je schneller du gehorchst. Wenn du fünf Wochen wartest, bis du tust, was du erkannt hast, dann sind natürlich fünf wertvolle Wochen vergangen.

Du wirst dich geistlich entwickeln und wachsen in dem Tempo, das dir angemessen ist, und wirst erfahren, daß Gott geduldig ist. Er erlaubt uns, langsam zu sein, Umwege zu machen und Erfahrungen zu sammeln, zu fallen, zu straucheln. Er ist immer zur Vergebung bereit und hilft uns auf die Beine und auf den Weg. Er wird dir zeigen, in welcher geistlichen Gemeinschaft dein Platz ist, so daß du nicht allein auf dich gestellt bist, sondern Austausch und Korrektur bekommst. Er wird dich sicher machen über deinen Platz und deine Aufgaben in der Gemeinde, in die du gehörst und wie er dich da zum Segen setzen möchte.

Aus: Hanne Baar, Kommt, sagt es allen weiter. Eine Christin berichtet über charismatische Erfahrungen, Verlag Herder, Freiburg · Basel · Wien ³1986, 58–64.

EINFÜHRUNG

In den Groß- und Freikirchen, häufiger noch neben ihnen, ent
wickeln sich gegenwärtig christliche Frömmigkeitsformen, die
unter den klärungsbedürftigen Begriffen »evangelikal« und
»pfingstlich-charismatisch« zusammengefaßt werden können.
Das Christsein wird hier in überschaubaren Gruppen und intensiven Gemeinschaftsbildungen, mit Engagement, persönlicher Entschiedenheit und missionarischem Eifer gelebt. In
der westlichen Welt geschieht die Ausbreitung des pfingstlich-
charismatischen Christentums hauptsächlich im weiteren Kontext der evangelikalen Bewegung, deren weltweite Erfolgsstory
auch im deutschsprachigen Kontext zunehmend erkennbar
wird, allerdings in vergleichsweise gebremsten Formen.
Aus distanzierter Perspektive betrachtet, gehört die Ausbreitung pentekostal-charismatischer Frömmigkeit, um die es in
diesem Buch gehen soll, zu den »religionsproduktiven Tendenzen« der Postmoderne[1], die sich keineswegs nur außerhalb
christlich-religiöser Orientierungen zeigen – etwa im Entstehen neuer religiöser Bewegungen –, sondern sich auch mitten
in ihnen ereignen. Die Globalisierung, die zunehmend Politik, Ökonomie und Kultur bestimmt, hat auch religiöse, genauer: christlich-religiöse Aspekte. Die Wurzeln des pfingstlich-charismatischen Christentums liegen in den Vereinigten
Staaten, insofern ist es im wesentlichen Import aus diesem
Kontext, begleitet von entsprechenden kulturellen Differenz-
erfahrungen. Historisch gesehen kommen mit ihm die einst
aus Europa verdrängten spiritualistischen Strömungen
zurück. Die globale Bedeutung der Gestalt, die das Christentum im nordamerikanischen Kontext des 18. und 19. Jahrhunderts bekommen hat, wird in Europa leicht unterschätzt.
In den Kirchen werden charismatische Erneuerungsgruppen
teils als Hoffnungszeichen, teils als Störung und Provokation

empfunden. Für ein christliches Selbstverständnis, das sich ganz eng mit der säkularen Kultur verbunden hat, sind charismatische Gemeinden und Gruppen ein Thema, das in einen engen Zusammenhang mit der Fundamentalismusdiskussion gestellt und als Bedrohung für ein modernes, aufgeklärtes Christentum empfunden wird. Fundamentalistische Ausprägungen des Evangelikalismus sehen in charismatischen Strömungen ebenso eine Gefahr und bestehen nach wie vor auf scharfen Abgrenzungen. Die Ausbreitung pfingstlich-charismatischen Christentums fordert auf jeden Fall heraus und ist ein Indikator für Wandlungsprozesse. Wo charismatische Frömmigkeitsformen Resonanz und Akzeptanz finden, werden religiöse Pluralisierungsprozesse beschleunigt. Die christliche Landschaft verändert sich. Sie wird vielfältiger und unübersichtlicher. Christsein aufgrund persönlicher Erfahrung und Entscheidung wird dabei stärker, während Christsein aufgrund von Tradition schwächer wird.

Charismatische Frömmigkeitsformen können von zahlreichen Entwicklungen und Rahmenbedingungen profitieren, unter denen kirchliches und gemeindliches Leben heute steht, zum Beispiel von den antiinstitutionellen Affekten vor allem junger Menschen, aber auch von dem zunehmenden Rückgang konfessioneller Bindungen. Dieser Rückgang begünstigt den Einfluß transkonfessioneller Bewegungen, was sich in zahlreichen innerkirchlichen Gruppenbildungen dieser Art verdeutlicht, zunehmend auch in unabhängigen Gemeinde- und Kirchenbildungen. In der Insidersprache redet man davon, daß neuer Wein in neue Schläuche gehört, daß neue Frömmigkeitsformen sich chancenreich nur in neuen Strukturen verwirklichen können. Inzwischen sind viele Versuche in diese Richtung erfolgreich gestartet worden. Einige hundert neue Gemeinden haben sich im deutschsprachigen Bereich gebildet. Etwas verspätet ist damit das nachgeholt worden, was in der englischsprachigen Welt schon länger erprobt wurde.

Soziologische Außenperspektiven erkennen in diesen Ent-

wicklungen die fortschreitende Fragmentierung des Protestantismus.
Anziehungskraft beziehen charismatische Frömmigkeitsformen nicht nur aus der Intensität ihrer religiösen Erfahrung
und ihrem Sendungsbewußtsein, sondern auch aus den Ambivalenzen gesellschaftlicher Modernisierungsprozesse und den
nicht zu übersehenden Innovationsschranken des institutionell verfaßten Christentums.[2] Während die Systeme institutioneller Absicherung des Glaubens heute zunehmend in
Frage stehen, nimmt die Bedeutung »emotional getragene(r)
Gemeinschaftlichkeit«[3] für gemeindliches und christliches
Leben, ja für die Zukunftsfähigkeit der Kirchen überhaupt zu.
Fortschreitende Individualisierungsprozesse moderner Gesellschaften rufen paradoxe Effekte hervor. Je mehr sich Glau-
benssysteme individualisieren, desto größer wird das Bedürfnis nach Bestätigung des eigenen Glaubens durch eine Gemeinschaft. In pfingstlich-charismatischen Gruppen erfolgt
die Vermittlung christlichen Glaubens und Lebens biogra-
phienah und alltagsbezogen. Verbindliche Wahlgemeinschaf-
ten auf Zeit ermöglichen neue Formen religiöser Vergewisserung in Gebet und Bibellektüre und schaffen Räume für den
Austausch von Erfahrungen. Modernitätskritik ist ebenso ihr
Merkmal wie das Bemühen um eine neue Inkulturation des
Christlichen in den Kontext einer beschleunigten Moderne, in
der die kontingenzverarbeitende Funktion der Religion
ebenso in Erscheinung tritt wie die Sehnsucht nach Emotionalität und beziehungsreichen Gemeinschaftserfahrungen.
Wo christliche Religion in intensiven, fast als kommunitär zu
bezeichnenden Ausdrucksformen gelebt wird, ruft sie nicht
nur Bewunderung und Zustimmung, sondern auch Distanz
und Ablehnung hervor. Wo christlicher Glaube eine deutliche
Gestalt gewinnt und mit großem persönlichen Einsatz und
der Bereitschaft zu radikaler Christusnachfolge gelebt wird,
treten auch Gefährdungen und Schatten ans Licht. Religiöse
Hingabebereitschaft kann ausgenutzt und mißbraucht wer-

den. Die Orientierung an charismatischen Führerpersönlich-
keiten kann das Mündig- und Erwachsenwerden im Glauben
verhindern. Die Berufung auf den Geist kann funktionalisiert
werden für ein problematisches Macht- und Dominanzstre-
ben. Das gesteigerte Sendungsbewußtsein einer Gruppe kann
umschlagen in ein elitäres Selbstverständnis, das sich scharf
nach außen abgrenzt, im wesentlichen von Feindbildern lebt
und Gottes Geist nur in den eigenen Reihen wirken sieht. Die
Ausbreitung des charismatischen Christentums ist in den
letzten Jahrzehnten von diesen Schatten begleitet worden.
Natürlich ist es falsch, die Wahrnehmung pfingstlich-charismatischer Bewegungen allein auf diese Schattenseiten zu konzentrieren. Andererseits kann eine Urteilsbildung zu ihnen
nicht daran vorbeigehen, daß auch charismatische Gruppen
als konfliktträchtige religiöse Bewegungen in Erscheinung getreten sind. Zudem kann eine kritische Auseinandersetzung
mit dem pentekostal-charismatischen Christentum an Kontroversen anknüpfen, die innerhalb der Bewegung selbst
sichtbar werden, wie die neuerliche Diskussion über geistlichen Mißbrauch zeigt. Kritik an intensiven Formen christlicher Frömmigkeit ist insbesondere dann berechtigt und nötig,
wenn die Alltagstauglichkeit etwa im Blick auf berufliche
oder schulische Herausforderungen abnimmt und das, was als
erlebte »Bekehrung« oder »Erfahrung des Heiligen Geistes«
bezeichnet wird, den Menschen nicht für andere öffnet, sondern ihn kommunikationsunfähig macht.
Neue Gruppen und Gemeinden müssen oft noch lernen, mit
ihrem sozialen Umfeld angemessen zu kommunizieren. Wenn
Missions- und Evangelisationsteams aus dem angloamerika-
nischen Bereich im deutschsprachigen Kontext tätig werden,
gilt dies um so mehr, weil sie oft sehr pauschale Wahrneh-
mungsmuster im Blick auf die kirchlichen und gesellschaftlichen Rahmenbedingungen mitbringen. Außerdem hat ein ele-
mentares Wissen über unterschiedliche konfessionelle Prä-
gungen und Frömmigkeitsformen nachgelassen, während die

Angst, daß religiöse Bindungen gefährlich werden könnten, gewachsen ist. Es scheint schwer geworden zu sein, zwischen einem authentischen christlichen Engagement und vereinnahmenden und gesetzlichen Formen erwecklicher Frömmigkeit zu unterscheiden. Gerade dieses Unterscheidenlernen und Unterscheidenkönnen ist jedoch nötig.

Der pfingstliche Typ im Verständnis von Glaube und Kirche

Noch jenseits bestimmter Ausprägungen und Differenzierungen läßt sich gleichsam idealtypisch ein pfingstlich-charismatischer Typ von Glaube und Kirche benennen, der sich vielfältig konkretisieren kann. Darauf hat mit Recht bereits 1953 der reformierte Theologe Lesslie Newbigin in seinem Buch »The Household of God«[4] hingewiesen, in welchem er drei verschiedene Typen im Verständnis von Kirche unterscheidet: den katholischen, den protestantischen und den »pfingstlichen«. Jeder dieser drei Typen gibt nach Newbigin eine je verschiedene Antwort auf die Frage, wodurch das Kirchesein der Kirche konstituiert wird. Die Antwort des katholischen Typus lautet: durch die apostolische Verfassung, die Antwort des protestantischen Typus: durch die apostolische Botschaft, die Antwort des pfingstlichen Typus: durch die reale Erfahrung des Geistes. Newbigin setzt die Typen nicht mit Konfessionen gleich. Die Kirchen der Orthodoxie wie auch bestimmte Ausprägungen des Luthertums faßt er mit unter den katholischen Typus zusammen. Es wäre aber zu fragen, ob als vierter Typ nicht der orthodoxe zu gelten hätte. Nach ihm konstituiert sich das Kirchesein der Kirche durch den eucharistischen Lobpreis.

Daß sich die genannten Typen im Zeitalter des ökumenischen Dialogs nicht nur getrennt voneinander gegenüberstehen, versteht sich von selbst. Gleichwohl bleiben konfessionelle Profile auch unter den Bedingungen ökumenischer Annäherung und Verständigung erhalten. In der Frage, wie Gottes Heil zum Menschen kommt, stehen sich bis heute ein priesterlich-sakramentaler, ein worthaft-personaler und ein auf prophetische Unmittelbarkeit drängender Ansatz gegenüber. Das Bewußtsein, diese Ansätze nicht nur in ihrer Unterschiedlichkeit und Gegensätzlichkeit, sondern in ihrer Offenheit füreinander wahrzunehmen, ist dabei zweifellos gewachsen.

Bereits 1953 trat Newbigin mit prophetischem Weitblick engagiert dafür ein, die »pfingstliche« Perspektive zu beachten und in ihr eine Gestaltwerdung des Evangeliums zu erkennen, die geschichtlich insbesondere in den Erneuerungsbewegungen der Kirche präsent gewesen sei. Die Kirche »lebt weder kraft ihrer Treue zur Botschaft, noch dadurch, daß sie in Gemeinschaft mit den Aposteln bleibt, sondern sie lebt durch die lebendige Kraft des Geistes Gottes«.[5] Insofern müßte der Protestant wie der Katholik anerkennen, daß es sich hier um ein echtes christliches Zeugnis handelt. Der pfingstlerische Typ der Frömmigkeit sei deshalb in das ökumenische Gespräch mit einzubeziehen, andere Frömmigkeitsprägungen müßten von ihm lernen, insbesondere hinsichtlich einer gebotenen Neubesinnung auf das Wirken des Heiligen Geistes und der Charismen des Geistes. »Wir müssen anerkennen, daß wir ohne sie nicht vollständig sein können.«[6]

Die Anmerkungen Newbigins aus dem Jahr 1953 signalisieren bereits den Wandel in der Wahrnehmung der pentekostal-charismatischen Bewegungen. An die Stelle des alten Bildes der Pfingstler als aus dem Protestantismus kommender Sektierer tritt ein neues, das bemüht ist, sie zur Familie der sich ökumenisch begegnenden Kirchen zugehörig anzusehen, auch wenn Strukturen und Formen der Begegnung und Gemeinschaft vielfach noch gesucht und aufgebaut werden müssen. Mit der grundsätzlichen Akzeptanz charismatischer Erneuerungsgruppen in den historischen Kirchen haben diese der veränderten Einschätzung faktisch zugestimmt. Entsprechend werden die Einschätzungen charismatischer und pfingstlerischer Frömmigkeit dieser veränderten Sicht Rechnung tragen müssen.

Man kann freilich darüber streiten, ob der pfingstliche Typ im engeren Sinn kirchenbildend ist oder ob es sich eher um eine Bewegung oder einen Frömmigkeitstyp handelt, der in unterschiedlichen ekklesialen Kontexten wirksam wird. Auch Newbigin meinte mit dem pfingstlichen Typ nicht nur die Pfingstkirchen, sondern eine bestimmte Gestaltwerdung des Evangeliums, einen »dritten Strom christlicher Erkenntnis«[7] mit entsprechenden Ausprägungen im Frömmigkeitsvollzug. Historisch ließen sich seine Hinweise vielfältig konkretisieren. Asketisch-spiritualistische Unterströme begleiten die abendländische Christenheit seit ihren Anfängen. Im Montanismus des zweiten Jahrhunderts artikulierten sie sich in rigoristischer Askese und Kirchenzucht, verbunden mit einem konkreten Chiliasmus. Im Mittelalter zeigten sie sich in den monastischen Bewegungen und Orden. Während der Reformationszeit verschafften sie sich im sogenannten linken Flügel der Reformation Ausdruck. Mit dem pfingstlichen Typ der Frömmigkeit ist der Pietismus insofern verbunden, als sein Ausgangspunkt ein erlebter »Geistesfrühling« war und er insgesamt als Bewegung »zur Erneuerung von Kirche, Theologie und Frömmigkeit aus der erfahrbaren Lebenskraft des Heiligen Geistes«[8] gesehen werden kann, wie Johannes Wallmann mit Recht feststellt. Allen Formen des Pietismus ist das Drängen und Warten auf ein neues, reicheres, individuell oder in Gruppen erfahrbares Wirken des Geistes gemeinsam wie auch die Klage über die Geistesarmut der Amtskirche, über ein geistloses Gewohnheitschristentum sowie die Geistlosigkeit einer sich in Polemik erschöpfenden Theologie.[9] Erkennbar wird im Pietismus auch eine gewisse Verlagerung des Akzentes von der Christologie auf die Pneumatologie und von der Objektivität göttlicher Gnadenmitteilung auf die Subjektivität der Aneignung der Gnade. Zwar konzentriert sich der

Pietismus wie das charismatische Erweckungschristentum darauf, daß der »Glaube ein göttliches Werk in uns sei, der uns zu ganz anderen Menschen macht, von Herzen, Mut, Sinn und allen Kräften und bringet den Heiligen Geist mit sich« (Martin Luther in seiner Römerbriefvorrede), es fehlt bei ihm jedoch die pointierte Hervorhebung von enthusiastischen und ekstatischen Geisterfahrungen, jedenfalls bei seinen Hauptvertretern. Der Pietismus sagt ja zur Möglichkeit außergewöhnlicher Geisterfahrung. Er nimmt aber auch die reformatorische Skepsis gegenüber einer unmittelbaren Berufung auf den Geist auf, er warnt vor einer falschen Inanspruchnahme prophetischer Vollmacht und drängt auf eine Unterscheidung der Geister, wobei Spener im Blick auf die Beurteilung von Geisterfahrungen offensichtlich nicht nur in dualistischen Alternativen (göttlicher oder dämonischer Geist) dachte, sondern zu differenzierteren Urteilen oder auch Urteilsenthaltungen kam.

In seinen vielfältigen Konkretionen beruft sich der »pfingstliche« Typ auf folgende biblische Zusammenhänge:

– die von Zeichen, Wundern und Dämonenaustreibungen begleitete Predigt Jesu und der Apostel (vgl. Mt 10,7ff; Mk 16,15ff u. a.),

– die in der Apostelgeschichte berichtete Pfingsterfahrung und die innerhalb der Urgemeinde gelebte Liebeseintracht (vgl. Apg 1 und 2),

– das Aufbrechen der Geistesgewißheit in den Charismen (Geistestaufe) sowie die pneumatische Gestalt des Gottesdienstes in Korinth in der Dynamik von Hymnus und Gebet, Lehre und Offenbarung, Prophetie und Sprachenreden (vgl. 1. Kor 12–14 bzw. 1. Kor 14,26),

– die Zusage des Kyrios in den johanneischen Abschiedsreden, daß der vom Vater ausgesandte Geist die Seinen in alle Wahrheit leitet (vgl. Joh 14–17).

Er wehrt sich gegen einen ritualisierten Gottesdienst, gegen die juridische Fixierung der Gemeindezugehörigkeit, drängt auf die Geistunmittelbarkeit jedes Glaubenden und akzentuiert die Autonomie der Einzelgemeinde. Er ist gefährdet unter anderem durch die enthusiastische Überschätzung des Geistbesitzes (vgl. die Auseinandersetzungen des Paulus im 1. Korintherbrief), durch pseudoprophetisches Machtbewußtsein, durch eine Frömmigkeit, die am Sichtbaren und Aufweisbaren orientiert ist und die Anfechtung und Gebrochenheit christlichen Lebens unterschätzt.

Kulturelle Kontexte bestimmen die Konkretion von Glaube und Kirche immer mit. Gerade der »pfingstliche« Kirchentyp hat sich in unterschiedliche Zusammenhänge inkulturiert und gibt darin vor allem seine interkulturellen, »schwarzen« Wurzeln zu erkennen, worauf Walter Hollenweger immer wieder mit Recht hingewiesen hat. Die Gestaltwerdung von Glaube und Kirche geht dabei Hand in Hand mit dem, was im Anschluß an die von der VELKD und der AKf herausgegebene Studie »Religiosität, Religionen und christlicher Glaube« als Konfessionalisierung und Indigenisierung oder Inkulturation bezeichnet werden kann.[10] Die Vielfalt von Glaubens- und Kirchenformen zeigt dabei einerseits den Reichtum der Gnade Gottes an. Sie ist andererseits aber auch ein Zeichen der »Zerreißung des einen Leibes Christi«.[11] In den konfessionellen Ausformungen geschieht nicht nur die Konkretion des christlichen Zeugnisses, sondern auch seine Verdunkelung. Alle konfessionellen Traditionen berufen sich dabei auf die Heilige Schrift und die Kirche des Anfangs. Sie sehen diesen Anfang freilich perspektivisch, im Zusammenhang ihrer eigenen ekklesialen und kulturellen Kontextualität.

Pfingstler, Charismatiker und Evangelikale

Das Wort »evangelikal« bezeichnet eine Frömmigkeitsbewegung, für die unter anderem charakteristisch ist: die persönliche Erfahrung der Bekehrung und Wiedergeburt, verbunden

mit dem Empfang der Vergebung der Sünden und der Glau-
bens- und Heilsgewißheit; das Bewußtsein der Zusammengehörigkeit aller, die an Jesus Christus glauben; die Bereitschaft zum persönlichen Engagement in Evangelisation und
Mission; die verpflichtende Bindung an die Bibel als das inspirierte Wort Gottes. Die pfingstlich-charismatische Frömmigkeit betont alle genannten Merkmale und ist insofern evangelikal orientiert, kennt jedoch darüber hinaus die Erfüllung
oder Taufe mit dem Heiligen Geist als eine die Bekehrung ver-
tiefende oder auch ihr folgende »zweite« Gnadenerfahrung,
die zum vollmächtigen Zeugnis ermächtigt, wobei diese Erfahrung im Kontext der historischen Kirchen anders gedeutet
wird als in den Pfingstkirchen.

Geht man von einem weiten Begriff von »evangelikal« aus,
kann ohne Übertreibung gesagt werden, daß in globaler Perspektive nicht unwesentliche Teile des Protestantismus evangelikal geprägt sind. Begreift man Pfingstbewegung und charismatische Bewegung als Teil des Evangelikalismus, was nicht
unumstritten ist und von seiten katholischer Charismatiker
mit Berechtigung hinterfragt wird, bildet diese Gruppe den gegenwärtig am schnellsten wachsenden Teil der Weltchristenheit. In der englischsprachigen Welt hat sich teilweise die
Wahrnehmung und Bezeichnung von Charismatikern als
»evangelicals« eingebürgert, zum Beispiel in der anglikanischen Kirche. Freilich muß man sich darüber im klaren sein,
daß evangelikal, in diesem weiten Sinn verwendet, eine Art
»Metaprofil« (R. J. Busch) ist ohne institutionelle Konkretion.
Man faßt Gruppen, Werke und Ausprägungen zusammen, die
unabhängig voneinander arbeiten, die in den Ausdrucksformen ihrer Frömmigkeit zwar verwandt, keineswegs aber ein-
heitlich sind und nicht spannungsfrei in ihrem Verhältnis zueinander stehen. Der Organisationsgrad dieser Werke und
Gruppen ist ohnehin vergleichsweise schwach ausgeprägt. Insofern ist wichtig zu sehen, daß es sich bei der evangelikalen
Bewegung um keine institutionell faßbare Größe handelt. Al-

lerdings kann festgestellt werden, daß der Organisationsgrad
evangelikaler Gruppen sowohl innerhalb der evangelischen
Landeskirchen, in sogenannten Parallelstrukturen, wie auch
außerhalb der Landeskirchen, kontinuierlich zugenommen hat
und weiter zunimmt. Innerhalb der Freikirchen sind evangelikale Frömmigkeitsformen ohnehin dominierend.

Hinsichtlich des Evangelikalismus lassen sich verschiedene
Typen und Ausprägungen unterscheiden:

1. Der *fundamentalistische* Typ, für den ein Bibelverständnis
charakteristisch ist, das von der absoluten Irrtumslosigkeit
(inerrancy) und Unfehlbarkeit (infallibility) der »ganzen Heiligen Schrift in jeder Hinsicht« ausgeht (vgl. Chicago-Erklä-
rung). Kennzeichnend ist ebenso sein stark auf Abwehr und
Abgrenzung gerichteter, oppositioneller Charakter, im Verhältnis zur historisch-kritischen Bibelforschung, zur Evoluti-
onslehre, zu ethischen Fragen (Abtreibung, Pornographie,
Feminismus …). Da ein fundamentalistisches Schriftverständnis unterschiedliche Frömmigkeitsformen aus sich heraus entwickeln kann, differenziert sich der fundamentalistische Typ
in verschiedene Richtungen aus (zum Beispiel prämillennialistisch bestimmt und postmillennialistisch bestimmt; Wort-
und Geistfundamentalismus).

2. Der *klassische* Typ, der sich in der Evangelischen Allianz,
der Gemeinschaftsbewegung und der Lausanner Bewegung
konkretisiert und vor allem Landeskirchler und Freikirchler
miteinander verbindet. Dieser Strang knüpft an die »vorfun-
damentalistische« Allianzbewegung an und bildet den Hauptstrom der evangelikalen Bewegung.

3. Der *bekenntnisorientierte* Typ, der an die konfessionell orientierte Theologie, die altkirchlichen Symbole, die reformatorischen Bekenntnisschriften und die Tradition der Bekennenden Kirche anknüpfen möchte und sich in der Bekenntnis-
bewegung »Kein anderes Evangelium« und der »Konferenz
Bekennender Gemeinschaften« konkretisiert.

4. Der *missionarisch-diakonisch* orientierte Typ, der die Not-

wendigkeit einer holistischen Evangelisation hervorhebt, in der die enge Zusammengehörigkeit von Evangelisation und sozialer Verantwortung akzentuiert wird. Dieser Typ ist unter anderem in der Zwei-Drittel-Welt bei den »social concerned evangelicals« verbreitet, im deutschsprachigen Bereich eher unterrepräsentiert. Er konkretisiert sich unter anderem im »Unterwegs-Arbeitskreis für evangelistische Verkündigung im politischen Horizont«, der die Zeitschrift »unterwegs« herausgibt.

5. Der *pfingstlich-charismatische* Typ, der sich seinerseits nochmals vielfältig ausdifferenziert.

Die genannten Ausprägungen berühren und überschneiden sich. Zu allen Typen gibt es entsprechende Gruppenbildungen. Die typologische Ausdifferenzierung zeigt an, daß die evangelikale Bewegung kein einheitliches Gebilde ist. In dem Maße, in dem sie wächst, unterliegt sie Pluralisierungsprozessen. Erst in den letzten Jahren ist die Weitläufigkeit evangelikaler Bewegungen auch im deutschsprachigen Bereich offensichtlich geworden, unter anderem durch die Annäherung zwischen Evangelikalen und Charismatikern. Wenn gegenwärtig in pauschaler und undifferenzierter Weise von den Evangelikalen gesprochen wird, spielen meist strategische und kirchenpolitische Gesichtspunkte eine Rolle. Vertreter der Bewegung wollen ihr Gewicht stärken, während Kritiker dazu neigen, Evangelikale pauschal unter Fundamentalismusverdacht zu stellen, was zweifellos kurzsichtig und falsch ist.

Der evangelikalen Bewegung liegt das Konzept einer evangelistisch-missionarisch orientierten Ökumene zugrunde, welches ekklesiologische Eigenheiten zurückstellt und ausklammert und im missionarischen Engagement und Zeugnis den entscheidenden Ansatzpunkt gegenwärtiger gemeinsamer christlicher Verpflichtung sieht. Evangelikalen und charismatischen Gruppen geht es nicht um die offizielle Kooperation und Gemeinschaft von Kirchen, sondern um eine transkonfessionell orientierte Gesinnungsgemeinschaft auf der Basis gleichartiger Glaubenserfahrungen und -überzeugungen. Zur ökumenischen Bewegung, wie sie durch den Genfer Ökumenischen Rat der Kirchen (ÖRK) vertreten wird, hat der oben genannte Typ 4 die größte Affinität, während Typ 1 die größte Distanz zu ihr hat. In deutlicher Skepsis gegenüber der Ökumene stehen auch Teile des Typs 5, insbesondere der nicht konfessionsgebundene Teil der charismatischen Bewegung und große Bereiche der Pfingstbewegung.

Das Selbstverständnis zahlreicher Gruppen als »überkonfessionell« oder »interkonfessionell« kann falsche Assoziationen wecken. Es suggeriert ökumenische Weite, dabei geht es eher um die Deutlichkeit des christlichen Profils und weniger um die Anerkennung von Vielfalt. Vor allem dann, wenn ein evangelikaler Frömmigkeitstypus dazu neigt, sich selbst absolut zu setzen und nur evangelikal orientierte Gläubige als Christinnen und Christen anerkennt, provoziert er Vorbehalte und Unbehagen. Die Antwort auf die Frage »Wer ist ein Christ?« läßt sich angemessen nicht allein durch Bezugnahme auf eine besondere Frömmigkeitsform beantworten, auch wenn evangelikale Christen mit Recht die Themen Umkehr und Vergebung sowie das Vertrauen auf Jesus Christus in den Mittelpunkt einer Antwort auf diese Frage stellen und darin den zentralen Anliegen der Reformation folgen.

Ausprägungen pfingstlich-charismatischer Frömmigkeit

Das pfingstlich-charismatische Christentum ist nur eine Ausdrucksform des Erweckungschristentums, gegenwärtig zweifellos diejenige, die am meisten Aufmerksamkeit auf sich zieht. Seit seiner Entstehung am Anfang dieses Jahrhunderts hat es sich zu einem wichtigen Zweig der Weltchristenheit entwickelt. Durch die charismatische Erneuerung (Ende der fünfziger / Anfang der sechziger Jahre beginnend) fand die pfingstliche Frömmigkeit auch Eingang in die historischen

Kirchen und Freikirchen und führte zu entsprechenden Gruppenbildungen. Die charismatische Erneuerung ist gewissermaßen das Ereignis der Pfingstfrömmigkeit in unterschiedlichen ekklesialen Kontexten. Während die klassische Pfingstbewegung inzwischen mehr als zwei Generationen alt ist und teilweise an Dynamik eingebüßt hat, breitet sich pfingstlich-charismatisch geprägte Frömmigkeit heute auch in Deutschland wirkungsvoll aus, vor allem in freien, nicht konfessionsgebundenen Gemeinden und Initiativen. Insofern stellen sich pfingstlich-charismatische Bewegungen auch im deutschsprachigen Kontext vor allem als transkonfessionelle Erneuerungs- und Missionsbewegungen dar, deren Erscheinungsbild freilich komplex und vielgestaltig ist. Geht man von einem weiten Begriff des Pfingstlich-Charismatischen aus, können also drei verschiedene Ausprägungen unterschieden werden:

1. die *klassische Pfingstbewegung*, die sich in Deutschland vor allem im Bund Freikirchlicher Pfingstgemeinden (BFP) und im Forum Freikirchlicher Pfingstgemeinden (FFP) konkretisiert;

2. die *charismatische Erneuerung* in den beiden Traditions- oder Volkskirchen (Geistliche Gemeinde-Erneuerung [GGE] in der evangelischen Kirche; Katholische Charismatische Erneuerung), ebenso in den Freikirchen (vor allem im Bund Evangelisch-Freikirchlicher Gemeinden und in der Evangelisch-methodistischen Kirche);

3. der *konfessionsunabhängige Bereich* von Gemeinden und Missionswerken, der theologisch nicht selten eine Nähe zur Pfingstbewegung aufweist und deshalb als neupfingstlerisch bezeichnet wird. Zu diesem Bereich gehören verschiedene Zentren (zum Beispiel Christliches Zentrum Frankfurt / München / Berlin), Gemeinden (zum Beispiel Gemeinde auf dem Weg, Berlin, Jesus Gemeinde, Dresden ...) und Werke oder Gruppierungen (zum Beispiel Jugend mit einer Mission, Geschäftsleute des vollen Evangeliums, Fürbitte für Deutschland), die sich als »inter- und überkonfessionell« verstehen.

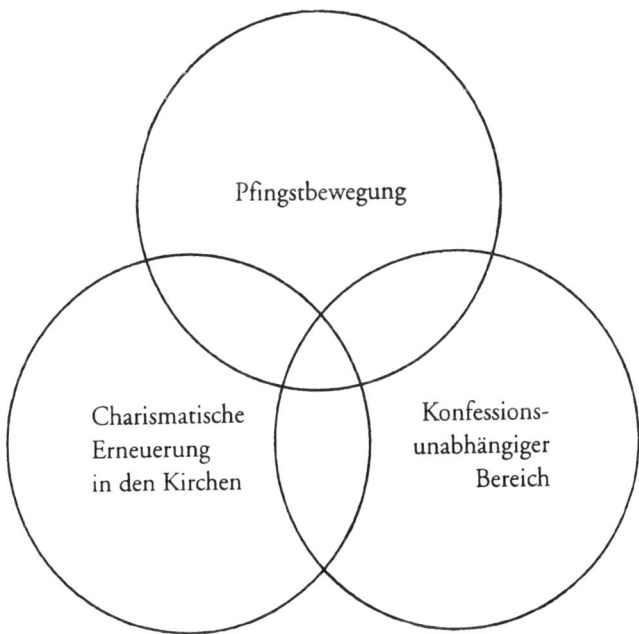

Eine große Nähe zu pfingstlich-charismatischen Bewegungen hat das »messianische Judentum«, das zahlenmäßig zwar kaum ins Gewicht fällt und in sich sehr vielfältig und komplex ist, jedoch am ehesten in diesem Kontext anzusiedeln ist. Es kann gewissermaßen als vierte Ausprägung gelten, der vor allem deshalb Bedeutung zukommt, weil in ihr die Zusammengehörigkeit von Christen und Juden sowohl in theologischer als auch in politischer Hinsicht besonders betont wird. Differenzierungen zwischen den verschiedenen Ausprägungen sind wichtig und keineswegs zu vernachlässigen. Gleichwohl weisen sie eine innere Nähe und genetische Verbindungen auf. Sie variieren das Ereignis und Verständnis charismatisch-pfingstlicher Frömmigkeit in unterschiedlichen kirchlichen Kontexten und missionarischen Aktionszusammenhängen. Der inneren Nähe und der fehlenden Trennschärfe entspricht die Unbestimmtheit der Begriffe »charismatisch«, »pfingstle-

risch«, »pentekostal«, »pfingstlich«, »neupfingstlerisch«, »neo-
charismatisch« etc. Der Versuch, den Begriff »charismatisch«
exklusiv für Erneuerungsgruppen in bestehenden Kirchen zu
verwenden, hat sich auch im europäischen Kontext nicht
durchsetzen können, vor allem deshalb nicht, weil zahlreiche
charismatische Gruppen, die dem nicht konfessionsgebundenen Spektrum zuzuordnen sind, ihn für sich in Anspruch genommen haben. Im amerikanischen Kontext war der Sprachgebrauch »Neupfingstler« durchaus auch als Bezeichnung für
die katholischen Charismatiker üblich. Zugleich greifen Zu-
gehörige der klassischen Pfingstbewegung – nicht zu Unrecht
– den Begriff »charismatisch« als Selbstbezeichnung auf und
vermeiden damit den negativen Beigeschmack, den das Wort
»pfingstlerisch« im deutschsprachigen Kontext immer noch
hat. Eine Unterscheidung zwischen charismatisch und
pfingstlerisch ist gleichwohl möglich, insofern die Begriffe
»pfingstlerisch« oder »pentekostal« in Aussagezusammenhängen gebraucht werden, die sich auf die klassischen Pfingstkirchen und ihre Lehrausprägungen beziehen.

Teil 1

GEISTERFAHRUNG IN DER
PFINGSTBEWEGUNG

Die pfingstkirchlichen Bewegungen haben sich seit ihrer Entstehung am Anfang dieses Jahrhunderts in Nordamerika zu einem wichtigen Zweig der Weltchristenheit entwickelt. Nur eine die Wirklichkeit verzerrt wahrnehmende Sicht erkennt in ihnen nichts anderes als protestantische Sektierer, obgleich kritische Auseinandersetzungen mit Einseitigkeiten pfingstlicher Frömmigkeit und Extremgruppen fraglos geboten sind. Rückblickend auf das zu Ende gehende Jahrhundert wird man konstatieren müssen, daß die Entstehung der Pfingstbewegung für die Christentumsgeschichte ein ähnlich folgenreiches Ereignis war wie die der ökumenischen Bewegung, obgleich dies in theologischer Forschung und ökumenischer Diskussion bisher nur begrenzte Beachtung gefunden hat. Wie beide Bewegungen in ein sinnvolles und fruchtbares Verhältnis zueinander treten können, ist eine weithin noch offene Frage und Zukunftsaufgabe, obgleich einzelne Pfingstkirchen seit 1961 Mitglieder des Ökumenischen Rates der Kirchen (ÖRK) geworden sind, David J. du Plessis als »Mr. Pentecost« die Anliegen der Bewegung in den ÖRK und die katholische Kirche getragen hat und es von seiten des ÖRK in den letzten Jahren ein vermehrtes Bemühen gab, mit den Pfingstkirchen in einen Dialog einzutreten.[12]
Was für das gegenwärtige Christentum generell gilt, trifft auf die pfingstkirchlichen Bewegungen in besonderem Maße zu: Ihr Schwerpunkt liegt in der sogenannten Zwei-Drittel-Welt. Die meisten ihrer Anhängerinnen und Anhänger sind Menschen, deren Lebensperspektiven durch Armut, Hunger und Analphabetismus drastisch eingeschränkt sind. Für viele, die

sich den pentekostalen Bewegungen anschließen, verbindet
sich dies mit der Hoffnung auf ein menschenwürdigeres Leben. Der ethische Rigorismus vieler Pfingstler, der aus der
Perspektive europäischer Christentumskultur als gesetzlich
und fundamentalistisch erscheint, wird anderswo als Chance
zu sozialem Aufstieg genutzt.

Anfänge

Ihre historischen Wurzeln hat die Pfingstbewegung in der
Heiligungs- und Erweckungsfrömmigkeit der zweiten Hälfte
des 19. Jahrhunderts, für die unter anderem ein starker missionarischer Antrieb (Großstadt- und Massenevangelisation),
die Bildung eines erwecklichen Laienchristentums und die
Betonung der Hoheit und Unabhängigkeit der Einzelgemeinde (Kongregationalismus und Independentismus), verbunden mit dem Ideal der Glaubenstaufe, charakteristisch
waren.[13] Die Sehnsucht nach Glaubensgewißheit und Erweckung, der Hunger nach einem Mehr an Vollmacht in der
missionarischen Praxis sowie die Suche nach Überwindung
einer allzu nüchternen Glaubensfrömmigkeit waren für Entstehung und Entwicklung der Pfingstbewegung zentrale Mo-
mente. Man war offen dafür, daß sich göttliche Kraft in besonderen enthusiastischen und ekstatischen Erfahrungen manifestiert, die den Bereich des Rationalen übersteigen und als
»übernatürlich« und wunderbar erlebt und angesehen wurden. In diesem Zusammenhang hat die Glossolalie in der
Pfingstbewegung zentrale Bedeutung erlangt, so daß die zu
Beginn dieses Jahrhunderts entstehende Bewegung als
»Zungenbewegung« bezeichnet werden konnte. Das Anliegen pfingstlicher Erweckung kommt in solcher Begrifflichkeit
freilich nur reduziert und ausschnitthaft zur Geltung.
Donald Dayton hat in einer wichtigen Arbeit über die theologischen Wurzeln des Pfingstlertums dargelegt, daß in ihm vier

fundamentale Lehren vertreten werden, die allesamt auch auf pastorale Handlungszusammenhänge bezogen sind: Erlösung, Heilung, Taufe im Heiligen Geist und Erwartung der Wiederkunft Christi.[14] Seine Darlegungen unterstreichen die enge Verbindung zwischen Heiligungs- und Pfingstfrömmigkeit.

Daß die Wiege der Pfingstbewegung in der Heiligungsbewegung steht, die sich in den sechziger und siebziger Jahren des vorigen Jahrhunderts aus dem Methodismus entwickelt hatte, ist für ihr Verständnis historisch wie theologisch fundamental. Anliegen und Themen der Pfingstbewegung waren bereits in der Heiligungsbewegung vorgebildet. Das Flehen und Bitten um ein neues Pfingsten war Kennzeichen der Heiligungsfrömmigkeit und wurde zum bleibenden Charakteristikum der Pfingstbewegung. Die typisch pfingstlerischen Erfahrungen (Glossolalie, Heilungen, Visionen) wurden bereits im Zusammenhang der Heiligungsbewegung gesucht und gefunden. Ebenso vollzog sich die begriffliche Explikation dieser Erfahrungen unter der Chiffre der Geistestaufe bereits hier. Die pfingstliche Erfahrung des Durchströmtwerdens von einer heilenden, emporhebenden und zugleich erschütternden Kraft wurde hier erlebt. Die Heiligungsversammlungen waren das Urbild der pentekostalen Gottesdienste.

Ihr interkonfessioneller oder »überkonfessioneller« Charakter entfaltete sich in der Geschichte der Pfingstbewegung weiter. Die von einzelnen Forschern betonten »ökumenischen Anfänge« sind aus der »Überkonfessionalität« des amerikanischen Erweckungschristentums zu begreifen. Zwar entstand die Pfingstbewegung zeitlich nahezu parallel zur ökumenischen Bewegung, der ökumenische Gedanke verbreitete sich jedoch jenseits und außerhalb von ihr. Auch der interkulturelle Beitrag der Pfingstbewegung ist zu einem Teil den Impulsen der methodistischen Erweckungsfrömmigkeit zu verdanken. So ist es verständlich, daß die ältesten Pfingstgemeinden Heiligungsgemeinden waren.

In der Logik dieser Überlegungen liegt auch, daß das Pfingstlertum keinen neuen religiösen Entwurf im engeren Sinn liefert, keine neue christliche Religion oder sektiererische Neu-
bildung ist, sondern in seinen vielfältigen Ausformungen in der
westlichen Welt vor allem als gesteigerte Erweckungsfrömmigkeit zu begreifen ist. Die komparativische Struktur der Frömmigkeit bezieht sich vor allem auf die Intensität der als geistge-
wirkt verstandenen emotionalen Ergriffenheit und führt dazu,
daß der Absturz in krasse Entfernungen von Realität – zum
Beispiel durch einen überzogenen Wunderglauben – sehr nahe-
liegen konnte. Angesichts des Anspruchs der Pfingstbewegung, geistgewirkte Erweckung am Ende der Zeit zu sein,
mußten die Verzerrungen des Christlichen in ihr besonders
kraß ins Auge fallen. Diese genannte Annahme, daß die
Pfingstfrömmigkeit im wesentlichen gesteigerte Erweckungsfrömmigkeit ist, kann aus verschiedenen Perspektiven – historisch, phänomenologisch und theologisch – erläutert und für
das Verstehen der gegenwärtig beobachtbaren Ausbreitung
pentekostal-charismatischer Frömmigkeit aufgezeigt werden.
Sucht man nach historischen Kristallisationspunkten zur Entstehung der Pfingstbewegung, so ist vor allem auf zwei Ereignisse hinzuweisen, zunächst auf ein punktuelles:
In der Bibelschule des methodistischen Heiligungspredigers
Charles F. Parham in Topeka, Kansas, kam man im Zusammenhang der Beschäftigung mit der Bedeutung der Glossolalie in der Apostelgeschichte zu der Erkenntnis, daß die Glossolalie Zeichen und Erweis für die Taufe mit dem Heiligen
Geist sei.[15] Die achtzehnjährige Agnes Ozman bat Parham
darum, ihr die Hände aufzulegen, damit sie den Heiligen
Geist empfange. Am 1. Januar 1901 erlebte sie die Glossolalie
als Erkennungszeichen (initial physical sign) der ersehnten
Taufe im Heiligen Geist nach intensiven Gebetsbitten und begleitet von ekstatischen Bewußtseinszuständen.
Ein zweites für die Entstehung der Pfingstbewegung zentrales
Ereignis war die »Azusa-Street-Erweckung«, deren zentrale

Figur der schwarze baptistische Heiligungsprediger William J. Seymour war. Seymour war Schüler von Parham geworden und wurde nach Los Angeles eingeladen. Seit dem 9. April 1906 entwickelten sich seine Heiligungsversammlungen zum Ausgangspunkt einer überaus wirkungsvollen weltweiten Verbreitung pfingstlerischer Frömmigkeit in bald eigenständigen Gemeinden, Gemeindeverbänden, missionarischen Unternehmungen, Glaubenswerken und Bibelschulen. Die etwa drei Jahre lang durchgeführten Gebets- und Heilungsversammlungen in einer ausrangierten Methodistenkirche wurden zum Vorbild pfingstlicher Erweckung. In Häufigkeit und Länge der Versammlungen entsprach das, was in der Azusa-Street erlebt wurde, den Erweckungsversammlungen von Wales. Die Versammlungen fanden von morgens 10 Uhr bis Mitternacht, zum Teil noch länger statt. In zahlreichen eindrucksvollen Zeugnissen ist das religiöse Ergriffensein beschrieben worden. Das dort erlebte »Pfingsten« äußerte sich in der ganzen Vielfalt ekstatischen Verhaltens: unkontrolliertes Zucken mit Kopf, Gesicht und Schultern, Umfallen, Schreien, Weinen und Zur-Ruhe-Kommen und Durchströmtwerden von einer wunderbaren Macht. Außergewöhnliche Heilungen und visionär-prophetische Eingebungen begleiteten die Ekstase. Als Höhepunkt wurde die Zungenrede erlebt, die bald als Fremdsprache (Xenolalie) gedeutet wurde. Die jeweiligen Auslegungsworte unterstrichen vor allem das gesteigerte endzeitliche Selbstverständnis der entstehenden Pfingstbewegung. »Fast jeder, der anfängt, in Zungen zu reden, sagt zuerst: ›Jesus kommt bald! Macht euch bereit!‹«
Noch im April 1906 kam das »Feuer Gottes« zu vielen anderen Gemeinden. Die Berichte über die damaligen Erfahrungen unterscheiden sich kaum von dem, was heute über den Toronto-Segen oder die Pensacola-Erweckung berichtet wird. »Männer und Frauen wurden unter der Macht niedergeworfen rings in der Halle.« Eine Dame »lag stundenlang auf dem Fußboden, während zeitweise der himmlischste Gesang

von ihren Lippen strömte«.[16] Daß beim Übergang dieser Bewegung in andere kulturelle Kontexte – wie zum Beispiel nach Indien im Jahre 1907 – die religiöse Emotionalität weiter gesteigert werden konnte, geht aus entsprechenden Berichten hervor. In Indien begannen mit dem Geist getaufte Mädchen, »in dem quälenden Bewußtsein ihrer Sündennot sich schrecklich zu schlagen. Ungefähr 30 Mädchen kamen auf einmal in einen Trancezustand, stundenlang bewußtlos für diese Welt, einige sogar 3 bis 4 Tage. Während dieser Zeit sangen sie, beteten, klatschten in die Hände, rollten umher oder saßen still.«[17]

Für außergewöhnliche religiöse Erfahrungen gab es auch in der damaligen Medienöffentlichkeit großes Interesse, so daß die Erweckung von Los Angeles sich in einem dramatischen Tempo verbreiten konnte. Mit dem Öffentlichwerden dieses ersten Aufbruchs wurde er zu einem Anziehungspunkt für viele. Man pilgerte nach Los Angeles und trug die Erfahrungen in alle Welt. Für das Bewußtsein damaliger Pastoren wurde hier durch das Blut Jesu die Rassentrennung aufgehoben. Der die Schranken der Rassen überwindende Charakter der Pfingsterfahrung blieb in der Anfangsphase der Bewegung ein wichtiges Merkmal, verblaßte aber wieder, indem sich verschiedene schwarze und weiße Pfingstkirchen bildeten.[18]

Walter Hollenweger sieht in der Azusa-Street Erweckung den realgeschichtlichen Zugang zur Geschichte der Pfingstbewegung, dem er für seine Deutung des gesamten Phänomens die Präferenz gibt. Die Erfahrungen von Agnes Ozman im Kontext der Bibelschule stellen für ihn den ideengeschichtlichen Hintergrund dar, dem er nur sekundäre Bedeutung zuerkennen will.[19] Richtig an diesem Hinweis ist fraglos, daß die Azusa-Street Erweckung für die Ausbreitung der »neuen Frömmigkeit« das größere Gewicht haben dürfte und hier natürlich die Pfingsterfahrung in ihrer die Schranken von Kultur und Rasse überwindenden Ausprägung erlebt wurde. Frei-

lich verlegt nur eine schematisierende Darstellung den Beginn
der Pfingstbewegung auf eines dieser Ereignisse. Ebensowenig
überzeugend ist es, in Seymour oder Parham die Gründergestalten dieser Bewegung zu sehen. Am Anfang der pfingstkirchlichen Bewegungen stand keine überragende Gründer-
persönlichkeit mit theologischem Profil und organisatori-
schem Geschick wie Luther, Calvin, Wesley oder Zinzendorf.
Charles Parham, methodistischer, und William J. Seymour,
ehemals baptistischer Heiligungsprediger, waren Leute, die
ganz aus dem frömmigkeitsmäßigen Erbe des nordamerikanischen Erweckungschristentums kamen und nur in einer le-
bensgeschichtlich begrenzten Phase im Zusammenhang der
Entstehung und Verbreitung der Pfingstbewegung bedeutsam
wurden. Schon im Herbst 1906, als Parham die Erweckungsversammlungen der Azusa-Street besuchte, distanzierte er sich
scharf von Seymours Versammlungen. Es ist ein charakteristisches Merkmal der Pfingstbewegung, keine Gründergestalten
im engeren Sinne zu kennen. Personenfixierung wurde erst
später zu einem Merkmal einzelner Ausprägungen pfingstlerischer Frömmigkeit. Am Anfang stand ein individuelles und
gemeinschaftliches religiöses Ergriffensein, ein im subjektiven
und sozialen Erleben gründender Durchbruch zu einer tieferen Glaubensgewißheit und größeren Freiheit zum christlichen Zeugnis, der in der Dynamik der Heiligungsfrömmigkeit
lag. Jedoch wurde dieser Durchbruch offensichtlich von Anfang an mit dem schematisierenden Deutungsmuster der Geistestaufe und der mit ihr verbundenen Konzentration der Geisterfahrung auf die Glossolalie reflektiert.
Soziologisch gesehen waren es eher die unteren Schichten und
einfachen Leute, die in den ersten Versammlungen erreicht
wurden. Sie suchten eine tiefere Begegnung mit dem auferstandenen Herrn, wollten die Gegenwart des Heiligen Geistes
in den Charismen (vor allem Heilung, Glossolalie, Prophetie;
vgl. 1. Kor 12) erleben und dadurch bevollmächtigt werden
zum missionarischen Zeugnis.

Verbreitung

Die rasante Ausbreitung pfingstlich-charismatischer Bewegungen macht diese zu einer Art christlicher Trendreligion. Man muß freilich über Europa hinausblicken, um dies mit entsprechender Deutlichkeit zu erkennen. Gleichwohl tragen die pfingstlichen Bewegungen auch im europäischen Kontext mit dazu bei, die historischen Monopole des lateinisch-katholischen Südens und des protestantischen Nordens zu beseitigen. Mit Recht bezeichnet Michael Welker die pentekostal-charismatische Bewegung als »größte Frömmigkeitsbewegung ... in der Geschichte«.[20] Zum Beleg einer solchen Einschätzung darf man zwischen Charismatikern und Pfingstlern allerdings keine scharfen Trennlinien ziehen und muß von einer relativen Einheitlichkeit des Phänomens ausgehen, was keineswegs unumstritten ist. Das Bewußtsein, Teil einer weltweiten und in rasanten Wachstumsprozessen befindlichen Bewegung zu sein, ist jedoch für alle Pfingstler und Charismatiker – auch in Westeuropa – fundamental. Sie verstehen die dramatische Ausbreitung ihrer Glaubenspraxis als sichtbares Zeichen göttlichen Segens. Geistestaufe und Geisterfüllung werden dabei nicht allein als persönliche Pfingsterfahrung und Bevollmächtigung zum christlichen Zeugnis verstanden, sondern auch als eine Strategie göttlichen Handelns in endzeitlicher Erweckungsperspektive.

Weltweit: Die Statistiken David B. Barretts stellen den Siegeszug pentekostaler Frömmigkeit alljährlich eindrucksvoll vor Augen, auch wenn seine Zahlen eher Schätzungen und mit Vorsicht zu genießen sind. 1990 ging er von einer Weltbevölkerung von 5,3 Milliarden aus, davon zählte er 33,2 Prozent Christen (1,6 Milliarden), davon wiederum 372 Millionen Pentecostals/Charismatics.[21] Auch die deutsche Pfingstbewegung etwa in Gestalt des Forums Freikirchlicher Pfingstgemeinden (FFP), dem alle wichtigen Pfingstgemeinschaften

angehören, verweist auf Barretts Zahlen, wie er sie etwa zur
17. Weltpfingstkonferenz in Jerusalem (1995) vorgelegt hat.
Demnach gab es 1995 464 Millionen Pfingstler und Charismatiker. Zum Vergleich gibt Barrett die Zahl der Baptisten
mit 56, der Lutheraner mit 52 und der Methodisten mit 38
Millionen an. In der Statistik für 1997 geht er von 497 Millionen »pentecostals and charismatics« aus.[22] Was meist verschwiegen wird, wenn Barretts Zahlen herangezogen werden,
sind seine Hinweise auf die zahlreichen »Postcharismatiker«;
1990 rechnete er mit 90 Millionen. Entsprechend muß davon
ausgegangen werden, daß es zahlreiche Post-Pfingstler gibt,
also Christinnen und Christen, für die die Mitgliedschaft in
einer Pfingstgemeinschaft von vorübergehender Dauer war.
Überhaupt ist es angebracht, solchen Zahlen mit einem
gehörigen Maß an Skepsis zu begegnen. Das Rechnen mit
großen Zahlen gehört für zahlreiche Ausprägungen pfingstlicher Frömmigkeit zu einem großen Glauben, mit dem man
Gott loben will.

Deutschland: Im Blick auf Deutschland kann ein zahlenstati-
stischer Vergleich nur sehr bescheiden ausfallen. Die größte
Pfingstgemeinschaft, der Bund Freikirchlicher Pfingstgemeinden (BFP), hat nach eigenen Angaben ca. 30 000 Mitglieder. Alle anderen Pfingstgemeinschaften sind entschieden
kleiner. Zum Christlichen Gemeinschaftsverband Mül-
heim/Ruhr (CGV), zur Gemeinde Gottes (Cleveland), zur
Ecclesia-Gemeinde der Christen und zur Volksmission entschiedener Christen (VMeC) gehören jeweils zwischen 3000
und 4000 Mitglieder. Weitere pfingstlich geprägte Gruppen
geben ihre Mitgliederzahlen zwischen 1000 und 2000 an, wie
das Freikirchliche Evangelische Gemeindewerk (fegw), das
zur International Church of the Foursquare Gospel gehört,
oder das Jugend-, Missions- und Sozialwerk Altensteig (JMS),
das inzwischen als Mitglied des Forums Freikirchlicher
Pfingstgemeinden (FFP) geführt wird. Die Mitgliederzahl al-

ler im FFP zusammengeschlossenen Pfingstgemeinschaften
wird mit ca. 44 000 (bei 103 000 Zugehörigen) beziffert. Wie
ein Vergleich mit Zahlen aus früheren Jahren zeigt, ist die Gesamtzahl der einer Pfingstgemeinschaft zugehörigen Christen
in den letzten beiden Jahrzehnten relativ konstant geblieben.
Wer zu höheren Zahlen kommen will, darf zwischen Charismatikern und Pfingstlern nicht differenzieren. Paul Schmidgall, der jetzige Vorsitzende des FFP, beziffert die Zahl aller
Charismatiker und Pfingstler in Deutschland auf 300 000. Vor
zwei Jahren hatte der Kreis Charismatischer Leiter (KCL)
von 150 000 Charismatikern im weiteren Sinn des Wortes
(Pfingstler teilweise mit eingeschlossen) gesprochen. Die zuletzt genannte Zahl dürfte der Realität näher kommen. Jedenfalls kann von einer pfingstlich-charismatischen Erweckung
größeren Ausmaßes in Deutschland keine Rede sein (ebensowenig in Westeuropa), obgleich sie vielfach und von einigen
fast routinemäßig mit prophetischem Anspruch angekündigt
und vereinzelt auch schon ausgerufen wurde.

Gleichzeitig muß konstatiert werden: Die Gesamtzahl von
Charismatikern und Pfingstlern ist auch in Deutschland in
den letzten Jahren kontinuierlich größer geworden. Der BFP
kann sich mit Recht als eine Freikirche mit wachsenden Mitgliederzahlen und wachsenden Zahlen von Gemeinden (inzwischen weit über 400) sehen, wobei dieses Wachstum in er-
heblichem Maße dadurch zustande kam, daß sich ihm zahlreiche Ausländergemeinden (unter anderem Koreaner, Italiener
und Filipinos) und Gemeindeverbände angeschlossen haben.
1988 trat die Volksmission e. C. dem BFP bei. 1991 erfolgte
die Aufnahme von 13 Gemeinden in Ostdeutschland, die ihre
Heimat zuvor aufgrund der politischen Situation im Bund der
Evangelisch-Freikirchlichen Gemeinden der DDR gesucht
hatten. Auf der 101. Bundeskonferenz des BFP in Kirchheim
(1997) wurde das Christliche Zentrum Berlin (CZB) nach jah-
relangen Gesprächen und einer langen, kontroversen Diskussion als Mitglied aufgenommen.

Die Ausbreitung der Pfingstfrömmigkeit geschieht jedoch gegenwärtig auch in Deutschland weniger durch traditionelle Pfingstgemeinden, von denen viele mehr als zwei Generationen alt sind und teilweise an Dynamik eingebüßt haben, sondern eher durch freie, nicht konfessionsgebundene (»überkonfessionelle«) Gemeinden, charismatische Zentren und »überkonfessionelle« Initiativen, die in der Anfangsphase ihrer Entwicklung Wert darauf legen, sich von der traditionellen Pfingstbewegung zu unterscheiden. Nicht selten sind sie für viele etablierte Pfingstgemeinschaften zu einer starken Konkurrenz geworden, auch wenn sie in Lehre und Frömmigkeitspraxis diesen sehr nahestehen und sich ihnen im Laufe weiterer Konsolidierung anschließen können. Zugleich treten die Unterschiede zwischen Pfingstlern und freien Charismatikern zunehmend zurück, da auch etablierte Pfingstgemeinschaften neue Dynamik gewinnen können.

Die Pfingstbewegung
im deutschsprachigen Kontext

1997 konnte die Pfingstbewegung in Deutschland auf 90 Jahre ihrer Geschichte zurückblicken und die Gelegenheit für eine Standortbestimmung und einen Blick in die Zukunft nutzen. In vier großen Festveranstaltungen (Hamburg, Velbert, Griesheim, Sindelfingen) gedachte man des Weges der Pfingstbewegung in Deutschland und feierte das fünfzigjährige Jubiläum des BFP. Mit lauten und gleichwohl charakteristischen Worten faßte der Festredner von Hamburg, Reinhard Bonnke – der wohl international bekannteste deutsche Pfingstler –, das pfingstlerische Anliegen zusammen. In Anspielung auf die Feuerflammen von Apostelgeschichte 2,1ff rief er den Besuchern immer wieder zu: »Für jeden Kopf hat Gott eine Flamme«, ein Energiekraftwerk, das zum christlichen Zeugnis anspornt, die Kranken heil werden läßt, die bö-

sen Geister austreibt und die Zahl der Erweckten groß werden läßt. Damit ist das für die pfingstlerischen Bewegungen
charakteristische Anliegen der Taufe im Heiligen Geist zusammengefaßt, das sich als Angebot auch an alle nicht-
pfingstlichen Christen richten kann.

Bereits 1907 hatte die Pfingstbewegung Deutschland erreicht,
wobei ihr Weg von Nordamerika über Norwegen ging und
mit dem Namen des ehemaligen Methodistenpastors Thomas
B. Barratt verbunden war. Der überschäumende Enthusiasmus der ersten Pfingstversammlungen in Kassel löste großes
Erschrecken aus, konnte nicht entsprechend verarbeitet werden und führte in der damaligen Gemeinschaftsbewegung zu
heftigen Auseinandersetzungen und Trennungen. In der Berliner Erklärung (1909) distanzierten sich 56 führende Vertreter der Gemeinschaftsbewegung und der Evangelischen Allianz von der neuen Bewegung, die sie als »nicht von oben, sondern von unten« ansahen. Es bildeten sich eigenständige
Pfingstgemeinschaften, zunächst vor allem der Christliche
Gemeinschaftsverband Mülheim/Ruhr, der in den folgenden
Jahrzehnten die dominierende Gruppe der deutschen Pfingstbewegung war. Sehr bald entwickelten sich jedoch Gemeinden außerhalb dieses Verbandes, seit 1922 die Elim-Gemein-
den (H. Vietheer) vor allem in Ostdeutschland, seit 1928 die
Freien Christengemeinden, seit 1934 die Volksmission entschiedener Christen (vor allem in Württemberg), seit 1937 die
Gemeinde Gottes (Church of God, Cleveland).

1954 schlossen sich freie Pfingstgemeinden zur Arbeitsgemeinschaft der Christengemeinden Deutschlands (ACD) zusammen – später (1982) umbenannt in Bund Freikirchlicher
Pfingstgemeinden (BFP) –, mit Zentrale, Bibelschule Beröa
und Leuchter-Verlag in Erzhausen. Zum Bund gehören mitt-
lerweile zahlreiche missionarische und karitative Einrichtungen. Seit 1974 ist der BFP Körperschaft des öffentlichen
Rechts in Hessen, inzwischen auch in zahlreichen weiteren
Bundesländern.

In Österreich entwickelten sich Pfingstgemeinden von dauerndem Bestand erst nach 1946, hervorgerufen durch pfingstlerisch geprägte Flüchtlinge aus Osteuropa. Kontakte dieser Freien Christengemeinden zur Evangelischen Allianz wurden in den letzten Jahren intensiviert. Das schweizerische Pfingstlertum formierte sich in der Schweizerischen Pfingstmission (1907 bzw. 1935 entstanden), der Gemeinde für Urchristentum (nach 1927 entstanden) und den Freien Christengemeinden (nach 1933 entstanden). Seit 1961 kamen die Prediger der verschiedenen Pfingstbewegungen zu einer Einheitskonferenz zusammen, die 1974 in den Bund Pfingstlicher Freikirchen der Schweiz mündete. Der Bund ist Mitglied des Verbandes Evangelischer Freikirchen und Gemeinschaften in der Schweiz (VFG).

Richard Krüger, Leiter der Bibelschule Beröa in Erzhausen bei Darmstadt, erinnerte 1997 in einem Artikel der Zeitschrift »Wort und Geist« (gemeinsame Zeitschrift des BFP, der VMeC, der Schweizerischen Pfingstmission und der Gemeinde für Urchristentum) an eine erste Konferenz freier Pfingstbrüder im Jahre 1947, die zur Keimzelle der 1954 offiziell ins Leben gerufenen Arbeitsgemeinschaft der Christengemeinden (heute BFP) wurde und sich als Glaubensgemeinschaft auf kongregationalistischer Grundlage und in enger Verbindung mit der größten amerikanischen Pfingstdenomination »Assemblies of God« entwickelte.

Das Forum Freikirchlicher Pfingstgemeinden (FFP), in dem die meisten Pfingstgemeinschaften seit 1979 in einem lockeren Verhältnis des Austausches und der Kommunikation stehen, veröffentlichte zum Jubiläum die Informationsbroschüre »90 Jahre Pfingstbewegung«, die Auskunft gibt über den Werdegang einzelner Gemeinschaften und in übersichtlicher Form über den jetzigen Stand der Dinge informiert.[23] Unter demselben Titel erschien 1997 auch eine Publikation von Paul Schmidgall, dem gegenwärtigen Vorsitzenden des FFD, die die deutsche Pfingstbewegung in geschichtliche Zusammenhänge stellt und einen guten Überblick über Ausprägungen pfingstkirchlicher Bewegungen gibt.[24]

Anläßlich des Jubiläums der Pfingstgemeinschaften definierte der Altpräses des BFP Ulonska den Bund Freikirchlicher Pfingstgemeinden als »Gemeindebewegung« und machte darauf aufmerksam, daß dieser Weg zur freikirchlichen Struktur lange umstritten und nicht dominierend war.[25] Die überwiegende Mehrheit der frühen Pfingstler sammelte sich im »Christlichen Gemeinschaftsverband Mülheim an der Ruhr«, der in seinen strukturellen Ausformungen und seiner inhaltlichen Ausrichtung das Erbe der Gemeinschaftsfrömmigkeit zu wahren bemüht war, seinen Mitgliedern die Möglichkeit der Doppelmitgliedschaft einräumte und die Säuglingstaufpraxis der Landeskirchen zwar als defizitär betrachtete, sie aber gleichwohl anerkennen konnte.

Anders war der Weg der freien Pfingstler, die die charismatische Grunderfahrung ganz in den Kontext eines freikirchlichen Profils stellten. »Die Väter der freikirchlichen Pfingstbewegung gingen ein Risiko ein, das wenig Zukunftsperspektiven sehen ließ. Sie wußten sich auf einen Weg gewiesen, der sie nicht nur ›außerhalb des Lagers‹ ihrer evangelikalen Brüder führte, sondern auch außerhalb des größeren Lagers der sich damals formierenden deutschen Pfingstbewegung.«[26] Heute ist es umgekehrt: Die Mehrheit der Pfingstler versteht sich als freikirchlich, und auch die in den letzten Jahrzehnten kleiner gewordene Mülheimer Gruppe ist gegenwärtig dabei, sich ein eigenständiges freikirchliches Profil zu geben, freilich in Kontinuität zur eigenen Prägung und damit unterschieden von den BFP-Pfingstlern. »Der Mülheimer Verband ist eine evangelische Freikirche in Deutschland auf der Grundlage einer evangelikal-charismatischen Frömmigkeit bzw. Theologie.«[27] Eine pfingstliche Lehre von der Geistestaufe im Sinne einer zweiten Gnadenerfahrung wird abgelehnt.[28] Der Mülheimer Verband steht von allen Pfingstgemeinschaften den Grundlehren der Reformation am nächsten. Er ist zugleich der ökumenisch offenste. Die spezifisch pfingstlichen Charismen sind in den gottesdienstlichen Versammlungen dieser Ausdrucksform der Pfingstbewegung stark zurückgetreten.

Zum Profil pfingstkirchlicher Bewegungen

Anders als zahlreiche Sondergemeinschaften und Neuoffenbarungsgruppen sind pfingstkirchliche Bewegungen, wie bereits angedeutet, kein neuer religiöser Entwurf. In ihren theologischen und frömmigkeitsmäßigen Orientierungen unterscheiden sich Pfingstler nicht wesentlich von evangelikal und biblizistisch geprägten Christen. Die Pfingstbewegung ist in ihren vielfältigen Ausformungen zunächst und vor allem als gesteigerte Erweckungsfrömmigkeit anzusehen. Da sich die Steigerungen auch auf ekstatische und visionäre Ergriffenheitserfahrungen konzentrieren, die als außergewöhnlich und wunderbar erlebt werden und immer wieder beherrschend in den Vordergrund treten können, ergeben sich auffallende Entsprechungen und Parallelitäten zu anderen neuen religiösen Bewegungen, insbesondere zu solchen, in denen das ekstatische Erlebnis als religiöses »Urphänomen« (M. Eliade) verbunden mit außergewöhnlichen Bewußtseinszuständen revitalisiert wird. Aufgrund des nicht zu vermeidenden Vorgangs der Ritualisierung des ekstatischen Erlebens ist dieses in den meisten Pfingstgemeinschaften jedoch deutlich zurückgetreten.

Das pfingstliche Profil ergibt sich aus der individuellen und gemeinschaftlichen Geisterfahrung. In der pfingstlichen Frömmigkeit werden beide Dimensionen religiöser Erfahrung in ein ausgeglichenes Verhältnis gebracht. Der einzelne kann sich aus den Zwängen der Gemeinschaft befreien und ungehemmt sein religiöses Erleben ausdrücken, zugleich wird er aus seiner Vereinsamung herausgeholt und kann in der Gemeinschaft seinen Platz finden.

Die gemeinschaftliche Erfahrung des Geistes hat ihr Zentrum

im pentekostalen Gottesdienst, in dem das freie Wirken des Geistes im Vordergrund stehen und mit »der Herrschaft des Menschengeistes in den Versammlungen« ein Ende gemacht werden soll.[29] Bereits im Vorfeld der Entstehung der Pfingstbewegung wird im Zusammenhang der Erfahrungen der Erweckung in Wales von diesem freien Geistwirken berichtet. »Nicht mehr der Geist der Pastoren und Prediger ist dort am Ruder, sondern die einfältigen Brüder in Wales haben den kühnen Mut aufgebracht, in Wahrheit zu glauben an die göttliche Leitung durch den Heiligen Geist in den Versammlungen der Glaubenden.«[30] Die Ansprachen erfolgten unter der unmittelbaren Leitung des Geistes. Jeder hatte Raum zum Singen oder Beten, wie er glaubte, daß der Geist ihn dazu trieb. Dabei konnte es sich auch ergeben, daß mehrere gleichzeitig beteten. In den Berichten über die Waliser Erweckungsversammlungen kündigt sich der pfingstliche Entwurf bzw. Gegenentwurf zu einem liturgisch strukturierten Gottesdienst in charakteristischer Weise an.

Bekehrung und Geistestaufe

Nach einem gängigen Wort, das auf Thomas B. Barratt zurückgeht, der den pfingstlichen Impuls von Nordamerika nach Norwegen brachte, sind Pfingstler in ihrem Verständnis der Erlösung Lutheraner, in ihrem Taufverständnis Baptisten, in ihrem Heiligungsverständnis Methodisten, in ihrer aggressiven Evangelisationspraxis Heilsarmisten, in ihrem Verständnis der Geistestaufe jedoch Pfingstler. Das Selbstverständnis pfingstlerischer Frömmigkeit hat seinen Kristallisationspunkt in der Erfahrung und dem Verständnis der Geistestaufe. Für fast alle Ausprägungen pfingstlerischer Identität in der westlichen Welt ist die Annahme grundlegend, daß die Erfüllung mit dem Heiligen Geist (Geistestaufe) eine »eigene, eindeutige und von der Bekehrung unterscheidbare Erfahrung«[31] ist. Der Eintritt in die Pfingstbewegung erfolgt durch die pentekostale

Initiationserfahrung der Geistestaufe, die die pietistisch-er-
weckliche Wiedergeburtserfahrung voraussetzt. Dabei kann
als Struktur dieser Erfahrung beides beobachtet werden: das
langsame Hineinwachsen in die pentekostale Frömmigkeit
und die plötzliche, radikale Durchbruchserfahrung. Alle Berichte, die die individuelle pentekostale Erfahrung umschreiben, sprechen von einem Durchströmtwerden des Körpers
mit göttlicher Kraft, einem Ergriffenwerden, das sichtbar und
überraschend in das christliche Leben eingreift und es verändert. Für den Pfingstler bedeutet die Geistestaufe vor allem
die Ausstattung mit Kraft, die dem Bekehrten und Glaubenden in einem zweiten Schritt göttlicher Zuwendung zuteil
wird. Die Wiedergeburt durch den Geist und die Taufe im
Heiligen Geist werden innerhalb der pfingstlichen Normal-
lehre klar unterschieden. »Aus dem Geist geboren zu sein verleiht die Macht und das Recht, Kind Gottes zu sein (Johannes
1,12). Im Heiligen Geist getauft zu sein verleiht die Kraft, ein
wirksamer Zeuge Christi zu sein (Apostelgeschichte 1,8).«[32]
In der weiteren Geschichte der Pfingstbewegung konnte sich
die Deutung der Glossolalie in einem dreistufigen (Bekehrung, Heiligung, Geistestaufe) oder zweistufigen (Bekehrung,
Geistestaufe) Konzept ausprägen, wobei die Geistestaufe als
zweite oder dritte Stufe der christlichen Erfahrung ausdrücklich nicht als heilsnotwendig, wohl aber als »dienstnotwen-
dig« gesehen wird. Beide Ausprägungen haben ihre Begründung in der unterschiedlichen Verarbeitung der Tradition der
Heiligungsbewegung. Das zweistufige Konzept folgt dem
»baptistischen« Heiligungsverständnis, das dreistufige dem
»wesleyanischen«, welches der Heiligung als »zweiter Segnung« (second blessing) die Geistestaufe als dritte Stufe folgen läßt. Obgleich diese Schemata nur idealtypisch die Band-
breite der unterschiedlichen theologischen Orientierungen
zeigen, fassen sie das Geschichtswirksame zusammen. Die
dreistufige Ausprägung findet sich bei der Gemeinde Gottes
(Cleveland), die zweistufige beim BFP in Anlehnung an die

Assemblies of God, während die Mülheimer Richtung eine
solche Schematisierung der christlichen Erfahrung ablehnt,
was ihre Ausnahmestellung innerhalb des Pfingstlertums unterstreicht.

Das skizzierte Verständnis der Geistestaufe ist ein verbinden-
der Topos und wichtiges Charakteristikum der pfingstkirchlichen Bewegungen. Soziologisch betrachtet ist es in seiner Verknüpfung mit der Glossolalie ein gruppenspezifisches Merkmal zur Selbstkennzeichnung. Von der Mehrheit der Pfingstler
wird die Geistestaufe als erstrebenswertes »Ziel« jedes christlichen Lebens angesehen. Die eigene »Pfingsterfahrung« schafft
dabei die unmittelbare Anknüpfung an biblische Zeiten.

Für die Wahrnehmung anders geprägter Frömmigkeit folgt
daraus: In dem Maße, in dem die Geistestaufe als Kriterium
und äußerlich wahrnehmbares Zeichen eines geisterfüllten
Lebens betont wird, im selben Maße ist man genötigt, ein
christliches Leben ohne diese Erfahrung als defizitär anzusehen. Die Umkehrung gilt freilich auch: In dem Maße, in dem
Geistestaufe und Zungenrede in ein biblizistisch geprägtes
Gesamtverständnis des Glaubens eingeordnet werden (als
Ausprägung der Frömmigkeit und nicht als Weg zu einem
Christsein der Extraklasse) und im Glaubensvollzug einen
untergeordneten Stellenwert bekommen, im selben Maße
eröffnet sich die Möglichkeit einer über die eigene Frömmigkeitsform hinausgehenden Gemeinschaft.

Glossolalie und Geistestaufe

Bevor die Verbindung zwischen Glossolalie und Geistestaufe
näher bestimmt wird, sollen Phänomen und Praxis des Zun-
genredens in pfingstlerisch geprägter Frömmigkeit stichwortartig beschrieben werden:

– Glossolalie wird vor allem als persönliche Gebetssprache
praktiziert, aber auch als Sprachengebet und -gesang (vgl.
1. Kor 14,15) im Gottesdienst.

– Sie ist unsemantisches, nicht verstehbares Sprechen oder Singen, wobei sich das Sprachgeschehen verselbständigt und Laute geäußert werden, die der Sprechende als durch seine Sprechorgane unwillkürlich hervorgebracht empfindet.

– Sie kann spontan auftreten und beginnen, häufig wird sie gelehrt (Kinn und Zunge lockern, Silbenfolgen oder fremdsprachliche Laute artikulieren ...), ersehnt und gelernt. Sie wird im Kontakt zu Gruppen gesucht und gefunden, die sie praktizieren und als etwas Besonderes ansehen.

– Weil in der Glossolalie melodisch und rhythmisch gestaltete Silbenfolgen artikuliert werden, die keiner Sprache angehören, sind Klang und Sprachfluß des in »anderen Sprachen« Redenden für Außenstehende von einer Fremdsprache nicht unterscheidbar.

– Anfang und Ende des Sprachengebets werden von dem, der es praktiziert, in der Regel selbst bestimmt. Der faszinierende Charakter dieser Gabe bezieht sich häufig vor allem auf die mit ekstatischem Ergriffensein verbundene Anfangszeit ihrer Praxis, tritt dann jedoch zurück, so daß die Glossolalie durchaus rituelle und liturgische Züge annehmen kann.

– Im Erlebnis der Glossolalie empfindet sich der Sprechende oder Singende als Werkzeug des göttlichen Geistes. Er fühlt sich ergriffen und durchströmt von göttlicher Kraft und deutet die Glossolalie als Zeichen der Rückkehr in »neutestamentliche« Verhältnisse, als persönliche Pfingsterfahrung, die nach der Schrift in der Endzeit verheißen sei. Er sieht darin eine Spracherweiterung im Blick auf den Lobpreis Gottes, eine Vertiefung der Glaubenserfahrung, eine Entfesselung des begrenzten Sprachvermögens, einen Ausdruck der durch Freude geprägten Gottesbeziehung.

– Die pfingstlerische Frömmigkeit kennt die Unterscheidung zwischen der Glossolalie als erstmaligem Zeichen der Geistestaufe und als Charisma im Sinne von 1. Kor 12 und 14.

Bereits im ausgehenden 19. Jahrhundert wird von zahlreichen

Gruppen der Heiligungsbewegung die Geistestaufe als ein
Durchbruchserlebnis für eine neue Glaubenshaltung begriffen, als neue, höhere Stufe der Heiligung, als ein der Bekehrung folgendes Heiligungserlebnis, das zu neuer Gelassenheit
und Glaubensfreiheit führt und vor allem eine neue Bevollmächtigung zum Zeugnis bedeutet. Auch die Verbindung
zwischen Geistestaufe und Glossolalie läßt sich im Vorfeld
der Entstehung der Pfingstbewegung beobachten, gegen Ende
des 19. Jahrhunderts im Zusammenhang der Heiligungsbewegung immer häufiger. In der Pfingstbewegung kommt es nun
freilich zu einer signifikanten Neuinterpretation der Glossolalie: Die Erfahrung des Redens in anderen Sprachen wird
als wahrnehmbares Erkennungsmerkmal der erfolgten
Geistestaufe begriffen. »Grundsätzlich gilt …, daß in der Regel das Zungenreden das anfängliche Zeichen der Geistestaufe ist. Anfänglich meint: andere Zeichen im Leben und Dienst
müssen folgen.«[33] Nicht die Erfahrung der Glossolalie als solche, auch nicht ein bestimmtes Konzept von Geistestaufe,
sondern die innere Verknüpfung von beiden und das Verständnis der Glossolalie als »anfängliches Zeichen« (initial
physical sign oder initial evidence) der Taufe im Heiligen
Geist geben den entscheidenden Anstoß zur Entstehung der
Pfingstbewegung. Die biblische Begründung dazu sieht man
unter anderem in Markus 1,8 par und jenen Stellen der Apostelgeschichte, die ein Erfülltwerden mit dem Heiligen Geist
und das Reden in Zungen in einen Zusammenhang bringen
(Apg 2,4 u. a.). Charakteristisch ist dabei der Entstehungsort
dieser bis heute umstrittenen Lehre und Erfahrung: keine Erweckungsversammlung, sondern eine Bibelschule, in der neben der Erfahrung vor allem ihre Deutung interessierte. Logi-
scherweise hatte dieses Verständnis der Glossolalie zur Folge,
daß sich ein großes Verlangen nach ihr entwickelte.
Angesichts der Vielfalt möglicher Ausdrucksformen religiöser Ergriffenheit war die Konzentration auf die Glossolalie
ein wichtiger Strukturierungsfaktor und gab der Bewegung

ein unterscheidbares Erkennungsmerkmal. Da Glossolalie religionsgeschichtlich gesehen eine zentrale Ausdrucksform religiöser Ekstase ist und per se religions und kulturtranszendierenden Charakter hat, war mit ihr ein wichtiges Element für die interkulturelle Kommunikationsfähigkeit pentekostaler Bewegungen gegeben.

Erlösung und Heilung

Im Glaubensbekenntnis und in der Glaubenspraxis der Pfingstbewegung hat neben der Geistestaufe die Heilungsthematik zentrale Bedeutung. Bereits von Parham waren Geistestaufe, Glossolalie und göttliche Heilung in einen engen Zusammenhang gestellt worden. Im letzten Jahrzehnt des 19. Jahrhunderts kam er in Kontakt mit perfektionistisch orientierten Ausprägungen der Heiligungsbewegung und ihrer Lehre von der »völligen Heiligung« (entire sanctification). Nach ausführlichem Schriftstudium nahm er die Lehre von der Glaubensheilung als Teil der Erlösung auf. In den Glaubensrichtlinien der frühen Pfingstbewegung ist diese Lehre durchgehend aufgegriffen worden. Sie findet sich hier sogar als Glaubensaussage, die ohne relativierende Einschränkungen behauptet wird. Es gehörte zur Praxis zahlreicher Pfingstgemeinschaften, mit der Heilung des Leibes durch vollmächtiges Gebet zu rechnen. Die theologische Begründung dafür findet man im Auftrag Jesu an seine Jünger zum Verkündigen und Heilen wie auch in dem Charisma der Heilung (1. Kor 12,8), das etwa in Anknüpfung an Jakobus 5,13–16 praktiziert wurde. Dabei wird ein grundlegender Zusammenhang zwischen Gebet und Heilung wie auch zwischen Heilung und Glaube vorausgesetzt. Zwar konnte innerhalb der pentekostalen Bewegung die genauere innere Verknüpfung zwischen Heilung und Erlösung oder Heilung und Sühnetod Christi unterschiedlich bestimmt werden. Einzelne Pfingstler legen durchaus Wert darauf, beides gerade nicht zu identifi-

zieren. Gleichwohl ist die Behauptung der engen Verbindung
zwischen Heilung und Erlösung in nahezu alle pentekostalen
»Bekenntnisse« eingegangen und bis heute deren Teil geblieben.

Die Glaubensbekenntnisse, die das Selbstverständnis heutiger
Pfingstgemeinschaften beschreiben, enthalten entsprechende
Passagen, wie etwa das Bekenntnis der Gemeinde Gottes, in
dem es heißt: »Göttliche Heilung ist für alle in der Erlösung
bereitgestellt.«[34] Die Glaubensrichtlinien des BFP formulieren: »Wir glauben, daß die Erlösung die Heilung von Krankheit durch göttliches Eingreifen einschließt (Markus
16,17–18; Jak. 5,14–15).«[35] In den Glaubens- und Lehrgrund-
lagen der Volksmission e. C. wird als eigenständiger Punkt
die Lehre von der »göttliche(n) Heilung von Krankheit des
Leibes aufgrund des vollbrachten Erlösungswerkes von Gol-
gatha« genannt.[36] Auch in der Heilungsfrage bietet der Mülheimer Verband im pentekostalen Kontext eine Ausnahme.
Bezeichnenderweise findet sich hier die enge Verknüpfung
von Heilung und Erlösung nicht. Zu einem isolierten Thema
wird der Zusammenhang von Heil und Heilung insbesondere
in den zum weiteren Umfeld der Pfingstbewegung gehörenden Heilungsbewegungen, die bis heute mit ihrem grenzenlosen Heilungsoptimismus kranken und behinderten Menschen
falsche Hoffnungen machen und zahlreiche Konflikte hervorrufen.

Gemeinde- und Kirchenverständnis

Das Kirchenverständnis der Pfingstbewegung nimmt seinen
Ausgangspunkt bei der individuellen und gemeinschaftlichen
pfingstlichen Erfahrung, die sich mit sehr unterschiedlichen
Organisationsstrukturen verbinden kann, wie die Geschichte
pfingstkirchlicher Bewegungen zeigt. Je älter Pfingstgemeinschaften werden, desto mehr gleichen sie sich anderen Kirchen an und werden von der anfänglich nur schwach ausge-

prägten institutionellen Dimension gleichsam eingeholt. Es
gehört zum Selbstverständnis der meisten pfingstlichen Gemeinschaften (zum Beispiel des BFP), überall »neutestamentliche Gemeinden (das heißt freikirchlich, täuferisch, pfingstlich-charismatische Gemeinden) zu bauen« (R. Ulonska).
Entsprechend kann in der Entstehung charismatischer Kreise
noch nicht die Verwirklichung biblischen Gemeindeaufbaus
gesehen werden, wie die langjährigen Gespräche zwischen
Vertretern der charismatischen Erneuerung und der Pfingstbewegung gezeigt haben.[37] Um »Ekklesia im biblischen Sinn«
zu bauen, sehen Pfingstler keinen anderen Weg als den jenseits
großkirchlicher Strukturen, zu denen sie – unter anderem aufgrund ihrer Herkunft aus dem nordamerikanischen Erweckungschristentum – keinen inneren Bezug haben.
Die Akzentuierung der Autonomie der Ortsgemeinde und
die Suche nach einem freikirchlichen Profil stehen freilich in
Spannung zueinander. Ersteres hat zur Folge, daß Einzelgemeinden ihren Zusammenhang in der größeren Kirchenge-
meinschaft als nur begrenzt verbindlich verstehen. Je deutlicher eine Profilierung als Freikirche versucht wird und – wie
etwa im BFP – sehr unterschiedliche Gemeindeidentitäten in
verbindlichere Kommunikationsformen eingebunden werden
sollen, desto mehr bietet man Anlaß zum Ausbruch aus solchen Strukturen, da diese zweifellos die pentekostale Erfahrung zähmen und ihre Dynamik begrenzen. Walter Hollenweger, der ja ein ausgewiesener Kenner der Pfingstkirchen
und charismatisch geprägter Frömmigkeit ist, hat mehrfach
angemerkt, daß diese im Laufe von drei bis vier Generationen
verschiedene Phasen durchlaufen: »1. Phase: Ökumenische
Gemeindeerneuerung, die allen Kirchen dienen will; lose
fließende Organisationsformen. 2. Phase: Konsolidierung in
lokale Gemeinden; Abgrenzung von den übrigen Kirchen ...
3. Phase: Regionale und nationale Institutionalisierung; Bau
von Kirchengebäuden, Bibelschulen ... 4. Phase: Internationale Institutionalisierung; Öffnung für die Ökumene und die

wissenschaftliche Theologie; gleichzeitig Absplitterung von Gruppen, die wieder bei Phase 1 einsetzen.«[38]

Die Pfingstbewegung in Deutschland ist in den letzten Jahrzehnten nicht nur von der Charismatischen Erneuerung in den Kirchen geradezu überrascht worden. Sie hat auch hinnehmen müssen, von den freien, »wilden« Charismatikern gleichsam überholt zu werden, obgleich diese von der Erfahrung und Weisheit der älteren Pfingstbewegung sicher hätten profitieren und so vermeiden können, sich in manche Sackgassen einer fragwürdigen Power-Charismatik zu begeben. Segregation ist offensichtlich ein fundamentales Prinzip der Ausbreitung der Pfingstbewegung. Wie keine andere Erweckungsbewegung trägt sie dadurch zur Zersplitterung und Fragmentierung der protestantischen Christenheit bei, was unter anderem in der hervorgehobenen Erfahrungs- und Erlebnisorientierung begründet liegt, aber auch in der Gemeindegründungsprogrammatik, durch die sie bestimmt ist. Solche Strukturen machen es anderen christlichen Kirchen nicht gerade leicht, zu pfingstkirchlichen Bewegungen in ein angemessenes Verhältnis zu treten. In ökumenischer Hinsicht werfen sie die Frage des Proselytismus auf.

Außenperspektiven zur Glossolaliethematik

Die Wiederentdeckung der Glossolalie stand und steht im Rahmen der Pfingstbewegung in weltanschaulichen Bezugsfeldern und kulturellen Kontexten, die für ihr Verständnis erwähnenswert und wichtig sind. Indem die Geistestaufe in der Glossolalie gleichermaßen Konkretheit wie Evidenz erlangt, geht die Pfingstbewegung auf das die Moderne bestimmende Bedürfnis nach Sichtbarkeit und Greifbarkeit der religiösen Erfahrung ein. Die Pfingstfrömmigkeit »nimmt Rücksicht auf die nüchtern-kritische Einstellung des ›aufgeklärten‹ Menschen, der Beweise haben will, um glauben zu können«.[39] Und

eben darin ist die Pfingstbewegung »moderner« als ein christlicher Fundamentalismus, der den Beweis des Glaubens allein
rückwärtsgewandt zu führen versucht, indem er die Heilige
Schrift als unfehlbar und irrtumslos versteht. Die Pfingstbewegung ist mit diesem Fundamentalismus zwar in vielfacher
Hinsicht verbunden. Sie vertritt in der Regel dessen zentrale
dogmatische Positionen, bietet dem modernen Menschen jedoch nicht nur ein vermeintlich gesichertes Wissen an, sondern macht ihm außerdem (!) ein konkretes Erlebnis- und Er-
fahrungsangebot.

Mit dem christlichen Fundamentalismus ist die Pfingstbewegung auch dadurch verbunden, daß beide als Reaktionen auf
den Säkularismus und seine kulturellen, kirchlichen und theologischen Folgen interpretiert werden können. Die Betonung
der Glossolalie in der Pfingstbewegung – später dann auch in
charismatischen Bewegungen – ist also auch Protestphänomen, nicht nur gegen ihre weitgehende kirchliche Ausklam-
merung, sondern auch gegen das geheimnisleere Wirklichkeitsverständnis der Aufklärung und gegen ein Glaubensverständnis, welches, auf Modernitätsverträglichkeit bedacht, die
Dimension des Wunderbaren ausschließt. Dieser Protest pro-
fitiert von den Defiziten der modernen Zivilisation und Kultur und den kirchlichen und theologischen Arrangements und
Kompromissen mit ihnen: Die Erfahrungslosigkeit und Erfahrungsarmut des Alltags in säkularisierten Industriegesellschaften und der weitgehende Ausfall einer gelebten christlichen Frömmigkeit unterstützen die Empfänglichkeit für das
Übersinnliche und die Sehnsucht nach der Erfahrbarkeit ge-
heimnisvoller und übernatürlicher göttlicher Kraft.

Viel stärker als im Kontext moderner Industriegesellschaften
haben sich die Pfingstbewegungen jedoch in der sogenannten
Zwei-Drittel-Welt ausgebreitet. Am meisten wachsen sie
dort, wo der Kontakt mit Menschen gelingt, die auf der Schat-
tenseite des Lebens stehen. Wenn Menschen, die in mündli-
chen Kulturen leben, es lernen, sich in nichtrationaler Gebets-

sprache zu artikulieren, hat dies eine durchaus andere Bedeutung als in dem zuvor genannten Zusammenhang. Das Zungenreden »macht das Beten für Menschen möglich, die mit Sätzen Schwierigkeiten haben« (W. Hollenweger). Denn die Glossolalie ist eine Fähigkeit, die nicht an Bildungsvoraussetzungen gebunden ist, unabhängig von sozialer Zugehörigkeit vorkommt und insofern eine »demokratisierende« Wirkung haben kann. So hat die Pfingstbewegung in zahlreichen Kontexten durchaus die Funktion, »namen- und sprachlose Menschen ausdrucksfähig zu machen, sie vom Schrecken des Sprachverlustes zu heilen«[40]. Die Glossolalie zeigt sich eingefügt in eine für die Pfingstbewegung charakteristische missionarische Dynamik, die überaus erfolgreich auf unterschiedliche kulturelle Kontexte eingeht und offensichtlich eine nicht zu unterschätzende soziale Bedeutung hat: Stärkung des Selbstvertrauens, Erschließung der eigenen Emotionalität, Interesse an Bildung und sozialer Neugestaltung.

In vielfacher Weise hat das »Phänomen« Glossolalie auch das Interesse der Sprach- und Religionswissenschaftler, der Soziologen und Psychologen an der Pfingstbewegung herausgefordert, die nicht nur aufschlußreiche Deutungen zur Glossolalie anbieten, sondern auch weitere Impulse für die Interpretation der Pfingstbewegung insgesamt geben und Hintergründe erhellen.
Die Erfahrung der Glossolalie läßt sich, je nachdem, in welchen Bezugsrahmen sie hineingestellt wird, unterschiedlich begreifen, was schon aus ihrer je verschiedenen Einordnung in der charismatischen Erneuerung und der klassischen Pfingstbewegung hervorgeht. Ein Buddhist wird in dem Phänomen Glossolalie einen möglichen Reinkarnationshinweis erkennen und sagen, daß die unverständliche Sprache aus einem früheren Leben kommt. Ein Psychologe wird vielleicht auf die psychohygienische Funktion der Glossolalie aufmerksam werden oder in ihr eine Form nichtverbaler Kommunika-

tion entdecken. Distanzierte Betrachtungsweisen zeigen, daß Glossolalie weder als pathologisches (so einzelne Kritiker) noch als ein übernatürliches (so zahlreiche pfingstlerisch geprägte Christen) Phänomen gewertet werden muß. Ausgehend von der Einsicht, daß alles Reden von den Erfahrungen des Glaubens beziehungsweise des Heiligen Geistes nicht jenseits konkreter anthropologischer Voraussetzungen, geschichtlicher Bedingungen und entsprechender Deutungsmuster und Plausibilitätsstrukturen stattfindet, sollte theologisches Nachdenken und Urteilen solche Wahrnehmungen aufgreifen und verarbeiten.

Aus *lerntheoretischer* Perspektive kann Glossolalie definiert werden als »sozial gelerntes Verhalten, das beim Übertritt in eine neue religiöse Gemeinschaft erworben wird«[41]. Es wird häufig gelernt durch Vorbilder und Bezugspersonen, denen Glaubwürdigkeit und Autorität zuerkannt werden. Es hat die Funktion eines sozialen Bandes einer Gruppe und dient als Merkmal der Unterscheidung von der Umwelt. Es kann zum zentralen Symbol der Gruppenzusammengehörigkeit werden. Die Auswirkungen glossolalen Verhaltens sind dabei psychologisch gesehen neutral. Es kann verbindend und zerrüttend wirken, aufbauend oder Distanz schaffend und ausgrenzend.

Glossolales Verhalten hängt freilich nicht nur von sozialen Anregungen, Modellen und Verstärkersystemen ab. *Psychodynamische* Betrachtungsweisen verstehen es als hervorgerufen durch innere Prozesse und deuten es entsprechend als »ein Hörbarmachen der Sprache des Unbewußten oder der ›inneren‹ Sprache«[42], wodurch Tiefenschichten der menschlichen Seele zum Ausdruck kommen. Glossolalie wäre demnach bewußtseinsfähige (Gebets-)Sprache des Unbewußten. In der Glossolalie kann sich Verdrängtes äußern, durch reduzierte Selbstkontrolle ans Licht treten und so bewußt gemacht werden.[43] Sprachenrede kann auch als Rückkehr zu kindlichen Sprachformen gedeutet werden. So wie in bestimmten Phasen der Sprachentwicklung des Kindes die semantische Dimen-

sion noch fehlt und die Sprache allein expressiven und appellativen Charakter hat, stellt die Glossolalie gewissermaßen
eine Rückkehr zur »Kindersprache« dar. Psychologisch gesehen ist ein solches Sprachverhalten neutral zu werten: Es kann
Erweiterung von psychischer Kompetenz – theologisch gesprochen: Erschließung von Schöpfungswirklichkeit – sein, es
kann freilich auch regressiven Charakter haben.

Aus der Perspektive der *kognitiven Psychologie* läßt sich die
Notwendigkeit und Wichtigkeit der Deutung unterstreichen.[44]
Der fehlende semantische Gehalt der Glossolalie hat bereits
Paulus dazu veranlaßt, dem Charisma der Glossolalie die Gabe
der Übersetzung oder Deutung zuzuordnen. »Wer in Zungen
redet, der bete, daß er's auch auslegen könne« (1. Kor 14,15).
Was sagen die Phänomene? Wie sind sie zu verstehen? Was
zeigt und worauf verweist die Glossolalie? »Daß in der Glossolalie unbewußte Tendenzen zum Ausdruck kommen, läßt
sich kaum bestreiten. Aber es hängt von der Deutung ab, ob
man in ihnen negativ bewertete ›Verdrängungen‹ sieht, positiv
wirkende kollektive Archetypen oder Inspiration durch den
Heiligen Geist. Dasselbe gilt für die Lernumwelt. Glossolalie
ist auf eine verstärkende und stimulierende soziale Umwelt angewiesen. Aber wiederum hängt es von ihrer Deutung ab, ob
man in den glossolalen Gruppen psychisch abhängige Menschen sieht, Vertreter einer alternativen Kultur oder die Erwählten der Endzeit. Entsprechend solchen Deutungen wird
das Fremd- und Selbstbild der Glossolalen getönt sein.«[45]

Im Blick auf die Erfahrung der Glossolalie haben solche Deutungsmuster relativierende Bedeutung, obgleich sie keineswegs
ausschließen, daß Gottes Geist in diesen Geschehnissen wirken
kann. Sie zeigen jedoch die Vieldeutigkeit und Ambivalenz dieser Erfahrung und haben für diejenigen, die unmittelbare und
unzweifelhafte Gegenwart Gottes in solchen Erfahrungen suchen, eine ernüchternde Wirkung. Psychologische Betrachtungsweisen können helfen, an die Bedingungen geschöpflichen Lebens zu erinnern, und damit eine Art Realitätsprinzip

zur Geltung bringen, das der Apostel Paulus durch seine eschatologische Relativierung der Geistesgaben und Geisterfahrungen offensichtlich auch anstrebte (1. Kor 13,8ff).

Pfingstbewegung und Ökumene

Enthusiastisch geprägte Frömmigkeitsformen haben immer schon zu möglichen Ausprägungen christlichen Glaubens und Lebens gehört, weshalb das christliche Zeugnis, das von ihnen ausgeht, Anerkennung finden sollte. Es ist falsch und unangemessen, die Pfingstgemeinschaften in ein sektiererisches Abseits zu stellen, wie dies heute immer noch geschieht, in Teilen der Medienöffentlichkeit in letzter Zeit sogar vermehrt. Da die Pfingstbewegung in ihrem »main stream« ihre Lehren streng biblizistisch – häufig im Kontext eines fundamentalistischen Schriftverständnisses – entfaltet und keine Lehrbesonderheiten in einem häretischen Sinn aufweist, gibt es gute Gründe, pfingstlerische Gemeinden primär als Freikirchen zu verstehen und sie – jedenfalls im europäischen und nordamerikanischen Kontext – in das weitere Spektrum einer konservativ-evangelikal geprägten Frömmigkeit einzuordnen. Die pfingstkirchlichen Bewegungen verstehen sich selbst im weiteren Kontext der reformatorischen Entscheidungen zur Rechtfertigung allein aus Gnaden, zur Rezeption der trinitarischen Glaubensbekenntnisse und zum Priestertum aller Gläubigen. In ekklesiologischen und sakramententheologischen Fragen stehen sie freilich auf seiten des linken Flügels der Reformation.

Die Stellung der Pfingstbewegung gegenüber der Ökumene ist distanziert, skeptisch, in Teilen streng ablehnend. Ihr eigenes Kirchenbewußtsein läßt kaum zu, in der Volkskirche einen Ort zu sehen, wo christlicher Glaube lebendig und authentisch gelebt werden kann. Sie leugnen nicht, daß es in den Großkirchen »wahre Christen« gibt, und erheben für sich selbst nicht den Anspruch, die einzig wahre Konkretion der Kirche Christi zu sein. Dennoch führt das Selbstverständnis zahlreicher Pfingstgemeinden als »biblische und neutestamentliche Gemeinde bzw. als Entrückungs- und Heiligungsgemeinde« dazu, sich von einer, wie man befürchtet, »ökumenisch organisierten Weltkirche« – die allerdings niemand anstrebt – abzusondern. Es sind vor allem endzeitlich-apokalyptische Perspektiven und die Berufung auf die reformatorische Identifikation Roms mit dem Antichristen, die Teilen der Pfingstbewegung den Zugang zur Ökumene sehr schwer machen.

Freilich darf eine solche Sicht nicht generalisiert werden. Einzelne Pfingstgemeinschaften arbeiten in der lokalen Ökumene mit. Gruppierungen wie der Mülheimer Verband oder das Christliche Zentrum Berlin sind aktive Mitglieder regionaler Arbeitsgemeinschaften Christlicher Kirchen (ACKs). Knapp zehn Jahre (von 1975 bis Ende 1984) war der BFP Mitglied der Arbeitsgemeinschaft Christlicher Kirchen im Gaststatus. Die Beendigung seiner Mitgliedschaft ist ein aus ökumenischer Sicht bedauernswerter und in der Geschichte der ökumenischen Bemühungen in Deutschland wohl auch bisher einmaliger Vorgang. Gleichwohl gibt es eine grundsätzliche Offenheit des BFP gegenüber anderen Kirchen, die sich heute darin ausdrückt, daß er seit 1991 Gastmitglied der Vereinigung Evangelischer Freikirchen (VEF) ist.

Die Konfliktfelder zwischen Landeskirchen und Pfingstgemeinschaften sind freilich zahlreich, weit oben dürfte die Tauffrage stehen. Die Kontroversen und Differenzen beziehen sich vor allem auf Fragen des Kirchen- und Schriftverständnisses, sie berühren jedoch auch die Verhältnisbestimmungen zwischen Rechtfertigung und Heiligung, Schrift und Prophetie, Wort und Geist, Heiligem Geist und Erfahrung. Da es in den letzten Jahren zunehmend auch in der Pfingstbewegung selbst respektable Versuche gibt, die pfingstliche Erfahrung in umfassenderen theologischen Zusammenhängen zu reflektieren, wird man hier durchaus auf interessierte und ernstzunehmende Gesprächspartner treffen können.

Die Einordnung der Pfingstgemeinschaften in das freikirchliche Spektrum erfordert freilich auch deren Bereitschaft zur Selbstrelativierung und zur Selbstunterscheidung von Extremgruppen und Sonderlehren, die das Pfingstlertum von Anfang an begleiten. Eine weitergehende ökumenische Gemeinschaft zwischen pfingstkirchlichen Bewegungen und organisierter Ökumene ist in dem Maße sinnvoll und möglich, in dem, von einem bestehenden fundamentalen Konsens ausgehend, Differenzen relativiert werden können, Lernbereitschaft vorhanden ist und Anerkennung nicht nur gesucht, sondern auch gewährt wird. Zur Entstehungsgeschichte des Pfingstlertums in Deutschland gehörten fraglos sehr drastische Feindbilder im Blick auf die bestehenden Großkirchen, denen auf der anderen Seite die Wahrnehmung der Pfingstler als Sektierer und Schwärmer entsprach mit den damit verbundenen Ausgrenzungen. Niemand sollte Interesse haben, bei solchen Klassifizierungen stehenzubleiben, wenn denn Gottes Geist uns nicht nur die Augen für die Nähe Gottes in unseren eigenen Reihen, sondern auch bei den anderen öffnen will.

Gegenwärtig zeichnet sich mit einiger Verspätung gegenüber den Entwicklungen in der englischsprachigen Welt eine stärkere Einbeziehung der Pfingstler in eine evangelikal geprägte »missionarisch-evangelistische Ökumene« ab. Auf der örtlichen Ebene kommt es zunehmend zu einer Zusammenarbeit zwischen Evangelikalen, Pfingstlern und Charismatikern. Missionarische Aktionen wie »Pro Christ« werden auch von zahlreichen Pfingstgemeinden unterstützt, sehr zum Ärger konservativ-fundamentalistisch orientierter Evangelikaler, die darin eine Verfallserscheinung erkennen. Innerhalb der Pfingstbewegung kommt es gleichzeitig zu einem stärkeren Zusammenrücken, einmal innerhalb des BFP, zugleich innerhalb des Forums Freikirchlicher Pfingstgemeinden, das auch von seiten anderer Kirchen begrüßt und positiv bewertet werden kann. Zugleich entwickeln sich intensivere Kontakte zwischen Charismatikern und Pfingstlern, die 1993 im Anschluß an den John Wimber-Kongreß zur Gründung des Kreises Charismatischer Leiter (KCL) führten. Ein noch wichtigerer Vorgang dürfte sein, daß innerhalb der evangelikalen Bewegung eine größere Offenheit für die Pfingstbewegung entstanden ist, die sich 1996 in einem gemeinsamen Text artikulierte, der von zahlreichen Pfingstlern und Charismatikern als Aufhebung einer jahrzehntelangen Trennung und als »Jahrhundertereignis« gewertet wurde. Daß dieses Dokument ohne Beisein eines Vertreters der Mülheimer Richtung der Pfingstbewegung entstand – die in historischer Kontinuität zu den von der Berliner Erklärung Angesprochenen steht –, gehört allerdings zur »Ironie der Geschichte« (E. Geldbach).

Sosehr es richtig ist, den enthusiastischen Typ der Frömmigkeit in den Dialog der sich ökumenisch begegnenden Frömmigkeitsformen und konfessionellen Orientierungen mit einzubeziehen, sosehr haben anders geprägte Christen die doppelte Aufgabe, von ihm zu lernen, ihn aber auch auf Einseitigkeiten etwa in dem biblisch nicht zu begründenden Konzept der Geistestaufe hinzuweisen, wobei es nicht primär um diesen Begriff, sondern um seine inhaltliche Ausrichtung geht. Dies sollte in einer Form geschehen, die die gemeinsamen christlichen Orientierungen nicht außer acht läßt und sensibel ist für das schwierige Erbe der Geschichte der Pfingstbewegungen in Deutschland. Pfingstlerischer Biblizismus hat nicht verhindert, daß die von Pfingstlern akzeptierte normative Funktion der Schrift eingeschränkt wurde. Die eigene Frömmigkeitsprägung wurde so sehr mit dem urchristlichen Idealbild in eins gesetzt, daß die biblische Relativierung der Glossolalie nicht mehr ins Auge fiel und die Vielfalt des biblisch bezeugten Geistwirkens nicht mehr hinreichende Berücksichtigung fand. Freilich lesen nicht nur die Pfingstler die Bibel mit konfessionellen Brillen. Deshalb gilt auch nicht nur für sie: Die ekklesiale oder auch frömmigkeitsbezogene

Kontextualität, die jede Schriftauslegung mitbestimmt, darf sich nicht absolut setzen und gleichsam selbst zum Text erklären. Sie bleibt auf kritische Korrektur durch den biblischen »Text« angewiesen.

Teil 2

DAS PFINGSTLERISCHE UMFELD

Neben den pfingstkirchlichen Zusammenschlüssen und zum Teil in enger Kooperation mit ihnen arbeiten pfingstlerisch geprägte Missionswerke wie unter anderem »Christus für alle Nationen« (CfaN), gegründet von Reinhard Bonnke, das Missionswerk »Arche«, von Wolfgang Wegert gegründet, das von Siegfried Müller ins Leben gerufene Werk »Der Weg zur Freude« und das Glaubenszentrum Bad Gandersheim, das seine Aktivitäten in den letzten Jahren wirkungsvoll ausweiten konnte. Die genannten Werke sind etablierte Zentren, die die Ausbreitung pfingstlicher Frömmigkeit fördern und seit Jahrzehnten in Deutschland und darüber hinaus tätig sind.
Zum weiteren Umfeld der Pfingstbewegung gehören auch die Vereinigten Pfingst-Gemeinden, die der Jesus-only-Bewegung zugehören, die zwar das einzigartige Erlösungswerk Jesu Christi bekennt, im Unterschied zu den meisten Ausprägungen der Pfingstbewegung das altkirchlich-trinitarische Dogma jedoch ablehnt und die Taufe auf den Namen des dreieinigen Gottes als unbiblisch ansieht. Entsprechend werden beim Eintritt in diese Gemeinschaften so nicht Getaufte erneut getauft. Pfingstlerische Glaubenslehren finden sich auch bei Gruppen, die sich nach außen scharf abgrenzen, wie die Spätregenmission mit verschiedenen Glaubenshäusern und die Christian Assemblies Europe (andere Bezeichnung: Revival Centers International), die in ihr Glaubensverständnis aufgenommen haben, »daß die Bibel die Angel-Sachsen identifiziert mit Israel« (British-Israel-Theorie), und in Traktaten mathematisch-naturwissenschaftlich zu beweisen versuchen, daß hinter der Bibel eine göttliche Intelligenz stehen muß. Organisatorische Kontakte zu etablierten Pfingstgemeinschaften be-

stehen hier jedoch nicht. Gleichzeitig haben sich in Deutschland auch Ausdrucksformen der Pfingstbewegung etabliert, die sich selbst ein fortschrittliches Gesicht gegeben haben und die Brücke zur charismatischen Bewegung schlagen.

Auf die Schwierigkeit, scharfe Trennlinien zwischen Pfingstlern und Charismatikern zu ziehen, wurde bereits hingewiesen. Die folgenden Beispiele beziehen sich auf das pfingstlerische Umfeld. Sie geben Einblick in die Lebensformen und Aktivitäten der zahlenmäßig größten charismatischen Gemeinde in Deutschland (der Biblischen Glaubens-Gemeinde), in eine evangelistische Aktion mit internationalem Charakter (»Vom Minus zum Plus«) und in eine Erweckungsversammlung (Rodney Howard-Browne). Beschreibung und kritische Auseinandersetzung bestimmen gleichermaßen die Darlegungen.

Die Biblische Glaubens-Gemeinde (BGG)

Fragt man in der Region Stuttgart und darüber hinaus nach der charismatischen Bewegung, so denken viele zuerst an die Biblische Glaubens-Gemeinde. Vor allem die Größe der Gemeinde scheint diese Assoziation zu unterstützen. Die sonntäglichen Gottesdienste finden als Großveranstaltung mit nicht selten über 1800 Besucherinnen und Besuchern statt. Dieser Außenperspektive entspricht die Selbstdefinition der Gemeinde als »charismatisch«. Zugleich signalisieren Selbst- und Fremdbezeichnung eine nicht zu übersehende Begriffserweiterung, die das Wort »charismatisch« erfahren hat. Es wird in diesem Zusammenhang für eine Gruppe gebraucht, die aus der Pfingstbewegung stammt, deren Lehre und Frömmigkeit auf diesem Hintergrund zu begreifen sind.

Herkunft und Geschichte

Die BGG entstand längst vor den charismatischen Auf-
brüchen der sechziger Jahre, nämlich 1951, als Paula Gassner
die pfingstlerisch ausgerichtete »Volksmission e. C.« in Stuttgart verließ und die BGG gründete, die 1965 ihr Zentrum in
der Talstraße 70, Stuttgart-Ost, bekam. Die neue Pfingstge-
meinde ging ihren eigenen Weg mit einer Frau (!) als Leiterin,
gleichwohl blieben Kontakte zu anderen Pfingstgemeinden
erhalten. Vor allem internationale Beziehungen, auch durch
die Lebensgeschichte Paula Gassners mitbegründet, führten
dazu, daß die BGG ein Ort war, wo verschiedenste Pfingst-
prediger des Auslands wirkten und predigten.
Nach dem Tod Paula Gassners 1981 übernahm zunächst Rolf
Cilwik die Gemeindeleitung. Nach dessen Wechsel in das be-
freundete, von Reinhard Bonnke geleitete Missionswerk
»Christus für alle Nationen« kam 1984 Peter Wenz in die Leitung, nachdem er zuvor an der theologischen Ausbildungs-
stätte des »Bundes Freikirchlicher Pfingstgemeinden« (BFP),
»Beröa« (Erzhausen), seine Ausbildung abgeschlossen hatte.
Mit dem Kommen des jungen Predigers veränderten sich
Zielgruppe und Gesicht der Gemeinde. Vermehrt wurden
junge Erwachsene, junge Familien und Jugendliche angespro-
chen. Die Gemeinde konnte in verhältnismäßig kurzer Zeit
zahlreiche neue Mitglieder und einen großen Bekanntheits-
grad gewinnen. Dabei spielten freilich das sehr weitflächige
Einzugsgebiet, die heute weithin anzutreffende Mobilität wie
auch eine allgemein zu beobachtende Renaissance erfahrungs-
orientierter Religiosität eine entscheidende Rolle.
Trotz zahlreicher durchaus tiefgreifender Veränderungen,
hervorgerufen schon durch das neue Publikum sowie das
schnelle quantitative Wachstum, lassen sich Lehre und Praxis
dieser Gemeinde nicht ohne ihre geschichtlichen Wurzeln
verstehen. Das Leben Paula Gassners stellt sich für sie in ihrer
Autobiographie als Kette wunderbarer Heilungen, unmittel-

barer göttlicher Führungen durch Visionen, Träume, Prophetien und ein vom Heiligen Geist durch vielfache Manifestationen bestätigter Dienst dar.[16] Bereits die BGG Paula Gassners betonte das evangelistische Anliegen, freilich mit »Zeichen und Wundern«. Durch wöchentliche »Freiversammlungen« auf dem Stuttgarter Schloßplatz sollte die »große Retterliebe« Jesu in Lied und Wort bezeugt werden. Dabei erlebte man: »Je mehr der Feind (durch Störungen) wütete, desto größer war der Sieg über verlorene Seelen.« Wer heute in Kontakt zur BGG tritt, wird zahlreichen dieser Anliegen wieder begegnen und eine Kontinuität zu diesem von Gassner eingeschlagenen enthusiastischen Weg der Glaubenserfahrung und Evangelisierung wahrnehmen können.

Aktivitäten

Die BGG hat in den letzten Jahren zahlreiche Aktivitäten entwickelt, die sie einer breiteren Öffentlichkeit bekanntgemacht haben. Es sind einmal die von vielen besuchten Gottesdienste – früher im Hotel »Stuttgart International« (SI) oder jetzt in der Music Hall (in der täglich das Musical »Miss Saigon« gespielt wird) – in ihrer charismatischen Erlebnisorientierung mit Lobpreis, Sprachengesang, prophetischer Rede, auf Bekehrung und Geisterfahrung zielender Predigt, Heilungserfahrungen, Zeichen und Wundern, die ein entscheidender Anziehungspunkt sind. Parallel zum Erwachsenengottesdienst werden altersspezifische Veranstaltungen für mehrere hundert Kinder angeboten.

Über die Gottesdienstangebote und Hauskreisgruppen (ca. 110 Hauskreise) hinaus haben sich in den letzten Jahren ständig neue Arbeitsbereiche entwickelt: So wurde am Charlottenplatz in Stuttgart die Buchhandlung »Charisma« eröffnet. Zeitweilig konnte man im regionalen Rundfunk Sendungen hören, die von der BGG verantwortet wurden und unter anderem »moderne« Musik mit »antimodernistischer« Theolo-

gie und »alternativ-charismatischer« Glaubenspraxis ver-
knüpften. Evangelisationsveranstaltungen finden regelmäßig
in der Fußgängerzone der Stuttgarter City statt. Im »Glau-
bensgruß«, dem monatlichen Informationsblatt der Gemeinde, berichten Missionare der BGG regelmäßig aus Alba-
nien, Rumänien, Afrika und Asien. Für Kinder und Jugendliche gibt es vielfältige Angebote (Royal Rangers).

Einen besonderen Schwerpunkt der Gemeindeaktivitäten bilden die »Barmherzigkeitsdienste«: eine Suppenküche für Dro-
genabhängige (einmal pro Woche), Besuchsdienste in Kran-
kenhäusern und Gefängnissen, Straßenteams für Obdachlose,
Asylantenarbeit. Durch Kontakt zu suchtkranken Menschen
hat sich in Leonberg-Warmbronn ein Arbeitszweig gebildet,
der als »Rehabilitationszentrum« und Sozialwerk der Biblischen Glaubens-Gemeinde nicht nur auf fachliche Hilfe setzt,
sondern auch auf Glaubensheilung durch die Kraft des Geistes. Zahlreiche dieser Aktivitäten werden von ehrenamtlichen
Mitarbeiterinnen und Mitarbeitern verantwortet.

Neben der Ausweitung der eigenen Gemeindeaktivitäten hat
die BGG innerhalb der letzten Jahre eine Reihe neuer Gemeinden gegründet (zum Beispiel Münsingen, Murrhardt,
Ebingen, Leonberg), die entsprechende gottesdienstliche Angebote machen und eigene Pastoren finanzieren.

Kontakte – Beziehungen – Zielgruppen

Innerhalb des Spektrums pfingstlich-charismatischer Frömmigkeit hat die BGG zahlreiche Kontakte, auch in den landeskirchlichen Bereich hinein, außerhalb dieses Spektrums jedoch kaum, so daß die Erfahrung einer weitergehenden ökumenischen Gemeinschaft (zum Beispiel ACK oder Evangelische Allianz) dieser Gemeinde noch bevorsteht. Peter Wenz
ist Mitglied des Kreises Charismatischer Leiter, der die wich-
tigsten Strömungen pfingstlich-charismatischer Bewegungen
in Deutschland repräsentiert. Bewußt vermeidet man Ab-

grenzungen gegenüber anderen Christen und zeigt sich
grundsätzlich gesprächsbereit. Ob die neuentstandenen charismatischen Allianzen und Netzwerke zu einer ökumenischen Offenheit führen, die über diese Frömmigkeitsform
hinausgeht, ist gegenwärtig noch nicht auszumachen. Davon
wird jedoch für die Entwicklung und Beurteilung einer Gemeinde wie der BGG einiges abhängen.

Mitglieder der »Christen im Beruf/Geschäftsleute des vollen
Evangeliums« (GdvE) unterstützen die Arbeit der Gemeinde.
Die BGG ist nicht Mitglied im »Bund Freikirchlicher Pfingstgemeinden« (BFP). Der leitende Pastor Peter Wenz ist es jedoch als Privatperson. Erst kürzlich wurde er vom neuen Prä-
ses des BFP, Ingolf Ellßel, für seinen Dienst ausdrücklich beauftragt. Gute und intensive Beziehungen bestehen vor allem
zur »Gemeinde auf dem Weg« in Berlin (früher »Philadelphia
Gemeinde«). Zahlreiche Verantwortliche freier charismatischer Gruppen und Gemeinden bilden einen sogenannten
»Freundschaftsbund« freier charismatischer Gemeinden, der
sich in Pastorenkonferenzen konkretisiert, die vor allem in
Stuttgart und Berlin stattfinden. Innerhalb dieses Freund-
schaftsbundes, der bisher auf eine weitere Institutionalisierung verzichtet, nehmen Wolfhard Margies, der Leiter der
»Gemeinde auf dem Weg«, und Peter Wenz eine zentrale
Rolle ein. Inzwischen wurde das Leitungsteam erweitert, unter anderem durch Rudi Pinke (Christliches Zentrum Frankfurt) und Eckhard Neumann (Josua-Dienst, Berlin).

Für alle, die Gemeindeaufbau und quantitatives Wachstum in
einem engen Zusammenhang sehen, gilt diese Gemeinde als
vorbildlich. Nach der Zeitschrift »Gemeindewachstum« ist
die BGG die am schnellsten wachsende Gemeinde in
Deutschland. BGG-Mitarbeiter sprechen bereits von Hoch-
rechnungen, die besagen, »daß binnen weniger Jahre Besu-
cherzahlen zu erwarten sind, die sonst nur bei Bundesliga-
spielen oder ähnlichen Veranstaltungen erreicht werden«. Solche Erwartungen zeugen jedoch von wenig Realitätssinn.

Wenn man sich auf die Ebene des Zählens begibt, muß man zugleich zur Kenntnis nehmen und berücksichtigen, daß das Wachstum der BGG zu einem nicht unwesentlichen Teil »Transfer-Wachstum« ist, ein Teil der Mitglieder also vor allem aus anderen pfingstlerisch-charismatischen oder evangelikal orientierten Gruppen kommt. Einiges von dem, was von seiten der BGG als Aufbruch erlebt wird, wird anderenorts als Ausbruch registriert. Diese Feststellung bezieht sich auf das, was faktisch geschieht. Daß die BGG ihre primäre Zielgruppe in kirchenfremden und dem christlichen Glauben fernstehenden Menschen sieht, ist davon unberührt.

Zur kritischen Auseinandersetzung

Lehre und Praxis dieser Gemeinde sind vor allem durch zweierlei bestimmt: einmal durch die innere Verwurzelung in jenem Bereich der Pfingstbewegung, der die dynamische Seite des Geistwirkens hervorhebt, zum anderen durch die Rezeption inhaltlicher und praxisbezogener Anliegen der Glaubensbewegung («Faith-Churches«), die durch Kenneth E. Hagin ins Leben gerufen wurde. Man wird sich die Beziehung zu dieser Bewegung nicht im Sinne einer bloßen Kopie der amerikanischen Glaubensbewegung im deutschen Kontext vorstellen dürfen. Die BGG ist kein Ableger dieser in Nordamerika bekannten und umstrittenen Bewegung. Gleichwohl spielen in ihr eine Reihe von Lehren und Praktiken, die in dieser Bewegung akzentuiert werden, eine durchaus zentrale Rolle.
Beispielhaft für die genannte »doppelte Verwurzelung« der BGG ist der Gottesdienst, der keineswegs nach dem Motto abläuft: viel Lobpreis und »urchristliche« Erfahrung und wenig Predigt und Lehre. Die korrekte Beschreibung müßte lauten: viel Lobpreis und »urchristliche« Erfahrung und viel Predigt und Aufbau eines Theorierahmens, der die entsprechenden Erfahrungen ermöglicht. Die BGG greift in ihrer Praxis und Lehre einen für den Pfingstglauben ganz typischen Zug

auf und vertritt ihn mit Emphase: die »Rehabilitierung und
Reaktualisierung der biblischen Welt samt Himmel und
Hölle, Engeln und Dämonen, Wundern und Zeichen« (K.
Hutten). Zur Reaktualisierung urchristlicher Gemeindestrukturen gehören aus der Sicht der BGG auch die Praxis der Erwachsenentaufe (die Säuglingstaufe wird nicht anerkannt)
und die Akzentuierung der Charismen Heilung, Glossolalie
und Prophetie. Dabei beruft man sich in fundamentalistischer
Weise auf die Heilige Schrift und begründet und legitimiert
damit die eigene Frömmigkeitspraxis.
Das betrifft keineswegs nur die für alle Pfingstgemeinschaften
charakteristische Lehre und Praxis der Geistestaufe. Die folgenden umstrittenen Akzente wären zu nennen:
– Die Gestaltung öffentlicher Gottesdienste ist geprägt durch
  die Suche nach sichtbaren Kraftäußerungen des Heiligen
  Geistes. So beginnen Menschen in ekstatischer Weise zu lachen («Geistlachen«), oder es erfolgt eine Übertragung der
  Kraftströme des Geistes durch wiederholtes Anpusten der
  Gemeinde oder, damit verbunden, das Umfallen unter der
  Kraft des Geistes oder das expressive Brechen von Flüchen
  in Macht demonstrierender Redeweise. Der ferne Gott soll
  durch Segensmitteilungen und übernatürliche Kraftäußerungen in unsere Nähe kommen. Nicht selten wird dabei
  der Eindruck erweckt, als sei der Heilige Geist eine dem
  Prediger gefügige Macht, der unter menschlicher Regie das
  Wunderbare offenbart.
– Mit der Glaubensbewegung greift die BGG Überlegungen
  des »positiven Denkens« (positive thinking) auf und lehrt,
  daß, von der Erneuerung des menschlichen Geistes ausgehend, eine umfassende – auch körperliche – Heilung des
  Menschen und aller Beziehungen, in denen er lebt, möglich
  ist. Die diesem Denken zugrundeliegende Anthropologie
  geht einseitig davon aus, daß der Mensch primär ein geistbe-
  gabtes Wesen ist, das mit Hilfe seiner Vorstellungskraft und
  seines Geistes, sofern dieser mit Gottes Geist verbunden ist,

erneuernden und heilenden Einfluß auf Seele und Leib ausüben kann. Von diesen Perspektiven aus läßt sich organisch
die enge Verknüpfung von Evangelium und Wohlergehen
bis hin zum Wohlstand entwickeln. Die Möglichkeit, daß
man mit Hilfe der übernatürlichen Kraft des Heiligen Geistes alle Lebensprobleme in den Griff bekommen kann,
wird entsprechend positiv eingeschätzt. Die problematischen Folgen einer solchen Sicht liegen auf der Hand: Die
Gebrochenheit des christlichen Lebens wird nicht genügend
eingestanden, unaufhebbare Begrenzungen werden unterschätzt, die Flucht in eine unrealistische Traumwelt legt sich
angesichts weitgehender Heilungsversprechen nahe.

– In der Praxis der Seelsorge wird zum Teil ein Verständnis
 vom Bösen vermittelt, das die schuldhafte Verstrickung des
 Menschen zurücktreten läßt zugunsten eines Beherrscht-
 werdens von dämonischen Mächten. Entsprechend geschieht Befreiung weniger durch Vergebung der Sünden als
 vielmehr durch die Austreibung der Dämonen. Dazu wird
 nicht selten ein entsprechendes – keineswegs biblisches –
 dualistisch geprägtes Weltbild aufgebaut, in dem böse Geister und Mächte so sehr den Menschen bestimmen, daß die
 geschöpfliche Dimension menschlichen Lebens zurücktritt.
 Wie die Dynamik des Heiligen Geistes in seinen Äußerungen als sichtbar, greifbar, lokalisierbar verstanden wird, entsprechend meint man auch dämonische Machtwirkungen in
 Krankheiten, Begrenzungen und zahlreichen »Phänomenen« identifizieren und austreiben zu können, wodurch
 Menschen schwer belastet werden können. Dabei kann zugleich die perfektionistische Illusion geweckt werden, es sei
 möglich, sich von der Sünde und den Mächten des Bösen to-
 tal zu befreien.

– Im Zusammenhang ihrer Evangelisationspraxis greift die
 BGG auf Lehren und Methoden geistlicher Kampfführung
 zurück, in denen eine direkte Konfrontation mit den Mächten des Bösen vorgesehen ist, mit dem Ziel, diese niederzu-

ringen, um damit den Weg für eine vollmächtige Evangelisierung zu bahnen. Das Gebet wird dabei vor allem als Kampfinstrument verstanden. Es ist innerhalb der charismatischen Bewegung mit Recht darauf hingewiesen worden, daß es für solche Praktiken und Lehren keinen biblischen Auftrag gibt (vgl. 1. Kor 12 – 14) und daß sie Ausdruck eines fragwürdigen Machtbewußtseins sind.

– Ganz entgegen den paulinischen Perspektiven zur charismatischen Gemeinde wird in der BGG die Position der Leitung, des Pastors und der Ältesten herausgehoben. Entsprechend werden Autoritätsverhältnisse und autoritative Vor- und Nachordnungen betont und praktiziert. An die Stelle der abgelehnten Amtshierarchie tritt die Salbungshierarchie. Die Gefahr, daß man sich nicht in die Freiheit des Glaubens, sondern in die Abhängigkeit von Menschen und Gruppennormen begibt, wird groß.

– Beim Austritt oder dem Ausschluß aus der Gemeinde wird das überzogene Selbstbewußtsein vollends deutlich. Einzelne Personen, die mit Kritik die Gemeinde verlassen, werden nach 1. Korinther 5,11ff unter Gemeindezucht gestellt und aus dem Leib Christi ausgeschlossen, auch dann, wenn sie zur Kenntnis geben, daß sie nicht den Leib Christi, sondern nur diese Gemeinde verlassen wollen. Die BGG nimmt dabei mindestens tendenziell in Anspruch, für den gesamten Leib Christi in Stuttgart zu sprechen.

Wer das schnelle Wachstum zum zentralen Beurteilungskriterium erklärt, wird die Entwicklung der BGG mit Bewunderung und Erstaunen zur Kenntnis nehmen. Anders sieht es freilich für den aus, der sich inhaltlich mit den in der BGG gegebenen geistlichen Orientierungen auseinandersetzt und die Lehrinhalte und psychologischen Mechanismen analysiert, die in den großen Versammlungen, in den Hauskreisen, in der Seelsorge eine Rolle spielen. Es ist meines Erachtens keine Frage, daß viele Mitglieder dieser Gemeinde ihr Leben in

Hingabe an Christus und andere Menschen leben wollen. Es ist auch keine Frage, daß Begegnungen mit dieser Gemeinde Anlaß zu selbstkritischen Überlegungen geben. Zugleich kann eine reformatorisch geprägte Kirche solche Formen der Frömmigkeit nicht einzuholen bemüht sein. Es ist dabei nicht allein das Faktum pfingstlerisch-charismatischer Prägung als solches, das Distanz hervorruft und kritische Rückfragen unumgänglich macht; es sind vor allem die »Übertreibungen«, die (nach Ignatius von Loyola) ein Hemmnis wahren geistlichen Lebens sind. Das Engagement und die Dynamik, die in der BGG lebendig sind, lassen vielleicht die Hoffnung zu, daß weitere Entwicklungen zu einem größeren charismatischen Realismus nicht auszuschließen sind.

»Vom Minus zum Plus«
Eine Aktion Reinhard Bonnkes

«Neue Ernte-Perspektiven für Deutschland, die Schweiz und Österreich«, so lautete das Motto der Aktion »Vom Minus zum Plus« des Missionswerkes »Christus für alle Nationen« (CfaN). Gemeint war damit die umfangreiche Verteilaktion einer ebenso betitelten Schrift des Pfingstpastors, Heilungsevangelisten und Afrikamissionars Reinhard Bonnke, die im September 1995 in Deutschland, Österreich und der Schweiz flächendeckend durch postalische Zustellung an 40 Millionen Haushalte gegangen ist.[47] In dem 28-Seiten-Heft geht es – so der Untertitel eines Probeexemplars der deutschen Ausgabe – um »Die erstaunlich einfache Lösung für die Probleme der Menschheit«. In der deutschen Endfassung wurde dieser Untertitel korrigiert. In neueren Prospekten heißt es: »Die Geschichte vom Kreuz Christi«. Die Verteilaktion wurde vom Missionswerk CfaN verantwortet und organisiert, das von Bonnke vor gut zwanzig Jahren gegründet wurde, seinen Hauptsitz in Frankfurt hat und nach eigenen Angaben 75

Mitarbeiterinnen und Mitarbeiter beschäftigt. Inzwischen
fand die gleiche Aktion auch in Dänemark, Schweden, Norwegen und Hongkong statt. Aktionen in weiteren west- und
osteuropäischen Ländern sind geplant. Im Frühjahr 1999 soll
– wie einer Anzeigenaktion der evangelikalen Zeitschrift
»Christianity Today« entnommen werden kann – auch Nordamerika an die Reihe kommen: »North America shall be
saved«.

Das »Kreuzbüchlein« – Inhalt und Intention

Die Lektüre will dem Leser in verständlicher Sprache und bezogen auf seine Alltagserfahrungen kurz und prägnant das
»einfache Evangelium« vermitteln, die zentrale christliche
Botschaft von der Liebe Gottes in dem gekreuzigten und auferstandenen Jesus, und ihn zu einer Glaubensentscheidung
bewegen. Er soll dem Missionswerk antworten und die dem
Heft beigelegte Karte zurücksenden: »Ja! Ich habe das Gebet
des Sünders gebetet und Jesus Christus als meinen Herrn und
Heiland angenommen ...« Über Computer kann sodann die
»nächstgelegene bibelgläubige Kirche oder Gemeinde ermit-
telt und jeder nachfragenden Person mitgeteilt« werden.
Die Zielgruppe, die das Missionswerk als Kooperationspart-
ner zur Vorbereitung und Durchführung der Aktion an-
spricht, sind alle »bibeltreuen (sich als evangelikal verstehenden) Kirchen, Gemeinden, Gruppen oder Einzelpersonen«.
Sie werden aufgerufen, sich an der Aktion zu beteiligen. »Wir
laden alle Christen ein, die mit der Botschaft des Kreuzes
Christi übereinstimmen, sich an dieser Großaktion zu beteiligen ... Jeder Christ sollte mindestens seine eigene Straße fi-
nanziell übernehmen.«
Der Inhalt der Bonnke-Schrift ist evangelikal geprägt, ebenso
die Glaubensgrundsätze, die im Werbeprospekt dieser Aktion
von seiten des Werkes CfaN als Grundlage der Kooperation
mit anderen Gemeinden angegeben werden. Sie entsprechen

inhaltlich den Glaubensgrundlagen der Evangelischen Allianz. Im Mittelpunkt stehen, in Anlehnung an reformatorische Sprachformen, »das stellvertretende Opfer des unschuldigen Sohnes Gottes« und die »Rechtfertigung des Sünders allein durch die Gnade Gottes«. Das Wirken des Heiligen Geistes wird genannt; das spezifisch Pfingstlerische, das im Glaubensbekenntnis des CfaN selbstverständlich enthalten ist («Wir glauben, daß das erlösende Werk Jesu Christi am Kreuz körperliche Heilung beinhaltet, die durch das Gebet empfangen wird. Wir glauben, daß die Taufe im Heiligen Geist allen Gläubigen, die darum bitten, mit dem Begleitzeichen des ›Redens in neuen Zungen‹, gemäß Apostelgeschichte 2,4, gegeben wird.«), wird zugunsten eines »evangelikalen Grundkonsenses« zurückgestellt.

In der Konzentration auf evangelikale Glaubensgrundlagen und entsprechende Sprachformen kommt das Selbstverständnis vieler Gruppen der Pfingstbewegung zum Ausdruck, die ihr »Sondergut« nicht als häretische Abweichung von der gesamtkirchlichen Lehrtradition verstehen, sondern als Besonderheit des praktischen Glaubenslebens. Zugleich muß jedoch gesagt werden: Die Konzentrierung auf die evangelikale Substanz des Pentekostalen erweitert die Kommunikationschancen mit lokalen Gemeinden und hat vor allem strategische Bedeutung. Man sucht einen Platz innerhalb des Evangelikalismus und erwartet davon die Stärkung der eigenen Akzeptanz. Bonnke hat diese Anerkennung von Evangelikalen »der dritten Welle« (mit der die pfingstliche Erfahrung zu den Evangelikalen kommt) inzwischen vielfach bekommen, zum Beispiel von Peter Wagner und John Wimber. Wagner bezeichnet Bonnke im Vorwort zu dessen erstem Buch als »gesalbten Diener Gottes« und meint, daß Bonnke zur Zeit der Evangelist sein könnte, »der Monat für Monat unmittelbar zu mehr Menschen in der Welt spricht – Rundfunk, Fernsehen und Video nicht mitgerechnet – als irgendein anderer«.[48]

Anspruch und göttliches Mandat für die Aktion

Die Aktion »Vom Minus zum Plus« wird von seiten des Missionswerkes in einen bestimmten Deutungszusammenhang gestellt, der im folgenden skizziert werden soll. Die vorausgesetzte Zeitansage geht davon aus, daß Endzeit ist, das heißt Zeit der »endzeitlichen Seelenernte«. Mit einem nicht geringen Teil der charismatischen Bewegung und weiten Teilen der Pfingstbewegung versteht Bonnke diese Zeit in spezifischer Weise: als eine Zeit mächtiger Ausgießungen des Heiligen Geistes nicht nur auf einzelne Menschen, sondern auf ganze Völker. Diese Geschichtsperspektive liefert zum einen die Erklärung dafür, warum Bonnke sich primär an Völker, Nationen, ja Kontinente wendet, zum andern erklärt sie mindestens teilweise, warum die Verbindung von Evangelisation und sozialem Dienst für die Aktionen Bonnkes so gut wie keine Rolle spielt.

Man erwartet, daß mit dem »Kreuzbüchlein« eine einzigartige »Heilswelle« über Deutschland, Österreich und die Schweiz ergehen wird, die Massenerweckungen und Massenbekehrungen zur Folge haben wird. Bonnke sieht Tausende von Christen vor sich, die die Versendung des »Kreuzbüchleins« als Gelegenheit zum missionarischen Gespräch ergreifen, und Tausende, die durch diese Aktion der Einladung zum Glauben folgen. Ausdrücklich geht das Missionswerk CfaN davon aus, daß mit der Versendung der Schrift Bonnkes der Kairos Gottes für alle Empfänger gekommen ist: »Ein Buch ist weder ein gesprochenes Wort noch ein Schatten auf dem Bildschirm, die schnell verwehen können. Es wird über jede Türschwelle getragen und ist präsent. Es wird in die Hand genommen, vielleicht wieder weggelegt – bis es zu einer Entscheidung kommt, so oder so.« Der Erfolg der Aktion gilt im Vorfeld bereits als ausgemacht: »Das bedeutet in letzter Konsequenz, daß eine Evangeliumswelle in Form von Schrift und Zeugnis über unsere Länder rollt, wie es noch nie geschehen ist. Tau-

sende von Menschen werden von der Heilswelle Gottes ge-
packt und hochgerissen, um in den Armen Jesu zu landen.« In
weiteren Publikationen Bonnkes wird vom »feinmaschigsten
und größten Evangeliumsnetz, das je über unsere Länder geworfen worden ist«, gesprochen: »Die Ernte wird entsprechend groß sein.« Prophetischer Anspruch verbindet sich hier
mit Erfolgsgarantie und zahlreichen Selbstempfehlungen.

Begründung und Legitimation der Aktion sieht Bonnke in einer durch Vision und Audition empfangenen göttlichen Beauftragung. Die Aktion wird also nicht primär von dem an
alle Christen gerichteten Missionsauftrag her begründet, sondern auf ein direktes göttliches Mandat zurückgeführt. Im Stil
prophetischer Berufungsgeschichten, wie sie sich in den prophetischen Schriften des Alten Testaments finden, wird die eigene Beauftragung geschildert. In einer Vision sah Bonnke,
wie die gesamte erste Welt mit dem Evangelium zugestrichen
wurde, so daß, wie beim Anstreichen eines Hauses, kein
Flecken übrigblieb, der nicht von göttlicher Hand berührt
und erneuert worden wäre. Die Stimme des Geistes Gottes
wurde hörbar und beauftragte ihn: »Schreibe eine klassisch
evangelistische Schrift, die an alle Familien und Haushalte gehen soll.« Er spürte die Größe dieser Aufgabe und fragte den
Herrn: »Herr, warum ich?« Der Herr antwortete ihm: »Du
bist nicht meine erste Wahl, sondern meine dritte. Aber Nummer eins und Nummer zwei waren nicht gehorsam.« In einem
dann folgenden Gelübde versprach er Gott, diesen Auftrag
anzunehmen.

Damit dieses göttliche Mandat ausgeführt werden kann, bittet
das Missionswerk um Unterstützung durch Gebet und Geld.
Vor allem bedarf es umfangreicher finanzieller Zuwendungen,
um die in pfingstlerischen, charismatischen und evangelikalen
Gemeinden – zur Zeit der Aktion in Deutschland auch in
evangelisch-landeskirchlichen und katholischen Gemeinden –
geworben wird. Finanzielle und geistliche Verantwortung
werden dabei in einen engen Zusammenhang gebracht:

»Mit Ihrem Opfer werden Sie Teilhaber dieser endzeitlichen
Seelenernte.« »Das ist eine ewig wirkende Investition in das
Reich Gottes und für die Errettung Deutschlands, der
Schweiz und Österreichs« (und dann Englands, der USA, Ka-
nadas …). »Gott wird es Ihnen lohnen.«
Für die Planung der evangelistischen Großaktion »Vom Minus
zum Plus« bedurfte es trotz gesamtkirchlicher Ausrichtung
keiner gesamtkirchlichen Beratung. Aus der Sicht Bonnkes
gibt es keine Möglichkeit, das Mandat Gottes auf fragwürdige
Wunschvorstellungen oder geistliche Allmachtsphantasien
zurückzuführen, vielmehr steht oder stand von Anfang an fest:
Die kostspielige Aktion (in Deutschland betrugen die Kosten
ca. 36 Millionen Mark) wird durchgeführt werden. Als einzig
mögliche Bremse ist wohl die Finanzierbarkeit anzusehen.

Vision von der Errettung der ersten Welt

Bonnkes »Berufungsbericht« für dieses spezielle Vorhaben hat
die Funktion, den menschlich-subjektiven Anteil des Projekts
zu minimieren. Zugleich wird dadurch sein Versuch dokumentiert, die Missionsarbeit auf die westliche Welt auszuweiten. Bereits 1987 hatte der »Weltevangelist« und »Apostel
Afrikas« die Ausgießung des Heiligen Geistes in Europa angekündigt und »eine neue geistliche Epoche« für Europa her-
annahen sehen. In Deutschland haben er selbst und sein Missionswerk bisher nicht recht Fuß fassen können. Zwar gibt es
eine Reihe von Unterstützern seiner Afrikamission, die Zahl
seiner Sympathisanten ist jedoch begrenzt. Sie kommen aus
Teilen der Pfingstbewegung, die vor allem im Bund Freikirchlicher Pfingstgemeinden (BFP) zusammengefaßt ist, aus Teilen
der charismatischen Bewegung und aus anderen freien Missionswerken, wie beispielsweise dem Werk »Der Weg zur
Freude« von Siegfried Müller. Auch zum Arbeitskreis Christlicher Publizisten (ACP) bestehen enge Kontakte. Als Bonnke
1992 beim Marsch für Jesus in Berlin auftrat, wurde ihm auf

Drängen Walter Heidenreichs, des Leiters der Freien Christlichen Jugendgemeinschaft (FCJG) Lüdenscheid, und anderer damit ein Platz in der charismatischen Bewegung zuerkannt. Von den neuen charismatischen Allianzen und dem unverkennbaren Bemühen, auf gegenseitige Kritik und Unterscheidungen gegenüber Extremformen charismatischer Frömmigkeit weitgehend zu verzichten, kann auch Bonnke profitieren. Die auf internationaler Ebene immer fließender werdenden Grenzen zwischen Evangelikalismus, charismatischer Bewegung und Pfingstbewegung versucht auch er sich zunutze zu machen, obgleich dies in Deutschland zum gegenwärtigen Zeitpunkt noch kaum gelingen dürfte. Von daher ist wohl auch der Start einer solchen Aktion von England aus zu verstehen, wo die gleiche Aktion im Frühjahr 1994 stattgefunden hat. Doch während die Evangelical Alliance in England dem Projekt wohlwollend gegenüberstand, hat sie sich in Deutschland durch ihren Generalsekretär Hartmut Steeb distanzierend geäußert: Die Schrift Bonnkes wird als akzeptabel und ansprechend bezeichnet, das Projekt jedoch wird deutlich kritisiert. Es sei zu teuer und zu ineffektiv; zugleich wird mit Recht darauf hingewiesen, daß CfaN keinerlei Kooperationsbereitschaft mit anderen Schriftenmissionsinitiativen gesucht habe, die über langjährige Erfahrungen im Bereich dieser Form der Missionsarbeit verfügen.

Nach den aus der Sicht des Missionswerkes atemberaubenden Erfolgen in Afrika zeichnet sich mit den neuen Projekten Bonnkes nun deutlich eine Erweiterung der Perspektive ab. Der Schwerpunkt der Arbeit soll Afrika bleiben. Zusätzlich sieht Bonnke sich beauftragt, die gesamte westliche Welt mit dem Evangelium zu erreichen.

Evangelistischer Wettbewerb

Interessant sind Äußerungen des Missionswerkes CfaN zur Effektivität von evangelistischen Großveranstaltungen im

Vergleich mit dem eigenen Literaturmissions-Projekt. Im
Aktionsprospekt wird davon ausgegangen, daß es statistisch
erwiesen sei, daß 95 Prozent der Anwesenden in Großevangelisationen bereits Christen sind, während – wie man meint –
mit dem »Kreuzbüchlein« auch diejenigen erreicht werden,
die von sich aus nie in eine solche Veranstaltung gehen würden. Der Ineffektivität von Großevangelisationen steht demnach also die Effektivität der Literaturmission gegenüber.

Diese Äußerungen zeigen nun indirekt auch, daß der durch
Vision empfangene Auftrag die Erfahrungen des Missionswerkes im europäischen Kontext widerspiegelt. Denn nach
Bonnkes eigenen Worten sagte Gott zu ihm auch, daß er nicht
den Fehler machen solle zu glauben, »daß die Erweckung in
Form überfüllter Sportstadien kommen werde. Was in einem
Teil der Welt funktioniert, mag woanders überhaupt nicht gehen. Doch der Herr hat Mittel und Wege ohne Zahl. Er zeigte
mir eine völlig andere Methode.« (Ob durch die überfüllten
Sportstadien Afrikas die Erweckung nach Afrika kam, kann
und soll hier nicht erörtert werden. Die Wirkungen der evangelistischen Heilungseinsätze Bonnkes in Afrika wären ein eigenes Thema, das hier nicht berücksichtigt wird.) Die »neue«
Massenevangelisationsmethode kommt jedenfalls nicht nur
durch direkte Geistesleitung. Die mit einer Theologie der Unmittelbarkeit gedeuteten Geisteseingebungen sind in hohem
Maße Niederschlag verarbeiteter Erfahrung und verbinden
sich mit strategischen Absichten.

Wenn Bonnke, dessen bisherige Missionsmethode fast ausschließlich in der Durchführung evangelistischer Großveranstaltungen bestand, diese nun kritisiert und in Deutschland
und anderen westlichen Ländern als wirkungslos ansieht,
kann darin fraglos auch ein kritisches Wort zu anderen evangelistischen Bemühungen gehört werden, zum Beispiel zu den
»Pro Christ«-Aktionen, die von weiten Teilen der evangelikalen Bewegung getragen und viel stärker als die Bonnke-Aktion um kirchliche und gemeindliche Kontextualität bemüht

sind. Die Gleichzeitigkeit evangelistischer Großaktionen – von unterschiedlicher Seriosität – deutet auch an, daß religiöse Pluralisierungsprozesse weiter zunehmen und zur weiteren Ausdifferenzierung des konservativen Protestantismus führen, was sich auch in der Konkurrenz von Evangelisationsprojekten spiegelt.

Zur Beurteilung

Über das Buch Bonnkes läßt sich fraglos auch Positives sagen. Ein angemessenes Verständnis und eine begründete Beurteilung der Aktion darf sich jedoch nicht auf die Analyse des Inhalts der Bonnke-Schrift beschränken, sondern muß den Hintergrund der Aktion, wie er von seiten des Missionswerkes vielfach ausgesprochen wurde, mit in Betracht ziehen.

1. Ein wesentlicher Hintergrund der Aktion ist die endzeitlich bestimmte Perspektive einer Massenerweckung, die so weder biblisch noch realistisch ist. Über Chancen und Grenzen von Literaturmission wird im Zusammenhang dieser Perspektive nicht mehr realitätsbezogen nachgedacht, was anhand der komparativen und superlativen Sprachformen und den bis ins Peinliche gehenden Übertreibungen immer wieder deutlich wird.

2. Innerhalb des endzeitlichen Erwartungszusammenhangs schreibt das Missionswerk sich selbst eine Schlüsselstellung zu. Es sieht sich selbst dazu berufen, am Programm Gottes, die westliche Welt, zum Beispiel »Deutschland, Österreich und die Schweiz zu retten«, zentral mitzuwirken. Bonnke beansprucht für sich, zentrales Werkzeug Gottes zu sein, durch das Gott selbst an die Tür von Millionen von Haushalten klopfen will. Daß Gott auch anders handeln könnte, als es das Missionswerk in Aussicht stellt, wird nicht ernsthaft erwogen. Ebensowenig wird darüber nachgedacht, daß eine Postwurfsendung auf Hochglanzpapier auch im Papierkorb landen könnte. Gegenüber der Überzeugung, daß die Errettung

Deutschlands durch die postalische Zusendung der Schrift
Bonnkes geschehen soll, sind erhebliche Zweifel angebracht,
vor allem deshalb, weil in solchen Proklamationen Gott zu einer verfügbaren Macht degradiert wird.

3. Eine gemeindliche Basis, von der ausgehend die Vorbereitung der Aktion geschehen könnte, existiert weitgehend nicht.
Nach der vollständigen Planung der Aktion wird nun der
Kontakt zu Gemeinden gesucht, unter anderem deshalb, weil
andernfalls sich die Aktion als nicht finanzierbar herausstellen
würde. Solche Kommunikationsstrukturen sind rücksichtslos
gegenüber der ökumenischen Gemeinschaft der Christen, die
für Bonnke ohnehin ausschließlich in der evangelikalen Frömmigkeitsform legitim zu existieren scheint. Zusammenarbeit
steht hier unter dem Diktat des Missionswerkes. Das Sich-
Treffen der verschieden geprägten Christen unter dem Kreuz
Christi, zu dem Bonnke mit Recht aufruft, kann nur gelingen,
wenn der eigene prophetisch-visionäre Anspruch sich nicht
absolut setzt, sondern offen ist für Korrektur und Kritik anderer Christen. Gerade dies geschieht jedoch nicht. Anderen
Christen wird die Pistole auf die Brust gesetzt. Sie können mit-
machen oder gelten als Spielverderber und Bremser. Ein glaubwürdiges christliches Zeugnis in der Form einer evangelistischen Großaktion bedarf vorauslaufender Konsultativpro-
zesse und einer breiteren Trägerschaft. Wer ernsthaft meint,
daß die »evangelistische Aberntung« Deutschlands seine urei-
genste Sache ist, und erst nach vollständiger Planung der Aktion Solidarität von allen anderen Christen einfordert, läßt ge-
samtkirchliches Verantwortungsbewußtsein vermissen.

4. Im Zusammenhang mit dieser Aktion stellt sich die Frage,
was Mission heute heißt und bedeutet, wie ein glaubwürdiges
missionarisches Zeugnis in den Herausforderungen des west-
europäischen Kontextes aussieht. Bonnke versteht Mission
vor allem unter zwei Gesichtspunkten, dem der Seelenrettung
und dem der Erfolgsgeschichte. Beide Aspekte enthalten gra-
vierende Verkürzungen: Mission als Seelenrettung vernach-

lässigt die Ganzheitlichkeit der göttlichen Zuwendung zur
Welt; ebenso eine ganzheitliche Sicht des Menschen, wie sie
sich von einer biblischen Anthropologie her nahelegt. Mission als Erfolgsgeschichte ist erinnerungslos im Blick auf die
Erfahrungen der Missionsgeschichte und vergißt die Gebrochenheit und Vorläufigkeit unseres missionarischen Zeugnisses. Lernprozesse, wie sie im Kontext der ökumenischen Bewegung oder auch der evangelikal geprägten Lausanner Bewegung gemacht wurden (vgl. das Manila-Manifest, 1989),
stehen dem Missionswerk noch bevor.

5. Da die Aktion in verschiedenen Ländern schon stattgefunden hat, könnte aus diesen Erfahrungen gelernt werden. Dies
geschieht von seiten des Missionswerkes kaum. Obgleich es zu
erheblichen Problemen bei der postalischen Zustellung der
Schrift in England und Deutschland kam und die zuvor genannten Ziele nicht erreicht wurden, wird in der Auswertung
alles unter »Erfolgsgesichtspunkten« betrachtet. Die Einseitigkeiten der Wahrnehmung von CfaN sind dabei ganz offenkundig. Was in der Innenperspektive als großartiger Erfolg gesehen
wird, wird in der Außenperspektive völlig anders bewertet.

Als entscheidendes Defizit der Bonnke-Aktion in England
wurde gesehen, daß hier alles auf die Entscheidung für Christus hin orientiert war, während keine Maßnahmen getroffen
wurden, Menschen in einer weitergehenden Begleitung zur
Vertiefung ihres Glaubens zu verhelfen oder Suchende auf einen längeren Weg der Hinführung zur christlichen Glaubenserfahrung mitzunehmen. Diese Verantwortung kann das
Missionswerk nur an die Gemeinden delegieren. Natürlich
versteht der Evangelist Bonnke seine Aktivitäten im Kontext
von Gemeinden. Faktisch plant er solche Aktivitäten aber
nicht aus einer kontinuierlichen Kommunikation mit anderen
Gemeinden und Initiativen.

6. Das Missionswerk CfaN ist in seiner Missionspraxis an
sichtbaren Erfolgen interessiert. Dieses Interesse an Effektivität und vorzeigbaren Resultaten läßt die Verborgenheit

geistlichen Lebens ganz in den Hintergrund treten. Dabei werden vor allem Bekehrungen und Kosten in ein Verhältnis gesetzt und Vergleiche angestellt. Im Blick auf die Aktion in Großbritannien hieß es etwa: 22,5 Millionen Mark – über 60 000 Bekehrungen. Vergessen wird dabei auch, daß angesichts des Verlustes an lebensgeschichtlicher Kontinuität viele Christen sich nicht nur einmal, sondern immer wieder bekehren, worauf auch innerhalb der evangelikalen Bewegung vielfach hingewiesen wurde. Auch Bekehrungen können zu einem wiederholbaren, seichten emotionalen Erlebnis werden. Hier paßt sich das Missionswerk bis in die Sprachformen hinein dem Kontext einer Konsumwelt an, in der das Preis-LeistungsVerhältnis das bestimmende Kriterium ist. Es ist freilich die Sprache des Schlußverkaufs und des Ausverkaufs, mit der für die Sache des Evangeliums geworben wird, die Sprache eines »evangelistisch« motivierten Ablaßhandels: »Nur neunzig Pfennig müssen investiert werden, und das Evangelium kommt direkt ins Haus.« Das Evangelium ist zu einer Ware geworden, die verramscht wird, Mission zu einem durch postalische Dienste zu erledigenden Geschäft. Wer sich solcher Sprachformen bedient, muß damit rechnen, daß andere sie ernst nehmen und darin kein authentisches christliches Zeugnis mehr erkennen können.

Rodney Howard-Browne in Deutschland

Bereits im November 1994 hätte Rodney Howard-Browne in Deutschland sein sollen. Sein Name stand ausgedruckt im Programm der Jubiläumskonferenz (20 Jahre) des Missionswerkes »Christus für alle Nationen« (CfaN), die in Karlsruhe unter der Leitung von Reinhard Bonnke stattfand. Doch der vorgesehene Gast aus Amerika kam nicht. Erst im Oktober 1995 stellte sich der weiße, aus Südafrika stammende Pfingstevangelist in Deutschland vor, und zwar im Rahmen von Er-

weckungsversammlungen, die in der Ballsporthalle Frank-
furt-Unterliederbach stattfanden. Zum Trägerkreis für diese
Veranstaltung gehörten einundzwanzig Leiter aus verschiedenen charismatischen Gemeinden und Initiativen (unter anderem Walter Heidenreich, »Freie Christliche Jugendgemeinschaft« [FCJG], Lüdenscheid, Andreas Herrmann, »Christliches Zentrum Wiesbaden«, Wolfhard Margies, »Gemeinde
auf dem Weg«, Berlin). Die Federführung für die Veranstaltung lag bei Rudi Pinke, dem Leiter des »Christlichen Zen-
trums Frankfurt« (CZF). Die Initiatoren wollten zum Ausdruck bringen, daß die im Zusammenhang des Toronto-Segens erlebte »Erfrischung« und »Erweckung« weitergehen
soll. Rodney Howard-Browne aber gilt als »gesalbter Gottes-
mann« und einer der zentralen Impulsgeber für jene ekstatischen Ausdrucksformen charismatischer Frömmigkeit, die
unter dem Namen »Toronto-Segen« bekannt geworden
sind.[49]

Am 12. Juni 1961 wurde er in Port Elizabeth, Südafrika, geboren und lernte die pfingstlerische Frömmigkeit in seinem
Elternhaus kennen. Bereits als Kind erlebte er Bekehrung und
Geistestaufe. Die für seinen jetzigen Dienst prägende Erfahrung machte er mit achtzehn Jahren: Als er sich sehnsuchts-
voll nach einer neuen Manifestation des Heiligen Geistes aus-
streckte, fiel das »Feuer Gottes« auf ihn, »brannte in seinem
Körper ... drei ganze Tage« und ermächtigte ihn, die göttliche
Kraft an andere weiterzugeben. Entsprechend dieser Grunderfahrung des inneren und körperlichen Berührtwerdens mit
göttlicher Kraft sind seine Versammlungen aufgebaut.

Die folgende Beschreibung einer Abendveranstaltung, die in
Frankfurt vor ca. 2000 Teilnehmerinnen und Teilnehmern
verschiedenster Altersgruppen – vor allem jungen Erwachse-
nen – stattfand, dürfte vieles enthalten, was typisch für »Ho-
ward-Browne-Veranstaltungen« ist.

Zum Programm der Erweckungsversammlungen

Nach einer längeren Zeit, in der immer wieder stimmungs
volle Anbetungschorusse gesungen werden, begrüßt der Prediger und Evangelist Rodney Howard-Browne das Publikum. Er steht nicht auf der Bühne, sondern schreitet im auf-
rechten Gang, zusammen mit seinem Übersetzer, vor den ersten Sitzreihen hin und her. Fast immer befindet er sich in Bewegung. Alles, was in der Versammlung geschieht, wird von
ihm bestimmt und dirigiert, und zwar mit Souveränität, Ruhe
und Übersicht. Nur selten läßt er sich von der Stimmung mit-
reißen. Nach der Begrüßung startet Howard-Browne eine
Verteilaktion seiner Bücher und Kleinschriften. Die Hände
der Menschen strecken sich ihm entgegen. Wer das Buch zuerst fängt, kann es behalten. Gleiches gilt für seine Kleinschriften, von denen ca. fünf bis zehn Hefte auch den Teilnehmerinnen und Teilnehmern auf den Rängen zugeworfen werden. Showelemente sind selbstverständlicher Teil der »Er-
weckungsveranstaltungen«. Es folgt gemeinsamer Lobpreis.
Ein ungarischer Pastor wird zu einem Zeugnis nach vorne gebeten. Er berichtet über den erfahrenen Segen des Heiligen
Geistes. Nachdem dieser ihn neu ergriffen hat, bekam seine
Gemeinde in kürzester Zeit hohe Geldzuwendungen, ebenso
ein großes Grundstück und Haus zu einem äußerst günstigen
Preis. Er selbst ist Besitzer eines Hauses in Israel geworden.
Zahlreiche Gemeindemitglieder haben den Segen Gottes so
erfahren, daß sie Autobesitzer geworden sind.
Obgleich sich Howard-Browne in seinen Schriften nicht restlos mit dem »Wohlstandsevangelium« identifizieren will, sind
die Anklänge daran unüberhörbar und Beziehungen dazu un-
bestreitbar. »Gott will keine Armut, es muß Schluß sein mit
kleinen, einfachen Verhältnissen, Gottes Geist gibt die Fülle,
auch an Reichtum.« (Bevor Howard-Browne 1987 in die USA
kam, hatte er zwei Jahre als Pastor im Rahmen von Ray Mc-
Cauley´s »Rhema Church« in Johannisburg/Südafrika gear-

beitet, einer zur Glaubensbewegung von Kenneth Hagin
gehörigen Gemeinde. Vertreter dieser Richtung charismatisch-pentekostaler Frömmigkeit lehren eine organische und
enge Verknüpfung von Evangelium und Wohlergehen bis hin
zum Wohlstand. »Ich glaube, daß Gott Wohlergehen, ja
Wohlstand und Segen geben möchte. Ich predige nicht nur
darüber, sondern ich lebe im Segen Gottes.«[50])
Nach einer weiteren Zeit des Singens und der Anbetung, die
immer wieder durch expressiv gesungene oder gesprochene
Glossolalie des Predigers und Evangelisten unterbrochen
wird, beginnt eine ausführliche Kollektenrede, die darauf abzielt, deutlich zu machen, daß der zehnte Teil des eigenen Ein-
kommens das ist, was in der Gemeinde zu zahlen ist. Alles andere wäre parasitäres Verhalten. »Gott gibt uns alles. Wir geben den Zehnten.« Im Anschluß an ein Bibelwort aus dem
Buch der Sprüche wird dieser Sachverhalt erläutert. Wer spen-
det, macht ein gutes Geschäft, denn Spenden sind effektive
Geldanlagen. Am Abend zuvor hatte Reinhard Bonnke, mit
dem Howard-Browne seit Jahren verbunden ist, an der Veranstaltung teilgenommen, war mit stehenden Ovationen begrüßt worden und hatte über die aus seiner Sicht erfolgreiche
Aktion »Vom Minus zum Plus« berichtet (34 000 Entschei-
dungskarten wurden zurückgesandt, Deutschland steht im
Zeichen der Erweckung). Für noch nicht beglichene Unko-
sten der Aktion waren 130 000 DM gesammelt worden.

Die Demonstration der Salbung

Höhepunkt und programmatischer Zielpunkt der Veranstaltungen mit Howard-Browne sind Kraft-Demonstrationen.
»Das Wirken Gottes in den neunziger Jahren wird nicht aus
Lehre bestehen. Wir müssen etwas demonstrieren. Es ist Zeit,
daß wir die Kraft Gottes demonstrieren.«[51] Die demonstrierte, die Menschen berührende Gegenwart Gottes bezeichnet Howard-Browne als »Salbung«. Die Predigt ist Hin-

führung zu diesem Ziel. Zunächst wird vom Wirken des Heiligen Geistes erzählt, durchaus in Bezugnahme auf das, was alle Christen glauben. »Der Heilige Geist führt uns zu Jesus, und Jesus führt uns zum Vater.« Die dann folgende Veranschaulichung setzt freilich einen unreflektierten, naiven Tritheismus voraus. An drei aus dem Publikum herausgerufenen Personen wird die »Trinität« dargestellt. Die Frage »Wo ist Gott?« wird so beantwortet, daß darauf hingewiesen wird, er sei im Himmel. Die Frage »Wo ist Jesus?« wird analog beantwortet, indem gesagt wird: »Er sitzt zur Rechten des Vaters«, er befindet sich auch im Himmel, also in räumlicher Distanz zu uns. Nur der Heilige Geist ist auf der Erde. Es kommt darauf an, von ihm berührt zu werden. Seine Personalität wird pointiert hervorgehoben. Immer wieder grenzt sich Howard-Browne davon ab, den Heiligen Geist mit Glossolalie allein zu identifizieren. Offensichtlich sieht er darin eine Einseitigkeit pfingstlerischer Frömmigkeit, als deren Repräsentant er andererseits verstanden werden muß. Es geht ihm darum, daß die »Salbung«, die »die berührbare Gegenwart des allmächtigen Gottes bedeutet«[52], sich vielfältig manifestieren kann. Zugleich stellt sich die Frage, ob nicht sein eigenes Verhalten, nämlich der immer wieder demonstrierte expressive und unübersetzte Zungengesang, eine solche Identifikation unterstützt und geradezu hervorrufen kann.

Nach der »Trinitätspredigt« kommt die Predigt über das Wirken des Geistes und seine Symbole, die im einzelnen genannt und mit vielen, Heiterkeit erzeugenden, Beispielen erläutert werden: der Geist als Taube, als Sturm, als Wind, als Öl, als Wein. Mit der Entfaltung der zuletzt genannten Themen beginnt die Demonstration geistlicher Macht: Rodney Howard-Browne geht durch die Reihen und gibt »frisches, nicht abgestandenes Öl« weiter. Er faßt Leute an, die in Lachen oder Schreien ausbrechen, zusammenzucken und zu Boden fallen. Der Geistträger wird zum Medium der Geistmitteilung an andere. Am Abend zuvor hatte er auf Pastoren Tücher gelegt, aus denen solche Kraft geströmt sein soll, daß einige durch das Berührtwerden zusammensanken. Auch solche Personen, die wichtige Funktionen im Blick auf die Veranstaltung ausüben, werden in außergewöhnliche Bewußtseinszustände mit entsprechenden körperlichen Reaktionen versetzt. Der Übersetzer wird gesegnet und berührt, bis er lachend auf den Boden fällt. Mit Blicken fixiert Howard-Browne einen Kameramann, um auch ihn »auszuschalten«. Dies mißlingt jedoch, trotz anhaltender Bemühungen. Manchen Menschen muß er immer wieder die Hände auflegen, bis sie endlich reagieren und, von Kraftströmen getroffen, vom Stuhl fallen. Gelungene Kraftdemonstrationen werden mit Applaus und Lachen begleitet. – Das Thema »Heiliger Geist als Öl« wird fortgesetzt durch das Thema »Trunkenheit im Geist«. Hier geht es vor allem darum, die Versammlung in das »heilige Lachen« zu versetzen, welches für Howard-Brownes Veranstaltungen ein wesentliches Charakteristikum ist. Er geht auf Frauen zu, drückt seine Hand auf ihren Kopf, so daß sie mit ihrem Kopf nicht zurückweichen können, und hält das Mikrophon nah an ihren Mund. Die meisten fangen an zu lachen. Das Lachen wird durch das Mikrophon im ganzen Saal verbreitet und löst entsprechende Reaktionen aus. Eine Frau läuft in ekstatischer Weise eine große Runde durch den Saal. Bei einzelnen kann ein intensives, oft lang andauerndes konvulsivisches Zittern, Zucken und Sich-Schütteln beobachtet werden. Insgesamt bleibt der Eindruck, daß Howard-Browne aus anderen Veranstaltungen ein ausgelasseneres Klima gewöhnt ist. Trotz allen Bemühens bleibt die Freude über zahlreiche Witzeleien, Showeinlagen und Kraftdemonstrationen begrenzt. Die Ekstasefreudigkeit der Deutschen hält sich in Grenzen.

Völlig unvermittelt und unvorbereitet ruft Howard-Browne nach den Geistdemonstrationen zur Bekehrung zu Christus auf. Menschen sollen sich melden, die den Schritt zum Glauben wagen wollen. Nachdem sich einige gemeldet haben, wird mehrfach aufgerufen, nach vorne zu kommen. Mehrere hundert gehen nach vorne und werden aus der Halle heraus in einen anderen Saal geleitet, wo mit ihnen weiter gesprochen werden soll. Im Blick auf evangelikale Kritiker sind offensichtlich Legitimationselemente eingebaut. Ihnen gegenüber kann so gesagt werden, daß hier im Grundsatz doch nichts anderes geschieht, als daß Menschen zu einer Glaubensentscheidung aufgerufen werden.

In der Halle gehen die Geistdemonstrationen, die Ausgelassenheit und das Lachen weiter. Howard-Browne nimmt ein Glas und trinkt, immer wieder. Keine Sorge soll ihn abhalten, zu trinken von der Fülle des Geistes. Dann wird dazu aufgerufen, daß jeder den anderen anfassen möge. Es wird Musik im Dreivierteltakt gespielt. In ihren äußeren Formen ist die Erweckungsveranstaltung zu einer Karnevalsveranstaltung geworden. Howard-Browne begleitet die Schunkelmusik durch expressiven Zungengesang. Die Kraftdemonstrationen werden fortgesetzt, indem die Mitglieder der Band gesegnet werden, so daß sie »im Geist ruhen«. Um 23.30 Uhr ist die Veranstaltung, die um 19.30 Uhr begann, noch nicht zu Ende. Nur wenige haben sie verlassen.

Zur Beurteilung

Rodney Howard-Browne versteht seinen Dienst im Zusammenhang endzeitlicher Erweckungsperspektiven. Zur endzeitlichen Erweckung gehört, daß Gottes Kraft und Gegenwart sich sichtbar und mit übernatürlicher Macht – bis hin zu Totenauferweckungen – äußert. »Mein Herz ist erfüllt von dem Wunsch, ein Wiedererstarken geistlicher Kraft zu sehen.«[53] Zugleich sieht er sich in Kontinuität zu den Anliegen reformatorischer Erneuerung – ohne freilich angeben zu können, worin diese Kontinuität besteht: »Martin Luther hat gesagt: ›Hier stehe ich, ich kann nicht anders, Gott helfe mir. Amen.‹ So wie er zu seiner Zeit die Wahrheit sagen mußte, so muß ich sie heute sagen.«[54] Der Trägerkreis der Veranstaltun-

gen unterstreicht die Kontinuität zur Geschichte des erwecklichen Christentums: »Die Aufbruchstimmung seiner Er-
weckungsveranstaltungen erinnert an die großen Erweckungen der Kirchengeschichte mit ihren ungewöhnlichen und
zeichenhaften Manifestationen.« Im Einladungsprospekt
heißt es weiter: »In den Versammlungen ... von Rodney
Howard-Browne geschehen weltweit erstaunliche Dinge.
Ganze Gemeinden werden durch die Kraft Gottes verwandelt, erneuert und von einer neuen, radikalen Liebe zu Jesus
erfaßt.«

1. Solchen Ansprüchen ist entgegenzuhalten, daß die Berufung auf das Wirken des Heiligen Geistes noch keine Gewähr
dafür bietet, daß er tatsächlich wirkt. Auch die beanspruchte
Kontinuität zur Geschichte des erwecklichen Christentums
ist zunächst nichts anderes als eine Behauptung in legitimatorischer Absicht. Die Versammlungen verlaufen nach einer
leicht durchschaubaren Programmatik: Es geht darum, die
»Salbung« – das heißt die Gegenwart Gottes – durch übernatürliche Geistmanifestationen erkennbar, sichtbar, greifbar
zu machen. Dies gelingt freilich nur, wenn die Person des
Geistträgers als mit göttlicher Vollmacht und Autorität ausge-
stattet betrachtet wird. Wer diese Grundvoraussetzung, von
der alle weiteren Plausibilitäten abhängen, nicht nachvoll-
zieht, wird in den zahlreichen Kraftdemonstrationen weder
aufsehenerregende Wunder noch gewißmachende Zeichen
der Nähe Gottes erkennen können, sondern schillernde Ergriffenheitserfahrungen und eher deutliche Anzeichen für die
Abwesenheit des Heiligen Geistes und eine Respektlosigkeit
im Blick auf die Souveränität seines Wirkens. Erneuerung und
Erweckung sind zu etwas Machbarem geworden, auch wenn
verbal das Gegenteil beteuert wird. Die Kraft («dynamis«) des
Heiligen Geistes wird als »power« mißverstanden und mit
Hilfe suggestiver und manipulativer Techniken vermittelt.
Wer neutestamentliche Kriterien für das Wirken des Heiligen
Geistes ernst nimmt, wird sich vom Geist Jesu Christi erfüllte

Menschen kaum als »spirituelle Starkstromtechniker« vorstellen können, die in Erweckungsversammlungen umwerfende Wirkungen des Geistes demonstrieren. Auch die Fixierung der Geistmitteilung auf eine einzelne Person entspricht nicht der paulinischen Perspektive vom Geist Gottes, der der ganzen Gemeinde und jedem Glaubenden gegeben ist (1. Kor 12,13).

2. Eine theologisch und seelsorgerlich völlig unakzeptable Orientierung liegt vor, wenn Erfolge und Siege mit Gottes Segen, Mißerfolge und Niederlagen mit Gottes Fluch, wenn Gesundheit und Wohlstand mit Gottes Ja, Krankheit und Armut mit Gottes Nein gleichgesetzt werden. Auch wenn Howard-Browne sich nicht restlos mit der »Wohlstands-Theologie« (prosperity theology) identifizieren will, sind Berührungen unverkennbar. Mit solchen Vorstellungen wird die Offenbarung Gottes im Kreuz Christi übergangen und übersehen, daß Gott uns fern sein kann, während wir ihn im Erfolg und Wohlstand auf unserer Seite wähnen. Zugleich wird ein Erfolgsdruck aufgebaut, der die Gebrochenheit christlichen Lebens unterschätzt und die Verborgenheit Gottes in der Welt nicht ernst nimmt.

3. In mancher Hinsicht knüpft Howard-Browne an das an, was Kurt Hutten als »pfingstlerische Heilungsbewegung« bezeichnet hat, zu der Personen wie W. Branham, T. L. Osborn, Oral Roberts, Tommy Hicks und andere gehören, für deren Versammlungen wunderbare Machtdemonstrationen charakteristisch waren.[55] Von Howard-Browne selbst werden als Vorbilder seines Wirkens immer wieder auch Smith Wigglesworth und Kathryn Kuhlman genannt. Das Pfingstlertum mischt sich bei ihm mit Elementen und Praktiken, auf die die Pfingstbewegung bei ihrer Ausbreitung gestoßen ist. Dynamistische und magische Praktiken revitalisieren archaische Formen von Religiosität. Berührungen mit der Glaubensbewegung stellen die Brücke zum »Positive Thinking«, zum Glauben an die Macht der Gedanken und Vorstellungen her,

das in manchen Ausformungen zu erschreckenden Entfernungen von der Realität führen kann. Während die traditionelle Pfingstbewegung heute diesen Extremformen ihrer eigenen Frömmigkeitsgeschichte eher distanziert gegenübersteht,
haben sie in einigen Bereichen der charismatischen Bewegung
Eingang gefunden. Solche Tendenzen geben für manche distanzierte Betrachter Anlaß für die These, diese Bewegung sei
nichts anderes als eine (christliche) Variante neuer Religiosität, stromlinienförmig angepaßt an die remythologisieren-
den Tendenzen der religiösen Alternativkultur. Sollte sich die
skizzierte Veranstaltungsprogrammatik mit ihren inhaltlichen
Anliegen innerhalb der charismatischen Bewegung zu einem
vorbildhaften Trend weiterentwickeln, wird man dieser These
nicht allzu viel entgegensetzen können. Daß Verantwortliche
aus der charismatischen Bewegung Rodney Howard-Browne
geistliche Autorität und Vollmacht zuschreiben, sagt etwas
darüber aus, welche Relevanz das Charisma der Unterscheidung in ihren Reihen hat. In England haben sich inzwischen
zum Teil auch Leiter charismatischer Gemeinden vom Wirken Howard-Brownes abgegrenzt und ihm hypnotisches und
manipulatives Vorgehen vorgeworfen.

Teil 3

DIE CHARISMATISCHE BEWEGUNG –
KONTINUITÄT UND WANDEL

Der pfingstliche Impuls, der am Anfang dieses Jahrhunderts
zur Entstehung der pfingstkirchlichen Bewegungen geführt
hatte, erfaßte in den fünfziger Jahren zunehmend – öffentlich-
keitswirksam mit Berichten in »Times« und »Newsweek«
Anfang der sechziger Jahre – die historischen Kirchen in Nordamerika, wurde 1967 auch in der katholischen Kirche wirksam und führte in nahezu allen Kirchen zu entsprechenden
Gruppenbildungen, deren Anliegen die geistliche Erneuerung
ihrer eigenen Kirche wurde. Anders als die pfingstlerischen
Bewegungen wollte und will dieser »zweite Ansatz« zu keinen neuen Kirchenspaltungen führen, sondern das Leben der
Kirchen von innen erneuern.
Wie zahlreichen persönlichen Zeugnissen entnommen werden kann, stand am Anfang dieser Bewegung die individuelle
pfingstliche Erfahrung des Getauft- oder Erfülltwerdens mit
dem Heiligen Geist. Auch für die Entstehung der Charismatischen Bewegung hatte die Erfahrung der Glossolalie eine aus-
schlaggebende Bedeutung. In soziologischer Hinsicht wurde
der pfingstliche Impuls im Zusammenhang der charismatischen Bewegung ein Phänomen der Mittelschicht, der gebil-
deteren Kreise, der Pfarrerinnen und Pfarrer, der Priester und
Laien in traditionellen Kirchen. Der veränderte Resonanz-
raum führte zu anderen Wirkungen dieses Impulses. Auf der
Ebene theologischer Reflexion war der »zweite Ansatz« deutlicher als die Pfingstbewegung um eine adäquate Pneumatologie bemüht.
Mehr oder weniger gleichzeitig mit der Ausbreitung charismatischer Erneuerungsgruppen in den historischen Kirchen

entwickelten sich unabhängige Missionswerke und interkon-
fessionelle Initiativen und Zentren, mit denen die innerkirchlichen Erneuerungsgruppen eng verbunden waren, so daß
sich die Charismatische Bewegung auch in Deutschland seit
ihren Anfängen als transkonfessionelle Erneuerungs- und
Missionsbewegung darstellt.[56] Deren Erscheinungsbild ist
vielgestaltig und mindestens von zwei verschiedenen Ausprägungen bestimmt:

– von charismatischen Erneuerungsgruppen in bestehenden
   Kirchen und Freikirchen sowie
– von sich als konfessionsunabhängig verstehenden Gemeinden, Missionswerken und parakirchlichen Organisationen,
   die theologisch nicht selten eine Nähe zur Pfingstbewegung
   aufweisen, sich aber noch in einer nicht konfessionalisierten
   Phase ihrer Entwicklung befinden.

Beide Ansätze sind netzwerkartig miteinander verbunden. Insofern ist es sachlich durchaus zutreffend, von *einer* Charismatischen Bewegung zu sprechen. Sie ist in Deutschland mit
einer kirchlichen Situation konfrontiert, die stark bestimmt
wird durch die beiden Großkirchen, zu denen ca. zwei Drittel
der Bevölkerung – in den westlichen Bundesländern mehr, in
den östlichen weniger – als formelle Mitglieder gehören, wobei abnehmende Kirchenbindung und zunehmende Austritts-
neigung das öffentliche Bild kennzeichnen. In diesem kirchlichen Umfeld empfiehlt sich die Charismatische Bewegung als
Antwort und »Therapieangebot« auf die Krise der Kirchen in
der sich kulturell und religiös pluralisierenden Gesellschaft.
Für die Ausbreitung pentekostaler Frömmigkeit in beiden
Ausprägungen haben die beiden international operierenden
Organisationen »Jugend mit einer Mission« (Youth with a
Mission) und die »Geschäftsleute des vollen Evangeliums«
(Full Gospel Business Men´s Fellowship International, jetzt
auch: »Christen im Beruf«) eine Schlüsselrolle gespielt.

Anliegen und Verbreitung

Die zentralen inhaltlichen Perspektiven und Anliegen der Charismatischen Bewegung können gleichermaßen in innerkirchlichen Gruppenbildungen wie in konfessionsunabhängigen Gemeinden ihren Ausdruck finden. Sie lauten: Anbetung, Lobpreis, Seelsorge, Evangelisation, Heilungsdienste, das Erfaßt- und Erneuertwerden des ganzen Menschen wie auch der Gemeinde. Dabei wird eine auf den Heiligen Geist und die Charismen (vor allem Heilung, Prophetie und Glossolalie) bezogene erfahrungsorientierte Frömmigkeit akzentuiert. Diakonische Dienste werden in enger Zuordnung zum Evangelisationsauftrag praktiziert, sie sind häufig noch nicht in der Intensität ausgebildet, wie dies in weiten Teilen des Pietismus erfolgt ist. Die Sozialformen, in denen sich die Bewegung konkretisiert, sind unter anderem Haus- und Gebetskreise, Glaubenskurse und Einführungsseminare, Anbetungs-, Heilungs- und Segnungsgottesdienste, Kongresse. Die Charismatische Bewegung zielt auf der individuellen Ebene auf die Erneuerung des einzelnen durch die Bitte um das Kommen des Heiligen Geistes mit seinen Gaben, auf der gemeinschaftlichen Ebene vor allem auf die des Gottesdienstes, der nach dem Vorbild von 1. Korinther 14,26 eine neue Gestalt finden soll in der Dynamik von Hymnus und Gebet, Lehre und Offenbarung, Prophetie und Zungenrede. Der epikletische Ruf »Komm, Heiliger Geist!« ist Zentrum des charismatischen Gottesdienstes, des persönlichen Gebetes und der seelsorgerlichen Praxis.

Während der landeskirchliche Gottesdienst an feste liturgische Formen gebunden und stark auf die Predigt konzentriert ist, will der charismatische Gottesdienst deutlicher Raum für Spontaneität und den Ausdruck der Glaubenserfahrung geben. »Mit Lobpreis und Anbetung antwortet eine charismatische Gemeinschaft auf Gottes Offenbarung in Wort und Tat. Neue Lieder und Worte – spontan aus der Situation herauskommende Gebete, Sprachengebete, Prophetien und Zeugnisse sowie eine ausdrucksvolle Körpersprache in Form von erhobenen Händen, Klatschen, Niederknien, sich vor Gott auf den Boden legen und Tanzen sind typische Kennzeichen für Versammlungen im Bereich der Charismatischen Erneuerung geworden.«[57] Näherhin bestimmt ist der charismatische Gottesdienst:

– durch die Anbetung Gottes, den Lobpreis, verbunden mit der Offenheit für den Sprachengesang. Ausführliche Anbetungszeiten und eine neue Musikkultur sind kennzeichnend. Die Texte und Melodien sind leicht nachvollziehbar. Die Lieder werden meist nicht aus dem Liederbuch gesungen, vielmehr werden Texte mit Hilfe eines Overheadprojektors an eine Leinwand geworfen. Eine Band unterstützt den Gesang. Eine Kontinuität zum Liedgut des sonntäglichen Gemeindegesanges beziehungsweise des Kirchengesangbuches besteht häufig nicht.

– Neben der ausführlichen und oft in freier Rede gehaltenen Predigt ist das Rechnen mit dem prophetischen Wort, also mit dem Auftreten von Propheten charakteristisch. Die Unmittelbarkeit des göttlichen Redens im prophetischen Wort geschieht dabei ankündigend, diagnostisch, beauftragend.

– Der Gottesdienst bietet Raum für das Gebet für die Kranken und die Praxis der Krankenheilung durch Gebets- und Segenshandlungen. Er ist ebenso bestimmt durch den Ruf zur Umkehr und zum Empfang der Salbung des Geistes, verbunden mit der Zuversicht und Hoffnung, daß jetzt die Zeit der Erweckung ist, daß Gott dabei ist, Großes zu tun.

– Schließlich ist die gottesdienstliche Versammlung bestimmt durch die Siegesgewißheit in der Auseinandersetzung mit dem Bösen, die auch sonst Gestalt gewinnt unter anderem in Seelsorge und Gebet, in geistlicher Kampfführung und exorzistischen Praktiken.

In allen genannten Anliegen ist die Suche und Sehnsucht wirksam, in urchristliche Verhältnisse zurückzukehren (vgl. Mk 16,17f; Apg 1–2 und 1. Kor 12–14) und die biblische Welt mit Engeln und Dämonen, mit Wundern und Zeichen zu reaktualisieren. Charismatischer Frömmigkeit geht es auf der anthropologischen Ebene um ein Frommsein mit Begeisterung, um die Enttabuisierung der Glaubensemotion (H. Mühlen), die in Anwesenheit anderer ihren Ausdruck finden soll. Rationalitätsskepsis verbindet sich dabei mit der Offenheit und dem Hunger nach Erfahrungen ekstatischen Ergriffenseins. Charakteristisch ist die Hervorhebung des Geistwirkens in Visionen, Träumen, Eindrücken, Bildern und Liedern, wobei eher Symbolik als Logik, eher Phantasie als Vernunft, eher Gefühl und Herz als Reflexion betont werden. Im Vordergrund stehen Erfahrungs- und Erlebnisorientierung und die Betonung körperlicher Gesten und Bewegungen.

Zentrum und Kristallisationspunkt sowohl der individuellen wie der gottesdienstlichen Erfahrung ist das Getauft- oder Erfülltwerden mit dem Heiligen Geist. Hier konzentriert sich pfingstlerisches und charismatisches Selbstverständnis gleichermaßen. Die erstrebte Erfahrung der Geistestaufe oder Geisterfüllung ist häufig mit enthusiastischen und ekstatischen Phänomenen verbunden. Sie wird als ein Glaubensschritt beschrieben, der die »Wiedergeburt« und eine persönliche Glaubensentscheidung voraussetzt und vor allem als Bevollmächtigung zum christlichen Zeugnis verstanden wird. Während für viele Pfingstler – freilich nicht für alle – bis heute gilt, daß die Glossolalie das »anfängliche Zeichen der Geistestaufe« ist, hat die Charismatische Bewegung in vielen ihrer Ausprägungen diese Konzentration und Fixierung gelockert und vielfältigere Wege der Initiation geschaffen. Neben der Glossolalie dürfte im Kontext der charismatischen Frömmigkeit heute das »Ruhen im Geist« (verbunden mit Umfallen, oft nach dem Segnungsgebet einer Person, der besondere Vollmacht zugeschrieben wird) eine zentrale Initiationserfahrung sein, über die der Eintritt in die charismatische Erfahrungswelt erfolgt. Krisensituationen und die Suche nach größerer Deutlichkeit christlichen Lebens und emotional bestimmter Gemeinschaftlichkeit sind mögliche biographische Anlässe, sich einer charismatischen Erneuerungsgruppe anzuschließen. Im deutschen Kontext ist die Charismatische Bewegung eher schwach ausgeprägt. Der plausibelste Grund dafür dürfte vor allem darin liegen, daß die Perspektive einer geistlichen Erneuerung durch den hier in den evangelischen Landeskirchen verwurzelten Pietismus bestimmt ist, dem es ebenso um die Erfahrung des Heiligen Geistes und seiner Kraft geht, freilich mit Verzicht auf enthusiastische und ekstatische Manifestationen. Gleichwohl ist die Bewegung in den letzten Jahren – vor allem in ihrer freien, nicht konfessionellen Ausprägung – stetig gewachsen und hat an Bedeutung gewinnen können. Wird der Begriff »Charismatische Bewegung« in einem weiten Sinn gebraucht, dürfte die Zahl der Charismatiker und Pfingstler die hunderttausend überschritten haben, obgleich gesicherte Zahlen, wie sie etwa bei Kirchenmitgliedsuntersuchungen vorauszusetzen sind, hier nicht vorliegen und auch nicht vorliegen können.

Seit den siebziger Jahren sind zahlreiche neue, sich als konfessionsunabhängig verstehende charismatische Zentren und Gemeinden zu einer wichtigen Ausdrucksform charismatischer Frömmigkeit geworden. In den evangelischen Landeskirchen stellt sich die Charismatische Bewegung als eine Gruppenbildung unter anderen dar, die das Image einer wichtigen positiven Strömung zur Erneuerung des geistlichen und gemeindlichen Lebens nur begrenzt gewinnen konnte, obgleich sie fraglos Erneuerungsimpulse enthält und Chancen bietet, das christliche Zeugnis zu profilieren. Träger der Bewegung sind hier vor allem Pfarrerinnen und Pfarrer.

Ökumenische Anfänge
und weitere Entwicklungen

Wie die Pfingstbewegung kam auch die Charismatische Bewegung aus dem nordamerikanischen Kontext nach Deutschland, und zwar 1962 durch den lutherischen Pfarrer Arnold Bittlinger. Dieser hatte die charismatische Erneuerung in den USA im Zusammenhang einer Studienreise kennengelernt und machte sie in Deutschland bekannt, unter anderem durch Einladung von Larry Christenson (1963) in die Evangelische Akademie Enkenbach/Pfalz. Bereits in den fünfziger Jahren hatte es vereinzelte Erfahrungen mit Glossolalie und Prophetie in einzelnen Kommunitäten gegeben (zum Beispiel in der »Christusbruderschaft« in Selbitz und der »Marienschwesternschaft« in Darmstadt). Viele Charismatiker der ersten Stunde, die erste Erfahrungen mit den sogenannten transrationalen Charismen (vor allem Glossolalie) machten, kamen aus dem Marburger Kreis – einem Ableger der auf Frank Buchman zurückgehenden Gruppenbewegung (Oxford-Gruppe) –, dessen Schwerpunkt eine evangelistisch-seelsorgerliche Arbeit ist.

Die weiteren wichtigen geschichtlichen Daten der ersten Phase können nur stichwortartig aufgeführt werden[58]: 1968 entsteht auf Schloß Craheim eine Heimstatt der charismatischen Erneuerung mit dem »Ökumenischen Lebenszentrum für die Einheit der Christen«, welche sich nach Bittlingers Plan zu einem Kommunikationszentrum für die Charismatische Bewegung entwickeln sollte. Charakteristisch für diese frühe Phase ist die ökumenische Ausrichtung, die auch die Treffen der Charismatischen Bewegung in Königstein während der sechziger Jahre prägte, und eine eigenständige theologische Verarbeitung der charismatischen Erfahrungen (vgl. etwa die Schriften Bittlingers und Großmanns zur Charismatischen Bewegung allgemein und zur Glossolaliethematik[59]).

1976 erarbeitet der Koordinierungsausschuß der charismatischen Gemeindeerneuerung »Theologische Leitlinien«, die

das Selbstverständnis der »Charismatischen Gemeinde-
Erneuerung in der Evangelischen Kirche« in den Kontext
evangelischer Theologie stellen. Das eigene Profil wird in
deutlicher Unterscheidung von pfingstlerischen und neu-
pfingstlerischen oder neocharismatischen Lehren und Ver-
ständnishorizonten artikuliert, die seit Mitte der siebziger
Jahre verstärkt aus Amerika nach Deutschland kamen. Die
Erneuerung bekennt sich zur »verfaßten evangelischen Kirche
als dem ihr von Gott zugewiesenen Platz«. Sie versteht sich
ausdrücklich als »antienthusiastische Bewegung«. Ihr Ziel ist
»eine im Heiligen Geist erneuerte Kirche, die eine eigene charismatische Bewegung überflüssig macht«.

Nach dem Weggang Bittlingers zum Ökumenischen Rat der
Kirchen nach Genf 1976 wurde zwei Jahre später, 1978, Pfarrer Wolfram Kopfermann der Leiter des Koordinierungsaus-
schusses und prägte die Arbeit der »Geistlichen Gemeinde-
Erneuerung« (so die offizielle Bezeichnung seit 1984, davor
hieß es Charismatische Gemeinde-Erneuerung) ca. zehn Jahre
lang. Die City-Kirche St. Petri in Hamburg, an der Kopfermann Pfarrer war, wurde mit ihren Abendgottesdiensten, der
Hauskreisarbeit und den »Grundkursen des Glaubens« zum
Zentrum der Erneuerung.

Als Kopfermann 1988 aus der evangelischen Kirche aufgrund
der für ihn nicht länger tolerierbaren pluralistischen Tendenzen austrat und eine eigene »Anskar-Kirche« gründete, be-
deutete dieser Schritt einen starken Einbruch und verschärfte
die Frage der Integration der Geistlichen Gemeinde-Erneuerung in der evangelischen Kirche. Die Hoffnung Kopfermanns, eine Gemeindegründungswelle loszutreten und viele
auf seinen Weg mitzunehmen, erfüllte sich freilich nicht. Die
Arbeit der Geistlichen Gemeinde-Erneuerung ging kontinuierlich weiter. Gleichwohl dürfte der Schritt Kopfermanns insofern einen Einschnitt markieren, als er paradigmatisch auf
den Vorgang hinweist: Der Schwerpunkt der Charismatischen
Bewegung liegt nicht länger in innerkirchlichen Erneuerungs-

gruppen. Gleichwohl entstanden in den Landeskirchen regionale Arbeitskreise und Vereine, die Seminare, Kurse und Veranstaltungen in Gemeinden und Tagungshäusern (zum Beispiel Tagungsstätte Obernkirchen und Schloß Craheim) durchführen. Sie wollen »dem Wirken des Heiligen Geistes Raum geben und den Zugang zu einem geisterfüllten Leben zeigen«.[60]

Auch in der theologischen Verarbeitung der charismatischen Erfahrungen will die Geistliche Gemeinde-Erneuerung ihrem Bemühen treu bleiben, dies im Zusammenhang eines reformatorisch geprägten Glaubensverständnisses zu vollziehen, was freilich in Spannung steht zu den theologischen Paradigmen, die für die internationalen, vor allem nordamerikanischen Entwicklungen charakteristisch sind. Weiterführend dürften innerhalb der Geistlichen Gemeinde-Erneuerung vor allem diejenigen Ansätze sein, die darauf hinweisen, daß das Wirken des Heiligen Geistes »nach den Spielregeln der Schöpfung« erfolgt. »Jede charismatische Wirkung hat eine natürliche Seite, weil sie sich im Raum der Schöpfung vollzieht. Der Heilige Geist erneuert die Schöpfung. Dabei erscheint er nie unvermittelt, also gleichsam pur. Daher gibt es auch nie reine Geist-, Glaubens- oder Gotteserfahrung, die unvermittelt vom Himmel fällt.«[61]

Anders war die Entwicklung in Ostdeutschland: In den siebziger Jahren wurde die Charismatische Bewegung in der damaligen DDR wirksam. Vor allem im Süden des Landes (besonders in Sachsen) bildeten sich charismatische Kreise im Umfeld volksmissionarisch-erwecklich bestimmter Frömmigkeit, und zwar – durch die Situation des sozialistischen Regimes mitbedingt – fast ausnahmslos innerhalb der evangelischen Gemeinden. 1977 wurde ein »Arbeitskreis für Geistliche Gemeinde-Erneuerung« gebildet, der dem Austausch und der Integration der Erneuerungsgruppen in die Kirche diente und interkonfessionell ausgerichtet war. In dem evangelischen Pfarrer Paul Toaspern fand die Charismatische Bewegung einen organisatorischen und theologischen Leiter.[62] Nach einer Wachstumsphase der Bewegung wurden von seiten des Bundes der Evangelischen Kirchen in der DDR die Aktivitäten und Phänomene der Charismatischen Bewegung in der DDR untersucht und in einer empirisch-theologischen Studie »Charismatische Erneuerung und Kirche« 1984 publiziert.[63] Zugleich entwickelten sich hier auch Ansätze zu einem besseren Miteinander von Pietismus (Gnadauer Gemeinschaftswerk in der DDR) und Charismatischer Bewegung. Ergebnisse eines sich über fünf Jahre erstreckenden Dialoges wurden in einem gemeinsamen Dokument zusammengefaßt.[64] Nach dem Fall der Mauer im November 1989 und der dann folgenden Vereinigung West- und Ostdeutschlands haben sich auch die beiden Leitungsgremien der Geistlichen Gemeinde-Erneuerung West und Ost 1991 zu einem gemeinsamen Koordinierungsausschuß vereinigt, dem jetzigen Leitungskreis, dessen Vorsitzender der aus der bayrischen Landeskirche kommende Pfarrer Friedrich Aschoff ist.

Eine neue und wichtige Entwicklung ist durch die Kooperation der Geistlichen Gemeinde-Erneuerung mit der AGGA («Arbeitsgemeinschaft für Gemeindeaufbau«) eingeleitet worden. Gemeinsam wurden drei Gemeindekongresse in Nürnberg durchgeführt (1991, 1993 und 1995), deren Leitthemen der Frage der Zukunft von Gemeinde gewidmet waren und dabei Impulse aus England und den USA aufgriffen. Die Kooperation führte dazu, daß neben die klassischen Themen der Geistlichen Gemeinde-Erneuerung – Lobpreisgottesdienste und charismatische Seelsorge – die Suche nach neuen Gemeindeformen trat. An die Stelle der Glaubenskurse von Wolfram Kopfermann traten die Alpha-Kurse, die aus England übernommen wurden und dort weit über den Bereich der charismatischen Bewegung hinaus Beachtung gefunden haben.

Zur Geistlichen Gemeinde-Erneuerung zählen sich ca. 500 evangelische Pfarrer, zum Freundeskreis gehören 2200 Personen. Die Zeitschrift »Gemeinde Erneuerung« hat ca. 9000 Abonnenten. Als theologische Grundlage der Arbeit gilt das Buch »Welcome, Holy Spirit!«, das 1989 in deutscher Übersetzung erschien.[65]

Charismatische Erneuerung
und protestantische Kirchen

Die eher vereinzelten landeskirchlichen Stellungnahmen zur Geistlichen Gemeinde-Erneuerung gehen von einer wohlwollend positiven Einschätzung aus, ohne auf kritische Rückfragen zu verzichten. Im Grundsatz weisen alle Stellungnahmen darauf hin, daß die charismatische Spiritualität im Kontext evangelischer Landeskirchen Raum haben kann und muß, freilich als eine Form der Glaubensgestaltung unter anderen und bezogen auf die bekenntnis- und frömmigkeitsmäßigen Grundlagen der Reformationskirchen. In vielfaltsfreundlichen landeskirchlichen Strukturen kann keine bestimmte Frömmigkeit das Monopol auf die fraglos nötige Erneuerung der Kirche beanspruchen. 1976 befaßt sich die Bischofskonferenz der Vereinigten Evangelisch-Lutherischen Kirche Deutschlands (VELKD) mit der Thematik »Gelebter Glaube« und gibt in diesem Zusammenhang auch ein Votum zur Charismatischen Bewegung. 1988 kommt es von seiten der Bischofskonferenz der VELKD zu einer Erklärung zur Erneuerung der Kirche durch den Heiligen Geist, die ermutigend und kritisch zugleich ist.[66] In den achtziger Jahren nehmen Bischöfe einzelner Landeskirchen zur Charismatischen Bewegung Stellung, deren inhaltliche Ausrichtung auf der Linie des Votums der Bischofskonferenz liegt. Zu einer differenzierten Wahrnehmung und positiven Einschätzung charismatischer Frömmigkeit im Raum der Kirchen haben auch die zahlreichen Beiträge des ehemaligen Referenten der Evangelischen Zentralstelle für Weltanschauungsfragen (EZW) Hans-

Diether Reimer beigetragen, die aus einem intensiven Dialog mit der Bewegung kamen.[67] Seit Mitte der neunziger Jahre werden von der EZW in Kooperation mit der Missionsakademie Hamburg und der Arbeitsgemeinschaft Christlicher Kirchen (ACK) in Baden-Württemberg Ökumenische Foren mit der Zielperspektive durchgeführt, den Dialog zwischen Kirchen und charismatischen Bewegungen zu vertiefen, Konflikte zu klären und die Bedeutung dieser Bewegungen für die Erneuerung der Kirchen zu bedenken.[68] Im Bereich der evangelischen Freikirchen wurde der charismatische Impuls vor allem im Bund Evangelisch-Freikirchlicher Gemeinden (Baptisten- und Brüdergemeinden, insgesamt 88 000 Mitglieder) aufgenommen, wo zahlreiche Pastoren und Gemeinden (ca. ein Drittel) von dieser Strömung erfaßt wurden und charismatische Elemente zur Gestaltung von Gottesdienst und Gemeindeleben aufnahmen. Doch gab und gibt es innerhalb des Bundes auch deutliche Distanz und Kritik gegenüber der Charismatischen Bewegung und zahlreiche Erfahrungen schmerzlicher Trennungen. Eine Reihe von freien charismatischen Zentren und Gemeinden sind aus Abspaltungen vom Baptismus hervorgegangen. Ein 1975 entstandener Arbeitskreis »Charisma und Gemeinde« fördert die charismatischen Anliegen und ist um ihre gemeindliche Integration bemüht.[69] Im freikirchlichen Kontext trägt die Erneuerung den »Charakter der Anknüpfung an vorhandene oder verschüttete Erfahrungen«[70], so bei der Evangelisch-methodistischen Kirche (insgesamt 70 000 Mitglieder), in der ein Arbeitskreis »Geistliche Gemeindeerneuerung in der Evangelisch-methodistischen Kirche« das Anliegen fördert.[71] Die lehrmäßige und frömmigkeitsbezogene Nähe der Charismatiker zur pietistisch-evangelikalen Bewegung (zum Beispiel Lebensübergabe, Bekehrung, Evangelisation) führt dazu, daß vor allem hier die Suche nach einer Beurteilung und Einordnung konkret wird. Entsprechende Stellungnahmen und Orientierungen finden sich in diesem Bereich am ausgeprägtesten, wobei die Beurteilungen stark voneinander abweichen.[72] Zugleich ist unverkennbar, daß die mit der Berliner Erklärung von 1909 einsetzende grundsätzliche Abwehr der Pfingstbewegung durch Teile der Gemeinschaftsbewegung und der Evangelischen Allianz gegenwärtig korrigiert wird und einer differenzierten Sicht weicht. Dazu dürften unter anderem internationale Entwicklungen beigetragen haben und die inzwischen selbstverständliche Präsenz von Charismatikern und Pfingstlern in nahezu allen Gremien und Bereichen der internationalen »Lausanner Bewegung« und der »Evangelischen Allianz«. Nahegekommen waren sich Charismatiker und Evangelikale schon seit längerem durch eine gemeinsame Gesangskultur. Der charismatische Lobpreis hat in weite Teile der evangelikalen Bewegung Einzug gehalten, auch dort, wo eher Skepsis und Distanz gegenüber anderen Ausdrucksformen charismatischer Frömmigkeit bestimmend sind. Nach wie vor gibt es freilich Töne scharfer Abgrenzung, vor allem aus konservativ und christlich-fundamentalistisch geprägten evangelikalen Gruppen.

Charismatische Erneuerung
und katholische Kirche

Ein starkes Echo fand die charismatische Erneuerung seit 1967 im Bereich der Römisch-Katholischen Kirche, wo sie einen wichtigen Platz im Zusammenhang zahlreicher neuer geistlicher Gemeinschaften und Bewegungen einnehmen konnte, die sich hier, inspiriert durch das II. Vatikanische Konzil, bildeten. In Deutschland rechnet man mit ca. 12 000 charismatisch geprägten Christinnen und Christen in rund 800 Einzelgruppen. Die Sozialformen der Erneuerung sind Gebetsgruppen in Gemeinden und geistliche Gemeinschaften. Mit der charismatischen Erneuerung kam protestantisches Erweckungschristentum in den Bereich des Katholizismus, ein in ökumenischer Hinsicht wichtiger und in seiner Bedeutung nicht zu unterschätzender Vorgang.

Die Wirkung der Charismatischen Bewegung im Bereich der katholischen Kirche ist eine durchaus andere als im Protestantismus. Der Kontext einer priesterlich-sakramental orientierten Frömmigkeit läßt das Anliegen persönlicher Glaubens- und Gebetserfahrung besonders hervortreten. Katholische Charismatiker legen Wert darauf zu betonen, daß sie nichts Neues in die Kirche bringen, sondern zur Freisetzung dessen beitragen, was in der Kirche bereits präsent ist. Ihnen liegt daran, »die Hingabe an Jesus Christus zu vertiefen und die Erwartungen dafür, wie der Geist in den Charismen im Leben der Kirche zur Sichtbarkeit kommt, zu erweitern«.[73] Akzentuiert werden die Kontinuität zur Bibel, zur Tradition und die Verbundenheit der Erneuerung mit der Kirche. Gleichzeitig wird die Notwendigkeit unterstrichen, das Geistwirken nicht nur im Rahmen des hierarchisch gegliederten Amtes zur Geltung zu bringen, sondern auch in den charismatischen Gaben, die zum Leib Christi unabdingbar dazugehören.

Den Begriff »Taufe im Heiligen Geist« übernehmen katholische Charismatiker dabei unbefangener von der klassischen Pfingstbewegung, als dies etwa im Rahmen evangelischer Kirchen geschieht, was auch im Zusammenhang des intensiv geführten Dialoges zwischen Katholiken und Pfingstlern zu sehen ist. Sie verwenden den Begriff jedoch im Kontext ihres Verständnisses von christlicher Initiation. Die »Feier der Initiation« verlangt »nach der Erneuerung eines umfassend verstandenen Taufbewußtseins«, so daß »wir wissen können, was uns von Gott geschenkt ist«.[74] In der Taufe im Heiligen Geist geschieht die persönliche Aneignung der sakramentalen Initiation, die Freisetzung dessen, was bei der Taufe dem Säugling zugesprochen wird. »Die Taufe im Heiligen Geist haben nicht klassische (protestantische) Pfingstler erfunden: Sie gehört vielmehr zum Ganzen der christlichen Initiation, wie

dies vom Neuen Testament und den frühen nachbiblischen Lehrern der Kirche bezeugt ist.«[75]
Identifizieren läßt sich die katholische charismatische Erneuerung am eindeutigsten im Zusammenhang des seit 1971 weltweit durchgeführten »Leben im Geist«-Seminars (Life in the Spirit), das »in der ganzen Welt gebraucht (wird), um Männer und Frauen zu einem neuen hingegebeneren Leben mit Gott zu führen«[76]. Es ist eine praktische Einführung in den christlichen Glauben, die darauf abzielt, Menschen zu einer bewußten Glaubensentscheidung, zur persönlichen Annahme der Taufe und zum Charisma der Glossolalie zu führen.
Zur kirchlichen Akzeptanz der Erneuerung haben profilierte Theologen (unter anderen Heribert Mühlen, Norbert Baumert) entscheidend beigetragen, deren Arbeiten zu den Themenbereichen »Heiliger Geist« und »Charismen« große Beachtung fanden und die pentekostale Erfahrung in den Kontext katholischer Ekklesiologie einordneten. Sie konnten dabei an vielfältige spirituelle und mystische Traditionen und die im katholischen Bereich intensiv diskutierte Thematik der Unterscheidung der Geister anknüpfen. Dem von seiten des lutherischen Theologen Larry Christensen herausgegebenen Buch »Welcome, Holy Spirit!« stehen auf katholischer Seite eine ganze Fülle von theologischen Publikationen und offiziellen Stellungnahmen gegenüber, die darum bemüht sind, die Anliegen der Erneuerung reflektierend aufzunehmen.[77]
Die katholische Kirche hat der charismatischen Erneuerung einen wichtigen Platz zuerkannt und war von Anfang an um intensive theologische Begleitung bemüht. Von ihrer pastoralen Weisheit im Umgang mit Erneuerungsgruppen können evangelische Christen und Kirchen lernen. »Man kann sagen, daß die charismatische Erneuerungsbewegung ganz in der katholischen Kirche, was die ... hierarchisch-institutionelle Dimension betrifft, integriert ist.«[78] Im Kontext der katholischen Kirche hat sich ein Verständnis der Bewegung durchgesetzt, das diese als einen Erneuerungsimpuls unter anderen

versteht. Die frühere Selbstbezeichnung »Katholische charismatische Gemeindeerneuerung«, von Heribert Mühlen unterstützt, wurde zurückgenommen und korrigiert in »Katholische Charismatische Erneuerung«. Die parochiale Gemeinde
soll für eine Vielfalt geistlicher Strömungen offen sein und
darf nicht allein von der Spiritualität einer Gruppe dominiert
werden. Dies wird auch in dem 1987 verabschiedeten Grundlagenpapier »Der Geist macht lebendig« deutlich, das durch
die Deutsche Bischofskonferenz bestätigt und in Geltung gesetzt wurde.

Rahmenbedingungen und Kontexte

Verschiedene gesamtgesellschaftliche Entwicklungen haben
für die Ausbreitung pentekostal-charismatischer Gruppen
Rahmenbedingungen geschaffen, die diesen Prozeß auch in
der säkularisierten Welt Westeuropas begünstigen. Mit Recht
hat der Religionssoziologe Peter L. Berger in seinen Studien
darauf hingewiesen, daß die zentrale Herausforderung für die
westlichen Kulturen und Kirchen nicht allein Säkularisierung
oder Säkularismus heißt, sondern eher mit dem Stichwort
Pluralismus zu umschreiben ist.

Pluralisierung und Individualisierung

Modernisierung bedeutet nicht allein Urbanisierung und Säkularisierung mit den möglichen Folgen von Entkirchlichung
und Entchristlichung. Diese Sicht zahlreicher Säkularisie-
rungstheoretiker ist mindestens ergänzungsbedürftig. Modernisierung bedeutet vor allem Pluralisierung. Im Alltag wird
dies vom Gang zum Bäckerladen bis zum Einschalten des
Fernsehprogramms erlebt. Immer kann, ja muß ausgewählt
werden. Dem einzelnen wachsen dabei ungeahnte Freiheiten
zu, die zugleich »riskante Freiheiten« sind, insofern sie auch

überfordernd wirken können oder durch gesellschaftliche Zwänge und öffentliche Regelsysteme gar nicht als Freiheiten wahrgenommen werden. »Modernität vervielfacht Wahlmöglichkeiten und reduziert gleichzeitig den Umfang dessen, was als Schicksal oder Bestimmung erfahren wird.«[79] Mit diesem Grundvorgang werden Monopole aufgehoben – auch religiöse – und Konkurrenzsituationen geschaffen.

Das bezieht sich nicht nur auf den erwähnten Einkaufsgang und das Einschalten des Fernsehprogramms. Es bezieht sich auch auf wissenschaftliche Methoden und ihre Arbeitsergebnisse, auf Lebensstile und Wertorientierungen. »Modernes Bewußtsein zieht eine Bewegung vom Schicksal zur Wahl nach sich«[80], so daß es nicht nur die Möglichkeit zur Wahl, sondern auch den Zwang dazu gibt. Das Subjekt, das Ich, das Individuum ist zur Entscheidung herausgefordert. Der einzelne muß lernen, sich als Planungsbüro im Blick auf seinen eigenen Lebenslauf, seine beruflichen und ethischen Orientierungen usw. zu begreifen. Nirgends werden diese Pluralisierungs- und Individualisierungsprozesse deutlicher als in den Städten, den urbanen Kontexten, wo die vorherrschende Lebensform die Singleexistenz geworden ist.

Diese Beschreibung trifft auch auf das Verhältnis zu religiösen Orientierungen, zu Frömmigkeitsstilen und Gemeindezugehörigkeiten zu. Junge Erwachsene akzeptieren beispielsweise parochiale Gemeindestrukturen nicht mehr ungefragt. Abgesehen von vielen, die gottesdienstlichen Angeboten überhaupt kritisch gegenüberstehen, hat sich auch das Verhalten derer geändert, die Gottesdienste aufsuchen. Sie wählen aus, in welche Kirche sie am Sonntag gehen und welche Liturgie ihren Ansprüchen genügt. Dabei ist das personale Angebot für sie entscheidend, aber auch die Frage, ob die gottesdienstliche Versammlung familiengerecht und erlebnisorientiert ist. Die gewachsene äußere Mobilität hat wichtige Bedingungen dafür geschaffen, daß diese Wahl realisiert werden kann. Die Vorstellung, daß man sich ein Leben lang an eine Gemeinde oder an eine Konfession bindet, gibt es für junge Erwachsene kaum noch. Das Individuum bestimmt selbst, zu welcher Gemeinde es gehört und wie lange die Zugehörigkeit andauern soll. Man mag dies beklagen als gefährliche Subjektivierung des Glaubensvollzuges, doch es dürfte zunehmend der Kontext sein, auf den sich gemeindliche Arbeit beziehen muß.

Im Kontext von Pluralisierungs- und Individualisierungsprozessen verlieren traditionsorientierte Institutionen ihre Bindekraft. Religiöse Lebensdeutungen werden weniger durch vorgegebene Muster als durch individuelle Wahl gewonnen. Von der heute bestimmenden, durch Mißtrauen und Ablehnung geprägten Haltung gegenüber Institutionen sind auch die Kirchen nicht ausgenommen. Typisch für das moderne Grundverhältnis von Bürger und Kirche ist, »daß nicht mehr die Kirchen entscheiden, in welcher Weise der Bürger religiös ist, sondern der Bürger entscheidet, inwieweit die Kirchen seine Religiosität mitformen können«.[81] In dem Maße, in dem religiöse Orientierungen sich privatisieren und individualisieren, nimmt ihre institutionelle Formung ab.

Dem steht freilich gegenüber, daß religiöse Identität in hohem Maße sozial konstituiert ist und der Einbindung in einen sozialen Bezugsrahmen bedarf. Menschliches Leben – auch im Bereich religiöser Orientierungen und Bindungen – ist institutionsbedürftig und verliert ohne institutionelle Einbindung seine Stabilität und Kontinuität. Die institutionelle Formung der religiösen Orientierung bewahrt den Glaubenden vor subjektiver Überforderung. Sie bietet ihm Sprach- und Ausdrucksformen an, in denen Erfahrungen aufbewahrt sind, in die er sich hineinbegeben kann, ohne sie erst schaffen zu müssen.

Gruppenbildungsprozesse – Chancen und Gefahren

Gruppenbildungsprozesse sind kein neues Phänomen, auch wenn sie in unserem Jahrhundert ein erstaunliches Ausmaß angenommen haben. Naheliegende Beispiele aus der Geschichte der Kirche sind zahlreiche Erneuerungsgruppen, die durch lauten oder stillen Protest auf Vernachlässigtes und Vergessenes in der Kirche hingewiesen haben: so etwa die monastischen Bewegungen im Mittelalter, die gegen eine verweltlichte Kirche protestierten, die reformatorische Erneuerungsbewegung, die sich gegen Mißstände der damaligen Kirche wandte, der Pietismus, der sich gegen orthodoxe Erstarrungen richtete. Die weiteren Linien zur Pfingstbewegung führen dann über die Erweckungs- und Heiligungsbewegung.

Anders als in den USA hat die Ausdifferenzierung des Protestantismus im nachreformatorischen Mitteleuropa nicht primär zur Entstehung neuer Konfessionen und Denominationen geführt, sondern zu innerkirchlichen Gruppenbildungen. Innerhalb verschiedener Gruppen werden unterschiedliche Perspektiven und Visionen im Blick auf das wirksam, was heute Kirche heißen könnte und sollte. Es gibt – etwas vereinfachend gesprochen – eine volkskirchlich-pluralistische Vision von Kirche, eine missionarisch-evangelistische, eine charismatische und eine ökumenisch-konziliare Vision etc. Um die unterschiedlichen Visionen von Kirche entwickeln sich Milieus, deren Kommunikationsbereitschaft und -fähigkeit zunehmend schwieriger zu werden scheint. Das heißt, die Milieus gehen immer weiter auseinander und lassen die Frage des Umgangs mit der Vielfalt und den Chancen und Grenzen des innerkirchlichen Pluralismus virulent werden.

In einer Art zweiten Phase der Pluralisierung entwickeln sich seit den achtziger Jahren neben den etablierten Kirchen zunehmend alternative Formen christlicher Gemeinschaft, neue Denominationen und Konfessionen. Missionswerke gehen dazu über, eigene Gemeinden zu gründen, ebenso internationale Organisationen, die bisher auf eigene Gemeinde- und Kirchengründungen verzichtet hatten. Innerkirchliche Gemeinschaften verstehen sich als Richtungsgemeinden mit alternativen Funktionen zur parochialen Zugehörigkeit oder streben eine Etablierung außerhalb der Landeskirchen an. Aus soziologischer Sicht werden solche Entwicklungen vor allem als Prozeß der Fragmentierung der christlichen Religion, zumal auch der protestantischen Konfession wahrgenommen. Sie forcieren den Pluralisierungsprozeß protestantischer Frömmigkeit. Sie sind Protestphänomene gegen erstarrte Strukturen und Traditionen, gegen mißlungene Inkulturationsprozesse und zugleich Antwortversuche auf den schwindenden Einfluß konfessioneller Identitäten. Für den Aufbau religiöser Identität ist heute die Mitgliedschaft in Gruppen häufig wichtiger als die Konfessionszugehörigkeit. Die offiziellen Lehren der Kirchen erhalten eine geringere Bedeutung und Zustimmung als die Erfahrung und theologische Ausrichtung, die konfessionsübergreifend mit Gruppen in anderen Kirchen geteilt werden können.

Die Chancen solcher Gruppenbildungen liegen meines Erachtens darin, daß sie Profilierungshilfen für das christliche Anliegen und für die Konkretion der Nachfolge anbieten, daß sie die Sozialität des Glaubens verdeutlichen und Erneuerungsperspektiven für die Gesamtkirche aufzeigen können. Gruppenbildungen unterliegen zugleich spezifischen Gefahren, nämlich das »Wir« des Glaubens zu eng, zu begrenzt zu verstehen, sich auf das eigene Thema zu fixieren, sich gegenüber anderen Gruppen elitär abzugrenzen und abzuspalten, sich selbst nicht genügend zu relativieren oder sich auch auf das eigene Milieu zurückzuziehen und gleichsam homogen zu werden. Homogenität aber ist kein Merkmal für eine christliche Gemeinde. Gemeinde kann sich zwar ausdifferenzieren, auch im Blick auf verschiedene Zielgruppen, aber sie muß – will sie die Gemeinde Jesu Christi sein – etwas von der Kulturgrenzen überschreitenden Kraft des Evangeliums verdeutlichen, zielgruppenübergreifend sein und die Vielfalt des Leibes Christi dokumentieren.

Zur Attraktivität charismatischer Frömmigkeit

Die chancenreiche Ausbreitung pfingstlich-charismatischer Frömmigkeit resultiert nicht nur daraus, daß sie ein mit biblischen Motiven erfüllter Aufbruch zur Wiedergewinnung urchristlicher Glaubenserfahrung ist, sie hängt vor allem mit ihrer Kommunikationsfähigkeit in unterschiedlichen kulturellen Kontexten zusammen. In der westlichen Welt ist ihre Attraktivität vor allem in ihrem Protestcharakter und ihrer Verbindung mit der religiösen Alternativkultur begründet. Anders ist dies in der sogenannten Zwei-Drittel-Welt, wo sie an viele Elemente der einheimischen Kulturen anknüpfen, sie positiv aufgreifen und christlich interpretieren und umformen kann.[82]

In der westlichen Welt gehen charismatische Bewegungen in Opposition zu gegenwärtigen Trends. Sie sind häufig »antimodernistisch« ausgerichtet. Zugleich kommen sie jedoch religiösen Bedürfnissen auch entgegen und berücksichtigen die Sehnsüchte der Menschen und die erlebnisorientierten Tendenzen unserer Kultur. Eben darin dürfte ihre Attraktivität begründet sein.

– Mit ihren Erfahrungsangeboten – von der Glossolalie bis zum Lachen, Schreien und Ruhen im Geist – gibt charismatische Frömmigkeit Antwort auf die Vergewisserungssehnsucht der Menschen in einem durch religiöse und weltanschauliche Vielfalt geprägten Lebenskontext. Die einfache Antwort, die sie dem verunsicherten Zeitgenossen und Christen anbietet, lautet: Du mußt nicht die Vielfalt der Möglichkeiten ausprobieren oder intellektuelle Anstrengungen zur religiösen Identitätsfindung unternehmen. Du kannst Gottes Kraft konkret erfahren, indem du Jesus oder den Heiligen Geist anrufst und sichtbare und greifbare Zeichen des Berührtwerdens durch ihn erfährst (Zungenreden/Sprachengebet, Heilungen, Visionen, prophetische Eindrücke …). Die Vergewisserung wird in sichtbaren Geist-

manifestationen gesucht und gefunden, die als unzweideutige Zeichen der göttlichen Gegenwart angesehen werden.

– Charismatiker und Pfingstler sprechen die emotionale Seite
des Menschen an. Sie machen Mut zu einer ganzheitlichen
Religiosität und drängen auf eine persönliche, unmittelbare
Glaubenserfahrung in bewußter Abkehr von institutionell
vorgegebenen Glaubensformen. Ihre Gottesdienste zielen
auf leibhaftige Erfahrungen. Das Ausleben der Glaubensemotion soll kein Tabu sein, sondern in Anwesenheit anderer seinen Ausdruck finden. Skepsis gegenüber einem
bloßen Kopfchristentum und einem kirchlichen Gewohnheitschristentum verbindet sich mit der Offenheit und dem
Hunger nach erlebbarer Transzendenz.

– Charismatische Frömmigkeit gibt der Dimension des Wunders, des Wunderbaren einen zentralen Platz in ihrer Glaubenspraxis. Sie protestiert gegen ein Wirklichkeits- und
Glaubensverständnis, das, auf Modernitätsverträglichkeit
bedacht, geheimnisleer geworden ist. Die Erfahrungsarmut
des Alltags in säkularen Industriegesellschaften und der
weitgehende Ausfall einer gelebten christlichen Spiritualität
verschaffen diesem Anliegen entsprechende Resonanz. Deshalb ist es nicht von ungefähr, wenn überstrapazierte Akade-
miker, Ingenieure und von den Zwängen der Leistungsge-
sellschaft bestimmte Geschäftsleute das Beten in nicht-ratio-
naler Sprache (Glossolalie, Sprachengebet) für sich entdecken und ihr einseitiges, auf Berechenbarkeit konzentrier-
tes Wirklichkeitsverständnis korrigieren; oder wenn angesichts der Grenzen der modernen Medizin der Kampf gegen
Krankheiten durch das Heilungsgebet beherrschend in den
Vordergrund tritt und sich mit der Erwartung verbindet, daß
der wirklich Glaubende das Wunder auch empfängt.

Die charismatische Frömmigkeit konzentriert sich neben
ihren evangelikalen Anliegen (Bekehrung/Wiedergeburt, Gemeinschaft, Mission) auf Erfahrungen und Phänomene (Heilungen, Visionen, Befreiung von Besessenheit, ekstatische Be-

wußtseinszustände), die nicht einer einzelnen spezifischen Religion angehören, sondern religionsüberschreitenden Charakter haben. Dies dürfte ein wesentliches Moment und Motiv für die globale Kommunikationsfähigkeit pentekostaler Bewegungen sein. Zugleich integriert die Pfingstfrömmigkeit Elemente von Volksreligiosität in die eigene Glaubens- und Frömmigkeitspraxis, was sich im katholischen Bereich auch in der Nähe zwischen marianischen und charismatischen Gemeinschaften ausdrücken kann.

Im Eingehen der pfingstlich-charismatischen Frömmigkeit auf gegenwärtige Zeitströmungen und anthropologische Bedürfnisse liegt ihre Stärke, aber auch ihre Schwäche. Gefährdungen sind etwa ein überzogener Wunderglaube, der die Offenheit gegenüber dem göttlichen Willen verstellt, oder die Suche, wenn nicht Sucht nach außerordentlichen Geisterfahrungen, die blind macht für die Zweideutigkeit aller christlichen Erfahrung und Gebrochenheit der christlichen Existenz. Wenn die Ausgießung des Geistes, wie sie pfingstlich-charismatische Frömmigkeit erlebt, selbst als Endzeitgeschehen im engeren Sinn begriffen wird, ist der Weg zu einem elitären Selbstverständnis programmiert, das blind macht für das Wirken des Heiligen Geistes in vielfältigen Ausdrucksformen des christlichen Lebens.

Wandlungsprozesse

Seit den achtziger Jahren ist die Charismatische Bewegung durch eine zunehmende Unübersichtlichkeit und eine nicht zu übersehende Schwerpunktverlagerung geprägt: Nicht mehr ihre landes- oder freikirchliche Ausprägung, sondern freie charismatische Zentren und neue Gemeinden stehen im Vordergrund. Während jede kirchliche Ausprägung charismatischer Frömmigkeit Absprachen und Regelungen erforderlich macht, bleiben der freien viele mühsame Prozesse der

Auseinandersetzung mit der kirchlichen Tradition erspart. Sie entwickeln sich häufig jenseits von kirchlichem Liedgut, Bekenntnissen und Traditionen und der Zeiterfahrung des Kirchenjahres. Freilich steht auch der biblizistische Rückgriff auf die Kirche des Anfangs früher oder später vor der Notwendigkeit der Traditionsbildung. Sehr bald erweist sich Kooperationsbereitschaft in einem Netzwerk freier charismatischer Gruppen als notwendig. In vieler Hinsicht erinnert und wiederholt der freie, nicht-konfessionsgebundene Bereich der Charismatischen Bewegung die Anliegen der Pfingstbewegung der Frühzeit. Zugleich verdeutlicht er, daß der Ansatz der charismatischen Erneuerung der bestehenden großen Konfessionen zwar wichtige Impulse vermitteln, aber nur eine begrenzte Wirkung entfalten konnte. Dieselben Traditionsstränge, die frömmigkeitsgeschichtlich zur Entstehung der Pfingstbewegung führten, sind im konfessionsungebundenen Sektor der Charismatischen Bewegung erkennbar.

Für den Wandlungsprozeß sind verschiedene Entwicklungen ausschlaggebend gewesen. Vor allem zwei international orientierte Bewegungen haben auch im deutschsprachigen Kontext maßgeblichen Einfluß ausgeübt: die Vineyard-Bewegung und die Wort- und Glaubensbewegung.

»Dritte Welle« und Vineyard-Bewegung

Durch Kontakte zur sogenannten »dritten Welle des Heiligen Geistes«, vermittelt durch die von dem kalifornischen Pastor John Wimber († 1997) gegründete und inspirierte Vineyard-Bewegung (drei Wimberkongresse 1987, 1988, 1992), wurden die theoretischen und praktischen Konzepte von »power evangelism«, »power healing« und »power encounter« mit gesteigerten exorzistischen Praktiken im Befreiungsdienst und in der geistlichen Kampfführung verbreitet. Die »induktive« Vorgehensweise John Wimbers und die Dynamik der Vineyard-Bewegung, die sich in Stil und Musik an der Jugend- und Jungerwachsenenkultur orientiert, waren weltweit Trendsetter für eine moderne Form charismatischer Frömmigkeit. Neben John Wimber wäre Peter Wagner zu nennen, der den Begriff der »dritten Welle« prägte und publizistisch die Anliegen dieser Bewegung bekannt machte. Ende der siebziger Jahre sieht Wagner die dritte Welle des Heiligen Geistes beginnen. Nach seiner Sicht konkretisierte sich die erste Welle im Entstehen der Pfingstbewegung zu Beginn des Jahrhunderts, die zweite in der charismatischen Erneuerung in den historischen Kirchen. Die dritte Welle ist nach Wagner vor allem der Vorgang der Pentekostalisierung der evangelikalen Bewegung.

Der Charakter der dritten Welle läßt sich stichwortartig so zusammenfassen: Das missionarische Konzept lautet »Evangelisation in der Kraft des Geistes«, das heißt mit Zeichen und Wundern. Das ekklesiologische Konzept zeichnet sich durch Flexibilität und Pragmatismus aus und ist unter anderem bestimmt durch die »Church Growth-Bewegung«, deren Anliegen in Deutschland durch die AGGA (Arbeitsgemeinschaft für Gemeindeaufbau) bekanntgemacht wurden. Das weltanschauliche Konzept ist antiaufklärerisch ausgerichtet, denn es geht um den »Abschied vom aufgeklärten Christentum«.[83] Der moderne Ausschluß der Welt des Übernatürlichen, zu dem Wunder und Zeichen, Engel und Dämonen, Geister und kosmische Kräfte gezählt werden, soll korrigiert werden. Wagner nennt sieben Bereiche von Zeichen und Wundern, die seinen Wahrnehmungen entsprechend insbesondere auf den Missionsfeldern der Dritten Welt geschehen: »… das ungelernte Sprechen einer Fremdsprache, Naturwunder, das Plombieren von Zähnen, Beförderung durch den Geist Gottes, das Vermehren von Nahrung, die Erschaffung neuer Organe und das Auferwecken von Toten«.[84] Den Christen der westlichen Welt empfiehlt er, an ihrer Weltanschauung zu arbeiten und sie der göttlichen Sicht der Wirklichkeit anzupassen. Dabei identifiziert er das Paranormale mit dem göttlichen Wirken.

Mit ähnlichen Beispielen wenden sich auch John Wimber,

Peter Wagner, Jack Deere und Charles H. Kraft vor allem an ihre evangelikalen Freunde und rufen sie zu einer Perspektiverweiterung und einer Art weltanschaulichen Paradigmenwechsel auf: Die Realität von Gottes übernatürlichem Wirken in Zeichen und Wundern, in unmittelbaren Geisteseingebungen, in Dämonenaustreibungen etc. sind nicht allein im Blick auf die neutestamentliche Zeit zu glauben, sondern auch heute zu erwarten und zu erfahren.

Wimber, Wagner und Deere waren evangelikal geprägte Dispensationalisten, die viele Jahre glaubten, daß die Zeichen und Wunder in die Anfangszeit der Kirche, nicht aber in unsere Gegenwart gehören. Ihren eigenen Glaubensweg vom evangelikal geprägten Anti-Pfingstlertum zu einem für übernatürliche Geisterfahrungen offenen Evangelikalismus empfehlen sie weiter mit offensichtlich nicht zu unterschätzendem Erfolg. Daß ihre Anliegen nicht nur geeignet sind, biblische Anliegen zu erinnern, sondern auch die Türen für die Revitalisierung archaischer und mythologischer Formen von Religiosität öffnen, wird weithin übersehen.[85]

Wer Theorie und Praxis der Vineyard-Gruppen kennenlernen will, findet eine sie treffend darstellende Einführung in den Publikationen von John Wimber und Kevin Springer, ebenso bei Jack Deere und Peter Wagner.[86] Während manchen Publikationen aus dem pentekostalen Bereich die damit verbundene Glaubenspraxis nicht immer entnommen werden kann, beschreiben John Wimbers Bücher die charismatischen Vorgehensweisen, zum Beispiel die »Techniken des Heilens«, in detaillierter Form und geben einen realistischen Einblick in die Glaubenspraxis der Bewegung.[87] Bezeichnend ist dabei unter anderem die zentrale Funktion, die Worte der Erkenntnis (unmittelbare Eingebungen des Geistes) für die Diagnose von Krankheiten haben. Ebenso charakteristisch ist die enge Verbindung des Heilungsdienstes mit dem Gebet um Befreiung von dämonischen Mächten, die als Ursache zahlreicher Krankheiten, Zwänge und Störungen angesehen werden.

Die Vineyard-Bewegung hat nicht nur maßgeblichen Einfluß auf die innerkirchlichen baptistischen, methodistischen, evangelischen und katholischen Charismatiker ausgeübt, durch die Vineyard-Gemeinde in Bern und die mit ihr verbundenen Gemeinden hat sie auch institutionelle Ableger im kontinentalen Europa aufbauen können. Die Vineyard Bern bildet dabei insofern ein Kuriosum im pentekostalen Kontext, als sie selbst sich als der Kantonalkirche Bern zugehörig versteht, zugleich jedoch mit großem Engagement auch neue unabhängige Gemeinden zu gründen bemüht ist und bereits bestehenden Gemeinden ein gemeinsames Dach anbietet.

Die Wort- und Glaubensbewegung

Eine weitere für die gegenwärtige Praxis pfingstlich-charismatischer Frömmigkeit wichtige Strömung ist die durch die Erfolgstheologie K. E. Hagins und K. Copelands bestimmte Wort- und Glaubensbewegung. In der Glaubensbewegung (Faith-Movement/Positive Confession Theology) verbindet sich der pfingstlich-charismatische Impuls mit der Kraft des positiven Denkens (Positive Thinking). Über Essek William Kenyon (1867–1948), der die Vertreter der Glaubenslehre maßgeblich beeinflußte, kamen zentrale Anliegen von New Thought (Neugeist) in den Bereich pfingstlich-charismatischer Frömmigkeit. Kenyon hatte seine Ausbildung im Emerson-College, Boston, erhalten, einem Zentrum dieser Richtung, die die »Macht des Denkens« herausstellte und Einfluß auf Neugeist-Bewegungen wie »Christian Science« und »Unity« gewann. Wie Kenyon unterstreicht auch die Glaubensbewegung, daß der menschliche Geist das Menschsein des Menschen ausmacht. Der Geist ist zentrale Wirklichkeit des Menschen. Die Gesamtperson, ihre Identität und Eigenart, wird demnach durch die Summe der zugelassenen und bejahten Denkinhalte bestimmt, nach dem Motto: »Wie der Mensch denkt, so ist er«; Bewußtsein konstituiert Sein.

1979 wurde in Tulsa/Oklahoma eine »International Convention of Faith Churches« gegründet. Publizistisch wird die Glaubensbewegung in den Schriften von Kenneth Hagin, Kenneth Copeland, Frederick K. C. Price, Paul bzw. David Yonggi Cho und andere konkret. In Uppsala/Schweden ist es Ulf Ekman, der als Gründer des dortigen Word of Life-Bibelzentrums die Bewegung in zahlreichen Publikationen verbreitet hat. In Deutschland sind es, neben den Übersetzungen der englischsprachigen Autoren, vor allem die Schriften von Wolfhard Margies, durch die Theorie und Praxis der Glaubensbewegung bekannt gemacht wurden.

Ein biblisches Schlüsselwort, auf das sich die Glaubensbewegung beruft, ist Römer 10,9 (»Denn wenn du mit deinem Munde bekennst, daß Jesus der Herr ist, und in deinem Herzen glaubst, daß Gott ihn von den Toten auferweckt hat, so wirst du gerettet.«) Aus ihm wird die Technik des positiven Denkens und Bekennens abgeleitet. Dem dort angesprochenen Zusammenhang zwischen »bekennen« und »glauben« wird ein allgemein für das christliche Leben geltendes Gesetz entnommen, dessen Beachtung zum Erfolg führen soll. Das Proklamieren der göttlichen Wahrheit und die Anerkennung der göttlichen Gesetzmäßigkeiten sind der Weg, durch den der Mensch Krankheit und Armut überwinden und seine Lebenssituation grundlegend verändern kann. Das vorausgesetzte Glaubensverständnis löst den Glauben von seinem Gegenstand, der göttlichen Verheißung, ab und macht aus ihm eine göttliche Kraft im Menschen. Der Glaube verliert dabei sein Gegenüber in der Zusage des Evangeliums und wird zum Glauben an die in der geisthaften Existenz des Menschen begründete Glaubensmacht.

Es ist die Überzeugung der Vertreter dieser Bewegung, daß Realität durch die Vorstellungskraft des Geistes und das Bekenntnis des Mundes geschaffen wird. Ausgangspunkt ist eine trichotomische Anthropologie, die den Leib als »Vorhof«, die Seele als »Heiligtum«, den Geist als das »Allerheiligste« des

Menschen ansieht. »Die entscheidenden Einwirkungen der Person erfolgen vom Geist, der sie weiterreicht an Seele und Leib.«[88] Im nichtglaubenden Menschen ist der Geist zwar auch da, aber nur als »erstorbener Geist«, als Leichnam und »Wohnstätte teuflischer Aktivitäten.«[89] Das Ereignis von Bekehrung und Wiedergeburt bewirkt eine substanzhaft verstandene Neuschöpfung, die dazu führt, daß der erneuerte Geist »wesensmäßig Geist aus Gottes Geist« wird, so daß es in ihm »keine Möglichkeit zum Bösen« mehr gibt.[90] Mit der wesensmäßigen Neuschöpfung des menschlichen Geistes sind jedoch noch nicht die Seele und der Leib des Menschen vom göttlichen Sein durchdrungen. Die trichotomische Anthropologie eröffnet einen stufenförmigen Heilsweg. Bekehrung, Wiedergeburt, neue Kreatur sind der erste Schritt, unabdingbar und grundlegend, aber noch nicht Beschreibung des ganzen Heilswerkes Gottes in Christus. Das Kommen des Geistes in die Seele und in den Leib wird als Pfingsterfahrung und Geistestaufe verstanden und gedeutet. Der Segen Gottes für die Seele bedeutet das Erfülltwerden mit Freude und Frieden. Die Segnung des Leibes konkretisiert sich in der Entspannung und Heilung des Körpers. Da Bekehrung immer die vollständige Inbesitznahme des menschlichen Geistes durch den Geist Gottes ist, kann nicht mehr der Geist, wohl aber Leib und Seele der Ort der Dämonisierung des Menschen sein. Die Heilung des Leibes und der Seele (innere Heilung) ist entsprechend häufig mit exorzistischen Praktiken (Befreiungsdienst) verbunden. Das vorausgesetzte trichotomische Verständnis des Menschen beschränkt sich keineswegs auf die Glaubensbewegung. Es hat breitere Akzeptanz in der charismatischen Bewegung erlangt, wofür das Buch von Dennis J. und Rita Bennett »Die Trinität des Menschen« (Erzhausen [2]1990) ein eindrucksvolles Beispiel unter anderen abgibt. Die konsequente Anwendung solcher Überlegungen auf das Verständnis des Todes Jesu dürfte hingegen eine Besonderheit der Glaubensbewegung sein. Denn

sie geht davon aus, daß Jesu geistlicher Tod seinem physischen
vorausgehen mußte. »Daß Jesus lebendig gemacht wurde nach
dem Geist, setzt voraus, daß er zuvor tot war nach dem Geist.«
Er war der »erste Mensch, der aus geistlichem Tod zu neuem
Leben aus Gott gebracht wurde«[91], wodurch die »Überlegenheit des neuen Geistes über Satan und jede Macht der Finsternis« deutlich wird. Für die Vertreter der Glaubensbewegung
wird daraus eine übergroße Ausstattung mit geistlicher Macht
und Energie für die christliche Existenz abgeleitet.

»Wir werden mit ihm herrschen«: Diese in der Bibel streng
futurisch gemeinte Verheißung wird ins Präsenz gehoben. Die
Herrschaft der Gläubigen über Krankheit ist dabei grundsätzlich nur ein Beispiel unter anderen, freilich ein sehr wichtiges
Beispiel, dessen Zentralität weit in die Vorgeschichte charismatischer Frömmigkeit hineinreicht. Im Prinzip bezieht sich
die Ausstattung mit göttlicher Kraft und Autorität auf alle Le-
bensbereiche. Die neutestamentliche Aussage, daß »alle Dinge
möglich sind dem, der da glaubt«, löst man aus ihrem religiös-
metaphorischen Sprachzusammenhang heraus und zieht sie
ins Ultrakonkrete. Es sind keinesfalls verbale Ausrutscher,
wenn Wolfhard Margies etwa beschreibt, daß er sich im Ur-
laub angesichts schlechten und stürmischen Wetters in seinem
Bett um fünf Uhr morgens aufrichtete und in heiligem Zorn
dem Sturm im Namen Jesu befahl aufzuhören. »Und siehe da,
innerhalb von ganz wenigen Minuten hörte er auf und blieb
weg.«[92] Bertold Becker kam aufgrund dieses Machtbewußtseins zu der Aussage: »So haben wir bei einer Gebetsveran-
staltung 1989 sowohl Honecker mit seiner Regierung abgesetzt und die Mauer eingerissen als auch Ceaucescu, den Ty-
rannen Rumäniens, im Gebet abgesetzt.«[93] Wo Menschen in
dieser Weise geistlich zu herrschen beanspruchen, verschwim-
men die Grenzen der geschöpflichen Welt.

Seit den siebziger Jahren hat die Glaubensbewegung im
deutschsprachigen Raum einzelne charismatische Zentren,
Gruppen und Gemeinden mit beeinflußt. Ein starker missio-

narischer Eifer und ein großes Engagement im Aufbau und
der Gründung neuer Gemeinden sind Kennzeichen für diese
Richtung. Große ausstrahlende Gemeinden, die Anliegen der
Glaubensbewegung aufgegriffen haben, sind in Deutschland
etwa die »Christliche Gemeinde Köln«, die »Gemeinde auf
dem Weg« Berlin, die »Biblische Glaubens-Gemeinde« in
Stuttgart, das »Gospel Life Center«, früher »Wort des Glaubens – Christliches Zentrum e. V.« in München (hier ist die
Beziehung zur Glaubensbewegung am deutlichsten ausgeprägt), das »Missionswerk Lebendiges Wort« in Hildesheim,
das »Christliche Centrum Rhema« in Bayreuth. In der
Schweiz ist es unter anderem die »Zoe Evangelistische Vereinigung« in Zürich, in Österreich unter anderem »AGAPE
Christliche Vereinigung« in Salzburg. In Deutschland finden
zweimal im Jahr Pastorentreffen in Berlin und Stuttgart statt,
auf denen sich Leiter dieser Gemeinden treffen (ca. 180 Gemeinden, davon 30 in den neuen Bundesländern).

Auch wenn Vertreterinnen und Vertreter dieser und anderer
charismatischer Gemeinden sich nicht restlos mit der Wohl-
standstheologie identifizieren wollen und teilweise angeben,
sich von Lehren und Praktiken der Glaubensbewegung abzu-
setzen, sind Berührungen unverkennbar. Dies kann eine Beurteilung im Einzelfall schwierig machen, da sich Anliegen der
charismatischen Erneuerung mit problematischen Verzerrungen des christlichen Zeugnisses vermischen können und
christliche Sprachformen (zum Beispiel glauben, bekennen)
mit Praktiken und Techniken verbunden werden, die dem
christlichen Glauben fremd sind. In der Öffentlichkeit werden
Gemeinden, die sich dieser Ausprägung zugehörig wissen,
teilweise als konfliktträchtige religiöse Bewegungen wahrgenommen, und zwar in dem Maße, in dem Lehre und Praxis
von fundamentalistischen Motiven bestimmt werden.

Theologie und Praxis der Glaubensbewegung werden auch
innerhalb der Charismatischen Bewegung kritisch gesehen[94],
der Mut zu deutlichen Abgrenzungen ist hier jedoch eher

schwach ausgebildet. Da eine einseitige Geist-Anthropologie das Verständnis des christlichen Glaubens und die Deutung der biblischen Texte bestimmt, können Lehre und Praxis der Glaubensbewegung nicht für sich in Anspruch nehmen, Ausdruck eines authentischen christlichen Zeugnisses zu sein.

Vineyard- und Glaubensbewegung haben die charismatische Erneuerung nachhaltig beeinflußt. Natürlich gibt es auch zahlreiche charismatische Gruppen, die unbeeinflußt von modischen Trends die berechtigten Anliegen einer geistlichen Erneuerung des einzelnen, der Gemeinden und Kirchen betonen und überzeugend leben. Die großen Themen der Charismatischen Bewegung wurden in den letzten Jahren jedoch vor allem durch die Vineyard-Bewegung angestoßen, verbreitet, mindestens jedoch mit aufgegriffen: Ruhen im Geist, Befreiungsdienst, geistliche Kampfführung, Wiederherstellung des prophetischen Dienstes, Praxis der stellvertretenden Buße und Versöhnung, Toronto-Segen. In der Toronto-Bewegung gingen beide, Glaubens-Bewegung und Vineyard-Bewegung, eine Versuchskoalition ein, die allerdings bald wieder beendet wurde. Für beide Bewegungen ist – bei allen Unterschieden, die in Stilfragen und theologischer Ausrichtung durchaus bestehen – der Grundgedanke charakteristisch, daß die christliche Existenz sich in einem geistlichen Krieg befindet und es in diesem Krieg darauf ankommt, an göttlicher Macht teil zu gewinnen. Entsprechend ist in allen Bereichen der lehrmäßigen Orientierung der Machtbegriff zentral.[95] Das Wirken des Geistes wird in beiden Bewegungen primär dynamistisch verstanden. Der Geist wird als Machtstrom vorgestellt. Die Frömmigkeitspraxis ist vor allem darauf ausgerichtet, die göttliche Macht sichtbar darzustellen, an ihr teil zu gewinnen und sie weiterzugeben.

Internationalisierung und Globalisierung

Die Wandlungsprozesse charismatischer Frömmigkeit lassen sich auch als Folge von zunehmenden Internationalisierungs- und Globalisierungsprozessen interpretieren. Während in der Anfangszeit der charismatischen Erneuerung das Bemühen um die ekklesiale Integration und verantwortliche theologische Reflexion der charismatischen Erfahrung eine wichtige Rolle spielte, scheint dies inzwischen deutlich zurückzutreten. Nationale Trends und Themen korrelieren mit internationalen Entwicklungen, die freilich schnell wechseln können und Deutschland meist mit einigen zeitlichen Verzögerungen erreichen. Die Verschränkung mit internationalen Entwicklungen geschieht vor allem durch Tagungen und zahlreiche Kongresse (mit vielen US-amerikanischen Rednern), aber auch durch den Vertrieb von Audio- und Videocassetten, durch Verlage, die sich auf die Verbreitung und Übersetzung charismatischer Literatur konzentrieren, und durch den Austausch des Liedgutes.

Die Spurensuche für eine geistliche Erneuerung in den eigenen erwecklichen Traditionen ist angesichts dieser unverkennbaren Außenbestimmung nur gering ausgeprägt. Das hat die kirchliche Kontextualisierung der Charismatischen Bewegung nicht gefördert, sondern durchweg erschwert und faktisch dazu geführt, daß ihre Impulse stärker als außerkirchliche neue Frömmigkeit wahrgenommen werden denn als kirchliche Erneuerungsbewegung, was sich auch in der sprachlichen Erweiterung des Begriffs »charismatisch« widerspiegelt, der in seiner Anfangszeit (sechziger und siebziger Jahre) vor allem im Blick auf die charismatische Erneuerung der Landes- und Freikirchen verwendet wurde. Zu dieser Entwicklung haben freilich die Kirchen selbst auch beigetragen, indem sie den Impulsen und Herausforderungen der Bewegung mit Skepsis und Ignoranz begegneten.

Charismatische Allianzen

Ausgangspunkt und Grundlage christlicher Einheit ist in der Charismatischen Bewegung die gemeinsame Erfahrung des Heiligen Geistes in der Geistestaufe oder -erfüllung und der Praxis der Charismen. Gleichartige Glaubenserfahrungen erweisen sich als wichtiger denn konfessionelle Bindungen, die zwar nicht aufgehoben, aber relativiert werden. In den letzten Jahren gewann die Suche nach der Einheit des Leibes Christi unter den Verantwortlichen der Charismatischen Bewegung einen wichtigen Stellenwert und führte zur Ausbildung eines charismatischen Netzwerkes, das sich etwa in Trägerkreisen des Wimber-Kongresses und der Jesus-Marsch-Bewegung konkretisierte. Innerhalb dieses Netzwerkes werden Unterschiede zurückgestellt und eine innerhalb des charismatischen Spektrums weitreichende gegenseitige Anerkennung und Kooperation gesucht.

Im Anschluß an den 3. Wimberkongreß (Hamburg 1992) und den Jesus-Marsch (1992) kam es 1993 zur Konstituierung des Kreises Charismatischer Leiter, der sich aus den Trägerkreisen dieser Aktivitäten entwickelte und in dem die Suche nach Gemeinschaft und Einheit eine gewisse institutionelle Ausformung gewonnen hat. Er repräsentiert die Vielfalt pfingstlich-charismatischer Bewegungen, ohne sich als Delegiertenversammlung einzelner Kirchen oder Gruppen verstehen zu wollen. In einem 1995 verabschiedeten Grundlagenpapier hat der Kreis Charismatischer Leiter die Basis der Zusammenarbeit formuliert. Der Text ist daran orientiert, einen Grundkonsens charismatischer Bewegungen zu formulieren, der Gesprächsmöglichkeiten nach vielen Seiten offen hält und die Nähe zwischen evangelikalen und charismatischen Anliegen akzentuiert.

Charismatische Allianzen sind in ihren Wirkungen ambivalent zu beurteilen. Sie können einerseits dazu führen, daß die theologisch reflektierteren Ansätze sich durchsetzen und überzogene Ansprüche und Einseitigkeiten neuer charismatischer Initiativen zurückgenommen und korrigiert werden, andererseits verlieren die auf kirchliche Integration bedachten Ansätze ihr Profil und sind gezwungen, sich mit problematischen Gruppen und Ausprägungen zu identifizieren oder geben ihnen gar noch Legitimationshilfen für fragwürdige Lehren und Praktiken. Die Suche nach Einheit und Gemeinschaft innerhalb des entstehenden Netzwerkes der Charismatischen Bewegung ist zugleich kontrastiert durch Kommunikationsprobleme in den eigenen kirchlichen Kontext hinein. Innerhalb der verschiedenen Ausprägungen der Charismatischen Bewegung hat sich die Geistliche Gemeinde-Erneuerung »mehr und mehr als Bindeglied zwischen Freikirchen, freien Gemeinden und Großkirchen entwickelt«.[96] Neben dieser Tendenz, die die Einheit primär im charismatischen Freundeskreis sucht, gibt es von seiten der Geistlichen Gemeinde-Erneuerung eine Kooperation mit der stärker evangelikal geprägten Arbeitsgemeinschaft Gemeindeaufbau in der Durchführung von Gemeindekongressen (1991, 1993 und 1995). Das Anliegen der Gemeindeerneuerung und des Gemeindeaufbaus verbindet beide Gruppen, wobei der Ansatz der Arbeitsgemeinschaft das strukturelle Moment stärker betont. Zugleich zeichnen sich Entwicklungen zu einer »evangelistisch-missionarisch geprägten Ökumene« ab.

Zwischen Erneuerung und Anpassung

Es gehört zur Lebendigkeit von Bewegungen, sich zu wandeln und zu unterschiedlichen Zeiten unterschiedliche Schwerpunkte zu entwickeln. Bei Wandlungsprozessen stellt sich zugleich die Frage, inwiefern der »neue« Weg, auf den man sich begibt, vorwärtsweisende Perspektiven enthält. Vergleichsweise junge Erneuerungsbewegungen stehen immer in Gefahr, sich von Einseitigkeiten und extremen Trends bestimmen zu lassen. Dem sollten kritische Auseinandersetzungen Rechnung tragen.

– Das gegenwärtige Erscheinungsbild charismatischer Frömmigkeit ist stark bestimmt durch den Versuch, Tendenzen der religiösen Alternativkultur aufzunehmen und auf die gesellschaftlichen Trends Individualisierung und Erlebnisorientierung einzugehen. Der ursprüngliche Ansatz charismatischer Frömmigkeit hat sich dabei in signifikanter Form verändert: Die Herbeirufung des Geistes ist weniger auf die Charismen als Dienstgaben zur Auferbauung des Leibes Christi bezogen als auf besondere Geistmanifestationen und ekstatische Erfahrungen.

– Auf der ekklesiologischen Ebene geht ein nicht unwesentlicher Teil der Charismatischen Bewegung den Weg zu neuen Gemeinde- und Kirchengründungen und damit den Weg der pfingstkirchlichen Bewegungen. Die Pfingstler haben den innerkirchlichen Charismatikern schon seit der Anfangszeit der »zweiten Welle« vorgehalten, nur eine reduzierte Form charismatischer Erneuerung zu praktizieren, und sie aufgefordert, ihre Kirchenstrukturen zu verlassen, um »Ekklesia im biblischen Sinn« zu bauen.

– Es ist bezeichnend, daß viele Charismatiker der ersten Stunde sich mit dem, was heute Charismatische Bewegung heißt und bedeutet, nicht mehr oder nur noch begrenzt identifizieren. Arnold Bittlinger fand zahlreiche Elemente charismatischer Frömmigkeit in anderen Religionen wieder, distanzierte sich von den charismatischen Plausibilitätsstrukturen und führte die Parallelen im Anschluß an C. G. Jung auf archetypische Strukturen zurück. Wolfram Kopfermann ist erst kürzlich aus dem Kreis Charismatischer Leiter ausgetreten und hat seinen Schritt mit »Identifikationsschwierigkeiten« begründet. Der Baptist Siegfried Großmann, der wie Kopfermann und Bittlinger zu den Charismatikern der ersten Stunde gehörte, hat in einem Buch über den Toronto-Segen seine Distanz zur Power-Charismatik ausführlich dargelegt und begründet.[97] Heribert Mühlen hat sich aus der katholischen charismatischen Erneuerung ganz zurückgezogen, obgleich er das Anliegen einer geistlichen Erneuerung der Kirche weiterhin vertritt.

Die skizzierten Wandlungsprozesse unterstreichen und konkretisieren, daß die Charismatische Bewegung ein ambivalentes Phänomen ist. Sie ist Zeichen der Hoffnung, aber manchmal auch Anlaß, den Realismus des Glaubens zu verlieren. Sie schafft Verbindungen und Brücken zwischen Christinnen und Christen verschiedener Konfessionen, verursacht aber auch neue Spaltungen. Sie ist Hilfe zu einem lebendigen Glauben an Christus, aber auch Flucht in eine vermeintlich heile Welt. Pauschale und aufgeregte Ablehnungen oder undifferenzierte Bejahungen sind nicht angebracht. Die vielfältigen Ausdrucksformen charismatischer Frömmigkeit nötigen zu differenzierten Beurteilungen. Diejenigen Phänomene und Ergriffenheitserfahrungen, auf die sich charismatische Frömmigkeit heute zu konzentrieren scheint, sind nur begrenzt geeignet, berechtigte biblische Anliegen zu erinnern.

Unterscheidungsprozesse innerhalb der Charismatischen Bewegung dürften für ihre zukünftige Entwicklung von wesentlicher Bedeutung sein. Der Mut zu solchen Unterscheidungen ist jedoch außerhalb der Bewegung bei den Kritikern wie auch innerhalb der Bewegung wenig ausgeprägt.[98]

Kritik an Fehlformen charismatischer Frömmigkeit sollte in einer Form geschehen, die die gemeinsamen christlichen Orientierungen nicht außer acht läßt. Sie ist jedoch nötig und sollte nicht erst dann einsetzen, wenn extreme Formen charismatischer Frömmigkeit im Kontext neuer, konfessionsunabhängiger Gemeinden auftreten. Erneuerungsbewegungen brauchen solidarische und kritische Begleitung. Dazu aber ist spirituelle Kompetenz vonnöten, die im Bereich des Protestantismus nur sehr defizitär entwickelt ist. Zur dialogischen Begegnung mit charismatisch geprägten Gemeinden und Christen gibt es keine Alternative. Ökumenischer Dialog ist die einzige Möglichkeit, Tendenzen fundamentalistischer Selbstabschließung wirkungsvoll zu begegnen. Selbst wenn das ambivalente Erscheinungsbild der Charismatischen Bewegung anzeigt, daß auch hier die Antworten auf neue religiöse und kulturelle Herausforderungen noch zu suchen sind, müssen die Fragen, die die Bewegung an unsere Kirchen stellt, ernstgenommen werden. Die Bitte um das Kommen des Geistes und die Erneuerung der Kirche gehören zusammen.

Teil 4

EINZELTHEMEN

Der Segen von Toronto

Ein wichtiges Merkmal pfingstlich-charismatischer Bewegungen ist das wiederholte Ausbrechen international orientierter Erweckungen (revivals), die als Rekapitulationsversuch der Azusa-Street-Erweckung anzusehen sind angesichts einer Situation, in der Teile des pfingstlich-charismatischen Christentums ihre anfängliche Dynamik eingebüßt haben.[99] Der Toronto-Segen ist auf diesem Hintergrund betrachtet keineswegs Ausnahmeerscheinung, sondern charakteristische Ausdrucksform pentekostal-charismatischer Bewegungen. Insofern ist es nützlich, sich dieses Phänomens zu erinnern, auch wenn es der Vergangenheit angehört. Selbstverständnis und innere Problematik charismatischer Frömmigkeit werden in ihm wie sonst kaum anschaubar. Was sich in Toronto ereignete, ist zugleich nicht wesentlich unterschieden von dem, was über Jahrzehnte in der sogenannten dritten Welle des Heiligen Geistes die Praxis zahlreicher charismatischer Gruppen ausmachte und dominierte. Die Bücher Peter Wagners, John Wimbers, John Whites, Jack Deeres und anderer lassen sich wie eine Einführung in die Phänomene des Toronto-Segens und das mit ihnen verbundene Verständnis vom Wirken des Geistes lesen. Lediglich der heilige Ort Toronto mußte als zentraler charismatischer Wallfahrtsort noch gefunden und die Phänomene mußten gesteigert werden, damit das Ereignis »Toronto-Segen« Wirklichkeit werden konnte.
Seit dem 20. Januar 1994 geschah dies, als die charismatisch geprägte Airport-Vineyard-Gemeinde in Toronto für etwa zwei Jahre zu einem zentralen Wallfahrtsort für einige tausend cha-

rismatisch und pfingstlerisch geprägte Christen wurde. Die dort täglich stattfindenden Gottesdienste waren überfüllt und dauerten oft mehrere Stunden. Besucher kamen aus aller Welt, vor allem aus den Vereinigten Staaten und England, aber auch aus dem kontinentalen Europa und aus Ländern der Zwei-Drittel-Welt. Anlaß und Ausgangspunkt für diesen populären charismatischen Trend waren »neue Erfahrungen mit dem Heiligen Geist«, die unter dem Namen »Toronto-Segen« (Toronto Blessing) bekannt wurden.[100] Die Besucher – oft Verantwortliche charismatischer Gemeinden – wollten das »neue göttliche Handeln« dort erleben, in ihre Gemeinden mitnehmen und weiter ausbreiten, was vielfach auch geschah. Schon bald bildeten sich weitere Zentren der Ausbreitung des Segens.

Die Erfahrung einer umwerfenden Kraft

Die »neuen« Erfahrungen mit dem Heiligen Geist fanden ihren deutlichsten Ausdruck im charismatischen Gottesdienst, obgleich dieser nicht der einzige und ausschließliche Ort der Erfahrung der Toronto-Phänomene war. Einzelne Gemeinden gingen bald dazu über, dafür nicht den Gottesdienst, sondern die überschaubare Gruppe oder die Sonderveranstaltung vorzusehen. Die gottesdienstliche Versammlung war gleichwohl der wichtigste Ort, an dem der Segen erfahren und vermittelt wurde, wobei die »liturgische« Struktur dem üblichen Schema charismatischer Gottesdienste folgte: Lobpreis – Predigt – Lieder, die überleiten zur Herbeirufung des Heiligen Geistes und zu dessen dann folgenden »Manifestationen« wie auch zu den Segnungs- und Gebetsdiensten. Das Besondere waren nicht die Manifestationen des Geistes als solche – sie sind unter anderem durch das Wirken John Wimbers weitläufig bekannt geworden[101] –, aufsehenerregend war vor allem ihre Intensität: anhaltendes Lachen, Schreien, Weinen, Brüllen von einer Intensität, wie es nur in Grenzsituationen geschieht (zum Beispiel im Kreißsaal bei der Geburt eines Kindes oder in Kampf-

situationen), heftiges oft lang andauerndes konvulsivisches
Zittern, Zucken und Sich-Schütteln, Hüpfen und Tanzen, sehr
häufig Umfallen (vorwärts, rückwärts, seitwärts) oder Sich-
Hinlegen, oft nach dem Segensgebet von verantwortlichen
Mitarbeiterinnen und Mitarbeitern. Manche bewegten Kopf
und Oberkörper reflexartig nach vorne. Andere gingen wie
Betrunkene durch die Reihen mit eingeschränkter Bewegungs-
und Sprachfähigkeit. Wieder andere wurden von einer länger
andauernden Sprachlosigkeit erfaßt. Die für die charismatische
Frömmigkeit kennzeichnenden Geistesgaben Prophetie, Glossolalie und Heilung kamen vor – am häufigsten Prophetie –,
standen aber nicht im Vordergrund.[102]
Eine Frau berichtete: »Alle, die um mich herum auf dem Boden lagen, lachten. Aber ich mußte schreien und konnte nicht
aufhören. Ich wollte die Tränen aus dem Gesicht wischen.
Aber ich konnte meine Arme nicht zum Gesicht bewegen.«
Sie deutete diese Erfahrung als vergewissernde Begegnung mit
Gott, wie sie sie bisher noch nie erlebt hatte. »Jetzt weiß ich,
daß Gott da ist und mich liebt.«
Die Erfahrung einer umwerfenden Macht, die »Stromstößen
gleich« durch den Körper fuhr und Menschen überwältigte
und ergriff, betraf nicht nur die »Empfänger« des Segens.
Auch diejenigen, die das Kommen des Geistes und seiner
Kraft für andere erbaten, erlebten ihr eigenes Beteiligtsein an
der Weitergabe göttlicher Kraftströme. Die zahlreichen Zeugnisse über den Toronto-Segen sind insofern nicht nur Berichte
der Empfänger des Segens, sondern auch derer, die um den Segen gebeten haben und mit Verwunderung und Begeisterung
sich als unmittelbare Werkzeuge göttlicher Gnade und Heilung erfahren konnten. In dem Erfahrungsbericht einer jungen Frau heißt es: »Als ich am nächsten Tag (nach der eigenen
Erfahrung des Toronto-Segens; R.H.) für eine Freundin be-
tete, die unter Rückenproblemen litt, sprachen wir beide …
(ein) Gebet. Wir sagten: ›Herr, Du darfst unseren Verstand
umgehen, denn Du weißt mehr als wir.‹ Meine Hand begann

zu schütteln und massierte ihren Rücken. Ich beschreibe dies
so unbeteiligt, weil wirklich nur meine Hand, geführt vom
Heiligen Geist, agierte und genau die verspannten Stellen
fand. ... Wir waren begeistert davon, wie Gott uns als Werkzeuge gebrauchte und wir – anders als früher – nicht um eine
bestimmte Weisheit bitten mußten, um ein Wunder zu erleben.«[103]
Als Folge und Frucht solcher Erfahrungen wurden etwa genannt: Gefühle des Friedens und der Freude, eine neue Liebe
zu Jesus, Heilung, Bevollmächtigung, »Freisetzung« zum
Dienst und ein Hinausgehenkönnen über die bisher erlebten
eigenen Grenzen. Auch zahlreiche Kinder wurden von den
Erfahrungen des Toronto-Segens ergriffen. Wo dies ohne
Vorinformation und bewußtes Wollen der Eltern geschah,
führte es zu Konflikten und Irritationen, wie vereinzelte Beispiele zeigten.

Zentren und Wege der Ausbreitung

Wie ein Lauffeuer hatte sich der Toronto-Segen ausgebreitet
und weite Teile der Charismatischen Bewegung erfaßt. Für
das kontinentale Europa war die zur Vineyard-Bewegung
gehörende Basileia-Gemeinde in Bern – die gleichzeitig den
Status einer eigenständigen Laienbewegung innerhalb der
evangelisch-reformierten Kirche des Kantons Bern hat – ein
Zentrum für die Ausbreitung des Segens. Zwei Kongresse for-
cierten den Vermittlungsprozeß. Gleichzeitig wurde hier vergleichsweise umfassend über die Phänomene berichtet.[104] In
Deutschland entwickelte sich das Christliche Zentrum Frankfurt (CZF) zu einem Kristallisationspunkt. Auf einem Ende
1994 veranstalteten Seminar über »Neues Wirken des Heiligen Geistes« wurde die Zahl der Gemeinden, die davon erfaßt
worden waren, auf 400 geschätzt. Nach England in den Kontext der anglikanischen Kirche war der Toronto-Segen bereits
im Mai 1994 gekommen und hatte in der zur anglikanischen

Kirche gehörenden Gemeinde Holy Trinity Brompton, London, für ein von den Medien intensiv wahrgenommenes Aufsehen gesorgt.

Wieder einmal erwies sich die von dem kalifornischen Pastor John Wimber gegründete Vineyard-Bewegung als Ursprungsort und Vermittlungsstelle für einen populären charismatischen Trend.[105] Der Segen vermittelte sich jedoch nicht ausschließlich über die Vineyard-Bewegung, deren führende Stellung in der Charismatischen Bewegung ganz offensichtlich ist. Eine wichtige Rolle spielte auch das Netzwerk der von Terry Virgo geführten Gemeinden »New Frontiers International«. Nach Deutschland und in die Schweiz kam er auch über den argentinischen Pfingstpastor Claudio Freidson, der ihn in die »Gemeinde auf dem Weg«, Berlin, und am Pfingstfest 1994 in die »Biblische Glaubens-Gemeinde« (BGG), Stuttgart, brachte.[106] Man konnte und mußte also wählen, in welchem Kontext der Toronto-Segen erlebt werden sollte. Und es war durchaus etwas anderes, ob dies in der »Basileia-Gemeinde« in Bern, im CZF oder in der BBG geschah. Die Phänomene des Toronto-Segens waren zwar im wesentlichen überall gleich, theologische Deutungsmuster und der Umgang mit den Erfahrungen differierten jedoch durchaus, je nachdem in welchem gemeindlichen Kontext und theoretischen Bezugsrahmen man sich befand. Auch im Blick auf den Toronto-Segen wurde das komplexe, vielgestaltige Bild der Charismatischen Bewegung deutlich.

Für die säkularen Medien gehörten die Phänomene des Toronto-Segens zur Sensationsberichterstattung. Für manche Organe der christlichen Presse – in England beispielsweise – wurde die Frage, inwiefern der Segen Zeichen einer Erweckung ist, zu einem zentralen Diskussionsthema. Die Schnelligkeit der Ausbreitung dieser Phänomene und Erfahrungen war ein anschauliches Beispiel für die engen netzwerkartigen Verknüpfungen der Charismatischen Bewegung und ein klassisches Beispiel für jene Entwicklungen, die als Globa-

lisierungs- und Internationalisierungsprozesse bezeichnet
werden. Die jeweiligen Schwerpunkte der gemeindlichen und
missionarischen Arbeit ergaben sich nicht aus der kontinuierlichen Kommunikation mit dem eigenen geographisch begrenzten und kulturell wie religiös spezifisch geprägten Kontext, sondern korrelierten mit internationalen Entwicklungen.
Es war erkennbar, daß die Phänomene des Toronto-Segens die
Kommunikation zwischen Kirchen und Charismatischer Bewegung erschweren würden. Dasselbe gilt für das Verhältnis
Charismatische Bewegung und Pietismus.[107] Dessen führende
Repräsentanten äußerten sich in Deutschland durchweg kritisch zu den Toronto-Phänomenen. Die Schweizerische Evangelische Allianz stellte in ihren Leitlinien zum Gespräch über
das »Toronto-Syndrom« einen evangelikalen Grundkonsens
in den Mittelpunkt und suchte in der Auseinandersetzung mit
den durch den Toronto-Segen aufgegebenen Fragen einen
mittleren Weg: Man wollte die engagierten Befürworter und
die, die große Vorbehalte haben, beieinander halten.[108]

Eine neue Erweckung?

Folgt man den Deutungsmustern, die in der Charismatischen
Bewegung selbst zum Verständnis dieser Erfahrungen angeboten werden, so lautet die grundsätzliche Perspektive: Es
handelt sich um sichtbare Manifestationen des Heiligen Geistes. Manche reden differenzierter und sprechen von physischen Begleitphänomenen, die weiter klärungsbedürftig seien,
während das zentrale Wirken des Geistes im Innenraum der
Person angesiedelt wird. Vereinzelt wird auch gesagt, es
handle sich um menschliche Reaktionen auf die Erfahrung
göttlicher Nähe. Daß auch »Menschliches« und »Seelisches«
eine Rolle spielt, wird durchweg gesehen, jedoch nicht als wesentlich zum Verständnis herangezogen.[109] Daß solche Erfahrungen eine Norm für jeden tieferen christlichen Glaubensvollzug seien, wird ausdrücklich abgewiesen.[110]

Die zahlreichen Erfahrungsberichte vermittelten dagegen den Eindruck, daß im Zusammenhang des Toronto-Segens ein Christsein der »Extraklasse« erlebt wurde. Verantwortliche Mitarbeiterinnen und Mitarbeiter charismatischer Gemeinden erkannten in den Toronto-Phänomenen die Reaktualisierung urchristlicher Geisterfahrung und Rückkehr in urchristliche Verhältnisse. Für viele war klar, daß dies Zeichen und Beginn der von zahlreichen Propheten angekündigten Erweckung sind, mindestens im Sinne eines vorbereitenden göttlichen Handelns.[111]

Erweckungsansagen gehören freilich in zahlreichen charismatischen und pfingstlerischen Gemeinden und Gruppen zu Sprachritualen. Für den, der sie ernst nimmt, haben sie sich an der Realität längst verschlissen. Nur Erinnerungslosigkeit im Blick auf das gestern und vorgestern Prophezeite ermöglicht es, den bevorstehenden Anbruch einer charismatisch orientierten Erweckung erneut anzusagen. Daß dies immer wieder geschieht, liegt auch daran, daß es dem Selbstverständnis der Bewegung entspricht, die zentrale Erweckungs- und Erneuerungsbewegung der gegenwärtigen Christenheit zu sein. Die »Erfolgsgeschichte« der weltweiten Ausbreitung charismatischer Frömmigkeit wird als sichtbare Segensgeschichte und deutlicher Beleg dafür verstanden. Wie Geistestaufe oder Geisterfüllung keineswegs nur individuelle Erfahrung sind, sondern auch Strategie göttlichen Handelns in endzeitlicher Erweckungsperspektive, so begreift und deutet man die jetzt neu gemachten Erfahrungen des Heiligen Geistes. Die darin enthaltene Zeitansage beinhaltet, daß die Zeit vor der Parusie Christi als durch große Erweckungen und weitreichende Ausgießungen des Heiligen Geistes gekennzeichnet verstanden wird. Das Volk Gottes hat dabei den Auftrag, die Welt mit einem christlichen Zeugnis zu konfrontieren, das nicht länger bestimmt ist von dem verbrauchten Vokabular traditioneller Predigtsprache, sondern begleitet wird von den sichtbaren Krafttaten des Heiligen Geistes. Deshalb ist in der Charisma-

tischen Bewegung eine ganz optimistische und geradezu euphorische Zukunftsgewißheit lebendig.

Die Ansage der neuen Erfahrungen mit dem Heiligen Geist
gehört in den Zusammenhang dieser Geschichtsdeutung.[112]
Neu waren die Phänomene und Erfahrungen, insofern sie als
Steigerung des Bisherigen erlebt wurden. Charismatische
Frömmigkeit, wie sie sich im Kontext des Toronto-Segens artikulierte, ist durch komparativische Strukturen geprägt. Entsprechend diesen Strukturen werden auch die weiteren Entwicklungen gesehen.[113]

Die »Väter« des Toronto-Segens: Rodney Howard-Browne, Benny Hinn und Claudio Freidson

Auf die Frage »Warum hat sich Gott ... die Toronto Airport
Vineyard-Gemeinde für diese Ausgießung seines Geistes aus-
gesucht?« antwortet John Arnott, der Pastor der Toronto-
Gemeinde: »Ich würde Ihnen ... gern sagen, daß dies die
Folge unserer inbrünstigen Gebete ist. Wir würden gern be-
haupten, eine gewisse Rolle gespielt zu haben, daß Gott heute
hier so handelt, aber das entspricht einfach nicht den Tatsa-
chen. Es war ausschließlich Gottes souveräner Wille.«[114]
Gleichwohl fiel der Toronto-Segen nicht vom Himmel. Seine
Impulsgeber – so berichten die Pastoren und Schlüsselperso-
nen der Airport-Vineyard-Gemeinde John Arnott und Randy
Clark übereinstimmend – waren die »gesalbten Gottesmän-
ner« Rodney Howard-Browne, Benny Hinn und Claudio
Freidson.[115] John Arnott war in den sechziger Jahren von dem
Wirken Kathryn Kuhlmans beinflußt, später von dem Benny
Hinns, der seinerseits ein großer Bewunderer Kuhlmans ist,
wie aus der Art seiner Veranstaltungen und aus seinen
Büchern hervorgeht.[116] 1992 gingen Carol und John Arnott zu
mehreren Veranstaltungen Benny Hinns und empfingen, wie
sie sagen, Ermutigung und eine Sehnsucht nach ähnlicher

Vollmacht, wie sie sie dort erlebt und gesehen hatten. Im Juni 1993 nahmen sie an einer Veranstaltung Rodney Howard-Brownes teil. Ein weiterer Durchbruch erfolgte, als John und Carol Arnott im November 1993 den Leiter der argentinischen Pfingstkirche Assemblies of God, Claudio Freidson, trafen und sich von ihm segnen ließen. Unter den Einfluß Rodney Howard-Brownes kam auch der in seinem Dienst entmutigte und »ausgebrannte« Vineyard-Pastor Randy Clark. Er erlebte Erneuerung, nachdem Rodney Howard-Browne, dessen Veranstaltungen unter anderem durch das »heilige Lachen« geprägt sind, für ihn gebetet und »das Feuer Gottes« in seine Hände gelegt hatte.[117]

Howard-Browne, Hinn und Freidson gelten in Teilen der Charismatischen Bewegung als gesalbte Männer Gottes, denen geistliche Autorität zugebilligt wird. Gleichzeitig werden sie von vielen – auch Charismatikern und Pfingstlern – äußerst kritisch gesehen, und das mit Recht. Ihre nicht nur flüchtigen Berührungen mit der Wort- und Glaubensbewegung mit ihrem »Wohlstandsevangelium« und ihre auf Demonstrationen geistlicher Macht hin angelegten Veranstaltungen, gekennzeichnet durch das Interesse am Spektakulären, werden als »Ausverkauf« christlicher Substanz gewertet.[118] Ein gemeinsames Charakteristikum ist ihre ausgeprägte Salbungstheologie und die ihr entsprechenden Rituale der Geistmitteilung durch Pusten (bei Hinn und Freidson) und Werfen des »Mantels« (bei Freidson nach dem Vorbild der Geistübertragung von Elia zu Elisa, vgl. 2. Kön 2). In einer Welt, die über alles und jedes verfügen möchte, liegt es nahe, sich den Heiligen Geist vor allem als eine Kraft vorzustellen, die in »einfachen und doppelten Portionen« an andere weitergegeben werden kann. Die pointierte Betonung der Personalität des Heiligen Geistes auf der lehrmäßigen Ebene führt dabei gerade nicht zum Ernstnehmen der Souveränität des göttlichen Wirkens, sondern zu einer Verselbständigung des Redens vom Geist, welche darauf hinausläuft, daß dynamistische

Geistvorstellungen in den Vordergrund treten und die trinitarische Bindung des Geistwirkens aus dem Blick gerät. Die Orientierung an den sichtbaren Kraftwirkungen der Salbung forciert das Mißverständnis, der Heilige Geist sei eine Kraft, über die einzelne Gesalbte verfügen können. So fordert etwa Freidson die Zuschauer seiner Videos auf, das Fernsehgerät zu berühren, um so die Salbung zu empfangen, die er ihnen symbolisch entgegenwirft. Die Konzentration auf das Geistwirken als übernatürliche Wirkmacht geht Hand in Hand mit der Revitalisierung archaischer Elemente von Religiosität.

Die Salbungstheologie von Hinn, Howard-Browne und Freidson mit ihren praktischen Implikationen hat in mancher Hinsicht eine deutliche Nähe zu den praktischen und theologischen Anliegen John Wimbers mit seinem »power evangelism«, »power healing« und »power encounter«. Die Nähe liegt vor allem darin, daß hier wie dort die Sichtbarkeit und Greifbarkeit des göttlichen Handelns in den Geistmanifestationen mit Emphase hervorgehoben und während der Veranstaltungen demonstriert wird. Von daher ist durchaus verständlich, wenn Vineyard-Pastoren Hilfe bei umstrittenen Figuren der sich sehr vielfältig darstellenden Pfingstbewegungen suchen.

Schon die Wahrnehmung dieser Herkunft des Toronto-Segens müßte Anlaß zu kritischer Prüfung geben, zumal alle Schlüsselfiguren von Anfang an offen über diese Hintergründe geredet haben. Charismatischer Pragmatismus, verbunden mit einem weitgehenden Verzicht auf das Charisma der Unterscheidung der Geister, führt leicht dazu, daß extreme Trends sich durchsetzen können und berechtigte Anliegen einer geistlichen Erneuerung in den Hintergrund treten.

Nun haben John Arnott und Randy Clark den Segen zwar von den pfingstlerisch geprägten Heilungsevangelisten empfangen, ihm aber im Kontext der Vineyard-Bewegung ein eigenes Gepräge gegeben. Die Fixierung und Konzentration auf die Person des gesalbten und bevollmächtigten Geistträgers wurde aufgehoben. An die Stelle der einen Zentralfigur ist ein großes Team von Mitarbeiterinnen und Mitarbeitern getreten, die in den Gebets- und Segnungsdiensten (in der ministry time) eingesetzt werden. Auf diejenigen, die den Segen empfangen wollen, kann insofern individueller eingegangen werden. In allen Berichten, die aus dem Umfeld der Vineyard-Gruppen kommen, wird bestätigt: »Viele verschiedene Personen haben die Zusammenkünfte geleitet, und das Ergebnis ist immer gleich.«[119]

Toronto-Segen und Pfingstfrömmigkeit

Zur Einordnung der Phänomene des Toronto-Segens verweist die Charismatische Bewegung auf Erfahrungen in der Geschichte des erwecklichen Christentums: auf die Anfangsgeschichte der Quäker, die Erweckungsversammlungen John Wesleys (1703–1791), Jonathan Edwards (1725–1760) und George Whitefields (1714–1770). In nahezu allen ausführlicheren Stellungnahmen wird auf die geschichtliche Kontinuität zu Erweckungs- und Erneuerungsbewegungen verwiesen, wobei die jeweiligen Hinweise in legitimatorischer Funktion aufgegriffen werden.[120] Daß es sich jedoch bei diesen Parallelen um meist sporadische Erscheinungen handelte, die nicht in ritualisierten gottesdienstlichen Abläufen angestrebt und als reguläre Geisterfahrung gesucht und angepriesen wurden, wird dabei oft verschwiegen.[121] Ebenso wird nicht hinreichend berücksichtigt, daß die Toronto-Phänomene nicht im Zusammenhang missionarischer Praxis standen, sondern auf die Erbauung und »Erfrischung« charismatisch geprägter Christen ausgerichtet waren.

Es ist überaus bezeichnend, daß die nächstliegende und augenfälligste Parallele zu den Phänomenen des Toronto-Segens meist nicht genannt wird: die Pfingstbewegung. Mit dem Toronto-Segen öffnete sich die Charismatische Bewegung den ekstatisch orientierten Formen pfingstlerischer Frömmigkeit, wie sie vor allem für den Anfang der Pfingstbewegung charakteristisch waren. Sie erinnerte sich gewissermaßen ihres Ursprungs in der Pfingstbewegung und ließ dabei die einst aus Europa verdrängten Elemente spiritualistisch-independentistischer Frömmigkeit zurückkehren.[122] Zugleich verdeutlichten die Toronto-Phänomene tiefgreifende Wandlungsprozesse der Charismatischen Bewegung in ihren Anliegen und Ausdrucksformen.[123]

Die Phänomene, auf die sich die Berliner Erklärung aus dem Jahre 1909 kritisch und abgrenzend bezieht, waren nicht primär Prophetie, Zungenreden oder Heilungen, es waren vor allem die ekstatischen und unkontrollierten Ergriffenheitserfahrungen, die Anstoß erregten und Trennungen hervorriefen. Entsprechend heißt es in der Erklärung: »Der Geist bringt geistige und körperliche Machtwirkungen hervor ...« Als konkrete Erscheinungen werden genannt: »Hinstürzen, Gesichtszuckungen, Zittern, Schreien, widerliches, lautes Lachen usw.« Das zentrale Deutungsmuster der Berliner Erklärung lautete »Geist von unten«. Dem stand 1909 die Antwort der »Pfingstler« an die Pietisten gegenüber: »Wir danken dem Herrn für die jetzige Geistesbewegung. ... Wir erkennen in ihr eine Gabe von oben, nicht von unten. ... Was die ... körperlichen Machtwirkungen angeht, sind wir weit davon entfernt, sie alle ohne Unterschied als göttliche Wirkungen zu bezeichnen.« Als treibende Kraft der Bewegung wird jedoch »die Liebe zu Jesus« gesehen und der Wunsch, »daß er voll zu seinem Rechte in, an und durch uns komme«.[124]

Ganz auf der Linie der zuletzt genannten Erklärung liegt die Stellungnahme des Kreises Charismatischer Leiter vom 28./29. November 1994.[125] Die Struktur des Umgangs mit den »körperlichen Machtwirkungen« ist hier konstant geblieben. Auch heute konzediert man im Blick auf die »Begleitphänomene«, »daß es innerhalb des Aufbruchs zu Erscheinungen kommt, deren Ursprung in seelischen Imitationen, geistlicher Unreife und einer fleischlichen Grundhaltung liegt«. Gleichwohl ist die einmütige Überzeugung, »daß es sich bei dieser

Bewegung im wesentlichen um ein Wirken des Heiligen Geistes, eine Gabe an sein Volk, handelt«. Eine Antiposition zu dieser Einschätzung mit dem Deutungsmuster »Geist von unten« war und ist unangemessen. Gleichzeitig sind Zweifel an der Inanspruchnahme des Heiligen Geistes für ekstatische Erfahrungen durchaus geboten, und zwar aus verschiedenen Gründen, die im folgenden nur ausschnitthaft skizziert werden können.

Der Toronto-Segen als Zeitphänomen

Nicht nur durch fortschreitende Säkularisationsprozesse ist unsere gegenwärtige weltanschauliche Situation bestimmt, sondern auch durch die Aktualität einer archaischen und kosmischen Religiosität, in der vor allem außergewöhnliche Transzendenz- und Ergriffenheitserfahrungen mehr denn je gefragt sind. Der gefühllose Alltag sucht einen gefühlsstarken Ausgleich, der oft nach dem Motto abläuft: je exotischer, desto begehrter, je archaischer, desto überzeugender. Die Erfahrungslosigkeit und Erfahrungsarmut des Alltags macht empfänglich für das Übersinnliche, das Geheimnisvolle, das Irrationale, das den Alltag Unterbrechende, von dem man sich erhofft, daß es eine weitergehende Perspektive eröffnet. Das Aufsuchen von »Kraftplätzen« ist genauso Teil dieser Empfänglichkeit wie die Sehnsucht nach ekstatischen Erfahrungen. Religiöser Tourismus zu Orten, wo übernatürliche Kraft wirkungsvoll erfahren werden kann, gehört inzwischen zu einer häufig beobachtbaren Ausdrucksform neuer Religiosität. Die Erfahrungen des Toronto-Segens sind ein eindrucksvolles Beispiel, daß sich auch Teile der Charismatischen Bewegung von diesen die gesamte religiöse Szene bestimmenden Trends mitnehmen lassen.[126] Religiöse Lebensorientierungen werden auf individuellen Wegen gesucht und sind verbunden mit Rationalitätsskepsis und einem Hunger nach erlebbarer Transzendenz. Zu einem Teil resultiert die gegenwärtige Attrakti-

vität charismatischer Frömmigkeit aus ihrem Eingehen auf
diesen Trend.

In ihren Gottesdiensten kann beobachtet werden, wie indivi-
dualisiert die Rituale für das Erreichen nichtalltäglicher Bewußtseinszustände und wie vielfältig die Möglichkeiten sind,
daß sich »starke Gefühle« ausdrücken können. Die Initia-
tionswege und Ausdrucksformen charismatischer Frömmigkeit sind außerordentlich zahlreich geworden[127], so daß jeder
das Seine suchen kann, das heißt die seiner Person entsprechende Weise, Ergriffenheit auszudrücken. Bei Pubertieren-
den äußert sich solche Ergriffenheit in anderer Form als bei
älteren Menschen. Erlebniserfahrene Gottesdienstteilnehmer
verhalten sich anders als Neulinge. Manchen reicht es, einmal
umgefallen zu sein, einmal geschrien zu haben, viele möchten
dieses Erlebnis wiederholen. Zittern und Schütteln sind dabei
auf den ekstatischen Zustand hin orientierte Rituale. Die Seg-
nungsdienste geschehen überaus individuell und ausführlich.
Die Körperstellen, an denen oder über denen Segenshandlungen vorgenommen werden, entsprechen meist den Stellen, an
denen eine durch selektive Aufnahme östlicher Religiosität
geprägte esoterische Anthropologie die seelischen Energie-
zentren (Chakren oder Chakras) verortet. Die Schnelligkeit,
in der religiöse Erfahrungen in diesem Kontext möglich werden, ist dabei ebenso kennzeichnend wie ihre individuelle
Struktur. Es scheint so, als wäre das, worauf etwa christliche
Mystiker lange haben warten müssen, hier schnell erreichbar.
Im Kontext der Erlebnisgesellschaft[128] gilt auch für den Christen der kategorische Imperativ: Erlebe dein (geistliches) Leben! Während die Traditionskirchen sich immer schwerer damit tun, junge Menschen mit der christlichen Grunderfahrung vertraut zu machen, sind »überkonfessionell« orientierte
Gruppen und Bewegungen flexibel, reagieren auf die gewach-
senen Erlebnisansprüche und kontextualisieren und inkultu-
rieren sich in einen erlebnisorientierten Markt religiöser Angebote. Sie geraten dabei aber auch unter den Druck und die

Schattenseiten dieser Trends, die allesamt das Stigma des Ver-
altens an sich tragen. Auch auf der aufsehenerregenden
»neuen Salbung« war das Verfallsdatum bereits eingeprägt.
Erlebnisorientierte Ausrichtungen im geistlichen Leben haben genau dieselben Schwierigkeiten, die im »Projekt des
schönen Lebens« überhaupt liegen: Die Enttäuschungsrisiken
und Unsicherheiten, ob das Richtige gewählt wurde, nehmen
zu. Schon ein solches Erlebnis zu planen und Flugkarten nach
Toronto zu kaufen widersprach der Ursprünglichkeit der dort
erwarteten Erfahrung: Spontanes läßt sich nicht planen. Trat
jene Erfahrung ein, stand sie unter dem Verdacht der Mach-
barkeit und Selbstinszenierung. Die Vergewisserungskraft
solcher Erfahrungen war entsprechend begrenzt.

Ekstatisches Ergriffensein
als Schöpfungsmöglichkeit

Die Struktur der Erfahrungen des Toronto-Segens läßt sich
im Kern unter dem Motto zusammenfassen: Kontaktgewinn
mit der göttlichen Kraft durch tranceartigen Kontrollverlust.
Obgleich unter dem Begriff Ekstase sehr unterschiedliche Zu-
stände der menschlichen Psyche mit entsprechend unterschiedlichen Begleitphänomenen zusammengefaßt werden,
trifft er Wesentliches zum Verständnis und zur Erfassung der
Toronto-Phänomene.[129] Die heute gebräuchliche Definition
von Ekstase als einem »altered state of consciousness« ist eine
kulturelle Beziehungsdefinition, die den Vorteil hat, die sub-
stantielle Bestimmung des Ekstatischen weitgehend offen zu
lassen. Sie hat zugleich den Nachteil, zu sehr auf die Bewußt-
seinsebene fixiert zu bleiben. Präziser wäre, vom ekstatischen
Verhalten zu sprechen, das als außeralltägliches und außerge-
wöhnliches Verhalten zu verstehen ist. In der Ekstase lernt der
Mensch sich als Fremder kennen. Er gerät außer sich, ist nicht
mehr bei sich selbst und wird auch für andere ein Fremder.
Dieses sich selbst und anderen Fremd-Werden macht die Fas-

zination ekstatischer Erfahrungen aus. Es kann sich mit unterschiedlichen religiösen und nichtreligiösen Erlebnis- und Vorstellungswelten verbinden.

Patrick Dixon greift diese Definition auf, um zu zeigen, daß ein »altered state of consciousness« zur Normalität charismatischer Erfahrungen gehört. Beeindruckt durch die Toronto-Phänomene, weist er auf die positive medizinisch-psychologische Funktion von Lachen, Weinen, Schreien etc. hin. Beim Toronto-Segen, so legt er dar, ging es nicht um Massensuggestion oder Gehirnwäsche. »We are … witnessing what happens, when a large number of people experience an altered state of consciousness at the same time, as part of a profound spiritual experience.«[130] In dem »altered state of consciousness« sieht Dixon den Menschen mit der transzendenten Wirklichkeit konfrontiert, die ihn über das hinausweist, was er normalerweise sieht, fühlt und empfindet, und ihn auf den Weg des Glaubens führt.[131]

Jedoch führt dieses zum Menschsein des Menschen gehörende Hingewiesensein auf Transzendenz keineswegs zwangsläufig zu Gott und seinem Heil. Die enge Verbindung der ekstatischen Erfahrung mit der heilvollen Gegenwart Gottes und seines Geistes läßt sich bibeltheologisch nicht begründen; sie beruht auf einer Identifikation des Geistes mit dem Außerordentlichen. Gottes Wirklichkeit aber ist nicht so himmelweit von unserer Welt und Wirklichkeit getrennt, daß wir in einen außergewöhnlichen Bewußtseins- und Verhaltenszustand eintreten müßten, um ihm dort zu begegnen, und ist nicht so eng mit außergewöhnlichen Körpererfahrungen verbunden, daß seine heilvolle Nähe darin eindeutig und unzweifelhaft wäre. Wer eine Stunde auf dem Boden liegt, erfüllt von einem wunderbaren Gefühl des inneren Friedens und der Geborgenheit und nicht mehr in der Lage aufzustehen, hat sicher etwas Wunderbares erlebt, vielleicht auch etwas für ihn Heilsames; das Wunder der gnädigen Zuwendung Gottes und seines Geistes freilich hat andere Zeichen und Kriterien, auch wenn nicht ausgeschlossen werden darf, daß Gott sich solcher Wege bedienen kann.

Ekstatisches oder enthusiastisches Ergriffensein ist immer zweideutig. Es gehört zu den Möglichkeiten geschöpflichen Existierens und ist in Versammlungen mit suggestiven Sprachformen, mitreißenden Gesängen sowie entsprechender Musik und intensiven Erwartungshaltungen leicht herbeizuführen. Vergleichbare Erfahrungen werden auch außerhalb der christlichen Gemeinde in religiösen und nichtreligiösen Kontexten gemacht. In therapeutischen Gruppen werden sie beispielsweise nicht als Gotteserfahrung, sondern als Begegnung mit dem eigenen Unbewußten gedeutet. Deshalb ist eine christliche Glaubensüberzeugung auch nicht Voraussetzung für die Erfahrung der Phänomene des »Toronto-Segens«, wie aus Berichten der Basileia-Gemeinde Bern hervorgeht.[132] Nur innerhalb eines bestimmten kognitiven Bezugsrahmens sind Erfahrungen wie Umfallen, Lachen, Weinen etc. als Wirkungen des Heiligen Geistes identifizierbar. Außerhalb der charismatischen Plausibilitätsstruktur sind sie als solche nicht erkennbar und vermittelbar.

Wie wichtig der theoretische Bezugs- und Deutungsrahmen für das Verständnis der körperlichen Manifestationen ist, wird auch dadurch bestätigt, daß die Phänomene Schreien, Lachen, Zittern etc. innerhalb charismatischer Frömmigkeit nicht nur als Manifestationen des Geistes, sondern auch als Wirkungen von Dämonen verstanden werden können.[133] Ausgehend von diesem Sachverhalt, gibt es innerhalb der Charismatischen Bewegung inzwischen einen verständlichen Streit über die Frage, welche Reaktionen und Manifestationen als authentische Geisterfahrung gelten können und welche nicht.[134]

Eine beurteilende Sicht der Toronto-Phänomene sollte sie weder vorschnell pathologisieren noch dämonisieren noch geistlich überhöhen. Was die Einordnung der Erfahrungen angeht, stehen wir nicht vor der Alternative, sie entweder als reine Wirkung des göttlichen Geistes anzuerkennen oder als aus-

schließlich destruktiv abzuwehren. Die vorschnelle Divinisie-
rung der geschöpflichen Erfahrung, vor allem wenn es um
Grenzbereiche des Geschöpflichen geht, führt jedoch
zwangsläufig dazu, das göttliche Wirken einseitig auf solche
Erfahrungsbereiche festzulegen und damit auch einzugren-
zen. Da im Kontext der Charismatischen Bewegung das
Glaubensverständnis überaus stark vom dritten und zweiten
Artikel des Glaubensbekenntnisses her entwickelt wird,
während der erste Artikel völlig in den Hintergrund tritt,
kann der geschöpfliche Anteil charismatischer Erfahrungen
kaum in den Blick treten und wird weitgehend ausgeblendet.
Dabei käme es darauf an, gerade diese Dimension nicht zu
vernachlässigen. Ein geradezu klassisches Beispiel dafür ist
der Versuch Chevreaus, die »Allgegenwart Gottes« von seiner
»Gegenwart in den Manifestationen« abzuheben und die
göttliche Allgegenwart als unbestimmte Gegenwart, die »Ma-
nifestationsgegenwart« dagegen als bestimmte und gewißmachende Gegenwart zu begreifen.[135] Faktisch wird durch solche Unterscheidungen die ekstatische Erfahrung aus ihrem
schöpfungsbezogenen Kontext herausgelöst.

Wenn Menschen aus der Erfahrungsarmut ihres Alltags her-
auskommen wollen, in einem charismatischen Gottesdienst
einmal losschreien und loslachen dürfen, so kann das durchaus eine therapeutische Wirkung haben und positive, tiefgreifende Gefühlserlebnisse hervorrufen. Lachen, Weinen,
Schreien sind freilich zunächst nichts anderes als Ausdrucksformen der menschlichen Gefühlswelt. Für den, der sich zu
seinen Gefühlen bekennt und bürgerliche Tabus durchbricht,
kann sich ein Teil seiner Geschöpflichkeit erschließen. Zugleich kann die Erlebnisorientierung aber auch zur Erlebnis-
sucht werden oder auch zu einem vergeblichen Fluchtversuch
aus der geschichtlichen Existenz.

Wie sehr man sich auf ekstatische Verhaltensweisen einläßt, ist
freilich auch eine Typfrage und vor allem eine Frage des sozialen und kulturellen Milieus, innerhalb dessen man sich be-

wegt. In dem Maße, in dem ekstatisches Verhalten zum Symbol der Gruppenzugehörigkeit und einem starken emotionalen Band der Gemeinschaft wird, ist es schwer, sich solchem sozial vorgegebenen Verhaltensmuster zu entziehen.

Heiliger Geist und Erfahrung

Einzelnen Charismatikern ist durchaus bewußt, daß es eine direkte biblische Grundlage für das Verständnis dieser Phänomene als zentrale Geisterfahrungen nicht gibt. Nirgends wird im Neuen Testament beschrieben, daß die Manifestationen des Toronto-Segens wesentliche Zeichen der Gegenwart Gottes in der gottesdienstlichen Versammlung sind. Zahlreiche Publikationen im Umfeld des Toronto-Segens zeigen, daß nicht eigentlich die biblischen Texte exegesiert werden, sondern die eigene Erfahrung mit Hilfe der Bibel exegesiert und legitimiert wird.[136] Nun liegt jeder Hermeneutik eine Zuordnung von gegenwärtiger Erfahrung und Textwahrnehmung zugrunde. Die charismatisch gedeutete Erfahrung darf sich jedoch nicht so sehr in den Vordergrund drängen, daß sie gleichsam selbst zum Text wird und die biblischen Texte nur noch das sagen läßt, was in ihren äußerst begrenzten Erfahrungshorizont vereinnahmt werden kann.

Von Verantwortlichen wird durchaus gesehen, daß nicht die sichtbaren Erscheinungen entscheidend sind, sondern die »inneren Aspekte« dieser Erfahrung, »eine neue Liebe zu Jesus Christus, zur Bibel und zu anderen Menschen«. Andererseits wird aus dieser Einsicht kaum die entsprechende Folgerung gezogen. Die Berichte über den Toronto-Segen dokumentieren eher das Gegenteil. Sie zeigen, welche Faszination gerade von den äußeren »Geistmanifestationen« ausgeht, deren Auslegung oft mit einer »Theologie der Unmittelbarkeit« geschieht.[137] Schon der liturgische Ablauf »Herbeirufung des Geistes und dann Raum und Zeit für die Geistmanifestationen« enthält eine Botschaft, die die Gotteserfahrung auf die

Erfahrung des Außergewöhnlichen, des Wunderhaften, des
»Übernatürlichen« fixiert und psychologisch gesehen ein zentrales soziales Verstärkersystem bildet. Gäbe man dem ekstatischen Verhalten nicht diesen zentralen Raum im gottesdienstlichen Ablauf, wäre die Wahrscheinlichkeit seines Auf-
tretens deutlich gemindert.

Natürlich hat die Charismatische Bewegung recht, wenn sie
gegen die »emotionale Häresie«[138] und depressive Stimmung
traditioneller Frömmigkeit protestiert. Natürlich hat sie
recht, wenn sie die umwandelnde Kraft des göttlichen Geistes
betont, dessen Wirken die ganze Person des Menschen ergreifen will. Was immer über die Phänomene des Toronto-Segens
zu sagen ist, in ihnen melden sich reale Bedürfnisse nach
Gottes-, Geist- und Selbst- oder Körpererfahrung, die auch
Folge von offensichtlichen Verdrängungsprozessen sind. Die
Unterdrückung oder Leugnung religiöser Erfahrung hat weiterreichende Folgen, als dies in der Regel in unserer rationa-
litätsdominierten Kultur eingestanden wird.

Die christliche Erfahrung ist jedoch nicht primär in dem Bereich anzusiedeln, der ihr durch die Erfahrungen des
Toronto-Segens zugewiesen wird. In der Suche nach solchen
»Krafterfahrungen« landet man schnell in Formen der Religiosität, in denen das unterscheidend Christliche nicht mehr
zur Geltung kommt und die Orientierung an der Sichtbarkeit
der Geisterfahrung fast zwangsläufig dazu führt, daß die Erlebnisorientierung den Sieg über die Bibelorientierung davon-
trägt. Paulus hat die Erfahrung des Heiligen Geistes stärker
»geerdet«, weil er davon ausging, daß das Kreuz Christi der
Ort ist, wo Gott dieser Welt unwiderruflich begegnet.

Die Aussagen des Neuen Testaments rechtfertigen gewiß
nicht die schroffe Antithese »Theologie des Wortes« oder
»Theologie der Erfahrung«. Zu fragen ist jedoch: Mit welchen
Erfahrungen wird das Wirken des Heiligen Geistes verbunden? Zwar ist der göttliche Geist Zeichen und Angeld des
kommenden Gottesreiches, aber zugleich hält er den Schrei

nach endgültiger Erlösung wach und macht wahrnehmungsfähig und sensibel für die Leiden der Kreatur und die Spannungen und Gebrochenheiten, in denen von Gott erneuertes
Leben sich vollzieht (vgl. Röm 8,23). Die Geisterfahrung ist
im Neuen Testament mit dem »Realitätsprinzip« gekoppelt.
Je mehr Gewißheit zur Sprache kommt, desto deutlicher wird
die Notwendigkeit, die Wirklichkeit des Menschen in seinem
Angefochtensein und seinen unübersteigbaren Begrenzungen
unverstellt wahrzunehmen. Kriterium für den Erweis des
Geistes sind weder Zeichen und Wunder noch ekstatische Er-
griffenheitserlebnisse, sondern das Christusbekenntnis und
der Dienst jener Liebe, die den anderen höher achtet als sich
selbst.
Paulus lehnte es deshalb ab, ekstatischen oder enthusiastischen Äußerungen der Frömmigkeit eine zentrale Bedeutung
für den Aufbau der christlichen Gemeinde zuzumessen, obgleich das mysterienkultische Umfeld eine solche Konzentration durchaus nahelegte, er selbst diese Erfahrungen kannte
und davon ausging, daß sie zu den unverrechenbaren Möglichkeiten Gottes gehören.[139] Dieser unpopuläre Weg des
Apostels läßt ihn jenseits der damaligen und heutigen Trends
stehen. Der Glaube an den gekreuzigten Jesus und die Erwartung des kommenden Reiches Gottes waren für ihn die entscheidende Bremse, solche Erfahrungen überzubetonen und
Gottes heilvolle Nähe in ihnen zu suchen. Auch seine missionarische Verantwortung hielt ihn davon ab: Wenn ein Außen-
stehender in einen christlichen Gottesdienst kommt, soll er
etwas verstehen und sich nicht nur über die Ergriffenen und
»vom Geist Erschlagenen« wundern können (vgl. 1. Kor
14,23–25). Auf den Spuren dieser Perspektiven sollte ein
freundlich geführter, aber in der Sache durchaus ernster Streit
um die Frage stattfinden, wo der Ort der Antreffbarkeit
Gottes in der Welt und der menschlichen Erfahrung ist.

Nachbemerkung:
Von Toronto nach Pensacola

Mit der Entscheidung John Wimbers und der Vineyard-Bewegung, sich von der Gemeinde in Toronto zu trennen, wurde das Ende des Toronto-Segens als populärer Trend charismatischer Frömmigkeit eingeleitet.[140] Ab dem 20. Januar 1996 durfte sich die Gemeinde in Toronto nicht länger als Teil der Vineyard-Bewegung bezeichnen. Als Gründe für die Trennung wurden unter anderem der endzeitlich-prophetische Deutungsrahmen, die pastorale Praxis des Umgangs mit den Toronto-Phänomenen und ein leichtfertiger Umgang mit der Heiligen Schrift genannt. Es kommt verhältnismäßig selten vor, daß charismatisch geprägte Christen einander öffentlich kritisieren und voneinander distanzieren. Bei Auseinandersetzungen und Trennungen wird dies eher intern ausgetragen, nicht öffentlich. Der Ton der Distanzierung war auch hier zurückhaltend und vorsichtig, die genannten Gründe zeigten zugleich, daß der Kern der Auseinandersetzung keineswegs nur Randfragen betraf.

Überraschend war diese Nachricht für viele deshalb, weil die Ausbreitung des Toronto-Segens maßgeblich durch die Vineyard-Bewegung mitbestimmt worden war. Deren Leiter John Wimber wie auch zahlreiche Vineyard-Pastoren hatten sich öffentlich hinter den Toronto-Segen gestellt. Eine Breitenwirkung der Toronto-Phänomene wäre ohne die Vineyard-Bewegung auch in England, in der Schweiz und in Deutschland gar nicht denkbar gewesen. Offensichtlich hatte deren Leitung jedoch bemerkt, daß das durch die pastorale Praxis in Toronto vermittelte Geistverständnis darauf hinausläuft, den Heiligen Geist mit der Kraft zur Ekstase zu identifizieren, was fraglos weder biblisch ist noch sich als zukunftsfähige charismatische Glaubenspraxis durchsetzen dürfte. Wimber selbst hatte freilich einem solchen Verständnis des Heiligen Geistes in einzelnen seiner Schriften Vorschub geleistet.

Die »Veralterungsgeschwindigkeit« (H. Lübbe) populärer Trends ist auch in der Charismatischen Bewegung außerordentlich groß. Der geistliche Anspruch, der in ihr lebendig ist, wird durch den schnellen Wechsel der Trends und Wellen, die kommen und gehen, in Frage gestellt und relativiert. Die Orientierungskraft, die etwa von der Vineyard-Bewegung ausgeht, ist entsprechend für diejenigen, die nicht erinnerungslos in der Bewegung stehen, begrenzt. Es ist schwer vorstellbar, daß der Heilige Geist heute sagt, daß geistliche Kampfführung und neue Gemeindegründungen Schwerpunkte seines Wirkens sind, daß er morgen die Wiederherstellung des prophetischen und apostolischen Dienstes zur Priorität seines Handelns macht, übermorgen eine Erfrischung der Glaubenden durch ekstatisches Lachen, Schreien und Umfallen bewirkt und sie danach zurückruft in die Normalität einer missionarischen Beauftragung, zu der auch der Dienst an den Armen gehört. Die Distanzierung Wimbers von der Toronto-Gemeinde hatte auch strategische Bedeutung. Die Vineyard-Bewegung möchte sich unterschieden wissen von der Toronto-Bewegung, deren Zukunftsfähigkeit eher fraglich ist. Vor allem möchte sie durch diese Entscheidung wieder stärker ihre evangelikalen Anliegen unterstreichen.

Noch während die Toronto-Bewegung 1995 dabei war, ihren Höhepunkt zu erreichen, entwickelte sich die Brownsville-Gemeinde der amerikanischen Pfingstkirche »Assemblies of God« in Pensacola/Florida zu einem weiteren Zentrum von Erweckungsversammlungen, die in ihrer Größe Toronto bald überbieten konnten. Ausgebrochen war die Pensacola-Erweckung, nachdem der dortige Pastor John Kilpatrick den Evangelisten Stephen Hill eingeladen hatte, der zuvor in der Londoner Gemeinde Holy Trinity Brompton den Toronto-Segen empfangen hatte. Bereits zuvor hatte Kilpatrick Engelserscheinungen bei Nacht gehabt: »Es war ein Sonntagabend, als plötzlich die beiden verschlossenen Eingangstüren aufflo-

gen ... zwei mächtige Engelerscheinungen schritten durch das
Portal ... ich konnte draußen die Autos vorbeifahren sehen ...
als wir später in den Bereich kamen, in dem die Engel gestan-
den hatten, fühlten wir eine Kraft, die so stark war, daß wir
nicht mehr aufrecht stehen konnten. Die Türen standen noch
mehrere Stunden offen, niemand belästigte uns. – Im nächsten
Gottesdienst fiel die Kraft Gottes auf die ganze Gemeinde. 38
Personen empfingen die Taufe im Heiligen Geist.«[141]
David Yonggi Cho soll bereits 1991 die Erweckung vorherge-
sagt haben. Ihr Profil unterscheidet sich durchaus von dem
Torontos. Neben den ekstatischen Erfahrungen werden die
Tränen der Buße, die erneute Bekehrung der vom Glauben
Abgefallenen akzentuiert, hervorgerufen vor allem durch die
zahlreiche Sünden anprangernden und drastischen Gerichts-
und Bekehrungspredigten von Stephen Hill. Auch die Versammlungen in Brownsville zielen auf Segensdienste ab, die
immer wieder zum »Erschlagensein im Geist« führen. »Hill
und die anderen Mitarbeiter ... Robertson, Kilpatrick und einige andere ... kommen von der Plattform herunter, jeder von
zwei kräftigen Männern begleitet, die rote Armbinden tragen.
Sie waten in die dicht gepackte Menge in den Gängen hinein
und beten für jeden, der einen Segen wünscht. Und das geht
wie folgt: Der Prediger legt seine linke Hand in den Nacken
des Gottesdienstbesuchers, berührt mit dem rechten Daumen
die Stirn desjenigen und fängt an zu beten. Sehr häufig fällt
derjenige, für den gebetet wird, kraftlos in sich zusammen.
Darum sind auch die Männer mit den Armbinden dabei. Sie
fangen die Fallenden auf und helfen ihnen, sanft auf dem Tep-
pich zusammenzusinken. Dieses ist als ›Erschlagensein im
Geist‹ bekanntgeworden.« (Pressebericht)[142]
Die Erweckung in Pensacola wird von zahlreichen Pfingstlern
und einzelnen Charismatikern als großer geistlicher Aufbruch
gewertet. Fürsprecher dieser Bewegung in Deutschland sind
neben vielen Pfingstlern unter anderen Wolfram Kopfermann
(Anskar-Kirche, Hamburg), Walter Heidenreich (Freie christ-

liche Jugendgemeinschaft, Lüdenscheid), Jobst Bittner (Tü-
binger Offensive Stadtmission) und Gerhard Bially (Jesus
Haus, Düsseldorf), dessen Buch über die Pensacola-Erwek-
kung eine überaus kenntnisreiche Innenperspektive liefert.
Alle Genannten meinen, daß in Brownsville die Akzente der
Verkündigung deutlicher als in Toronto so gesetzt worden
sind, wie dies aus den klassischen Erweckungen bekannt ist.
Die Pensacola-Erweckung wird im Vergleich zum Toronto-
Segen als tiefgreifender und wichtiger angesehen. Man weist
darauf hin, daß der Besucherstrom in Brownsville um ein
Vielfaches größer und anhaltender ist als in Toronto. Gerhard
Bially erinnert im Blick auf die Pensacola-Erweckung an die
Heilungsgottesdienste von Katryn Kuhlman.
Der Vergleich zwischen Pensacola und Toronto beschäftigt
auch zahlreiche Besucher, die hier wie dort waren. Dabei werden Gemeinsamkeiten und Unterschiede formuliert. Der Aufbruch in der Toronto-Airport-Church nahm schnell eine internationale Dimension an und konnte im Besucherstrom eine
große konfessionelle Vielfalt aufweisen. »Toronto« ist inzwischen ein freies charismatisches Zentrum geworden, das nach
Peter Wagners Zählung der »dritten Welle« zuzurechnen ist
und dessen Dynamik stark zurückgegangen ist. Brownsville
spricht mehrheitlich Pfingstler an und zeigt damit, daß auch
die »erste Welle« noch gewaltige Wogen schlagen kann.
Während »inzwischen nur noch 200 bis 300 Besucher zu den
Wochenveranstaltungen der Toronto-Airport-Church kommen, stellen sich andererseits 5000 bis 6000 Menschen selbst in
der größten Sommerhitze Floridas bis zu 20 Stunden an, um
einen Gottesdienst in Brownsville miterleben zu können«.[143]
Inzwischen wird berichtet, daß die Erweckung auf weitere
Orte Nordamerikas übergegriffen hat, womit erneut unterstrichen wird, daß das wiederholte Ausbrechen von Erweckungen, die mit ekstatischen Erfahrungen und auffallenden körperlichen Phänomenen verbunden sind, eine charakteristische
Ausdrucksform pentekostal-charismatischer Spiritualität ist.

Erweckungschristentum
und Endzeiterwartung

Am Anfang dieses Jahrhunderts konstatierte Ernst Troeltsch im Blick auf die zeitgenössische Kirche und Theologie: »Das eschatologische Büro ist meist geschlossen.« Tendenziell mindestens dürfte er mit dieser Feststellung recht gehabt haben. Die großen geistigen Mächte Aufklärung, Idealismus und Marxismus stellten die christliche Hoffnung auf ein ewiges Leben in Frage und ließen in ihren Auswirkungen auf Theologie und Kirche die letzten Dinge wirklich zu letzten Dingen, zu peripheren Aspekten des Christlichen werden. Aus Kandidaten des Jenseits sollten Praktikanten des Diesseits werden. Ein auf Modernitätsverträglichkeit ausgerichtetes Verständnis des Christentums versuchte jeden Verdacht des Verrates am Diesseits auszuräumen, konzentrierte sich auf Weltgestaltung und Humanisierung der Welt und forcierte die Selbstsäkularisierung der christlichen Kirchen.

Allerdings galt das Diktum Troeltschs nicht generell und für alle Ausformungen protestantischer Frömmigkeit. In einer gewissen Gleichzeitigkeit zu ent-eschatologisierenden Tendenzen in Kirche und Theologie im 19. und 20. Jahrhundert kam es auch zu intensivem Naherwartungsglauben und einem neuen eschatologischen Aufbruch. Dieser Aufbruch fand einerseits in der Erweckungsfrömmigkeit des Protestantismus statt, aus der auch evangelikale und charismatische Frömmigkeitsformen erwuchsen, andererseits in zahlreichen christlichen Sondergemeinschaften und Sekten. Insofern war und blieb das eschatologische Büro keineswegs generell geschlossen; im Gegenteil, in einzelnen christlichen Subkulturen machte es Überstunden.

Geschichtlicher Rückblick vermag viele Beispiele dafür anzuführen, daß Übergangs- und Krisenzeiten durch hochgespannte euphorische oder düstere Zukunftserwartungen bestimmt waren. Am Ende des zweiten Jahrtausends leben apokalyptische Zukunftsperspektiven wieder auf. Apokalyptische Weltangst hat heute viele Gesichter und findet gleichermaßen in säkularen und religiösen Unheilspropheten ihre Sprecher. Sie hat es leicht, sich auszubreiten, weil sie Nahrung empfängt von den Verwundungen der Welt und den inflationären Erfahrungen des Bösen. Sie kann vielfältig an Stimmungslagen, Zeitströmungen und grundsätzlichen Umbrucherfahrungen anknüpfen. Das allgemeine Krisenbewußtsein der westlichen Welt, die grundsätzlichen Veränderungen der politischen Landschaft mit dem Einschnittdatum 1989, der Krieg im ehemaligen Jugoslawien haben die Chancen und Abgründe geschichtlicher Entwicklungen gezeigt. Die Erfahrung des Bedrohtseins allen Lebens ist durch das atomare Potential, aber auch durch die rasante Zerstörung der Natur und das, was man ökologische Krise zu nennen pflegt, neu ins Bewußtsein gelangt. Ein möglicher kollektiver Untergang ist nahegerückt. Die Bilderwelt der Apokalyptik ist durch reale Entwicklungen gleichsam eingeholt worden und uns in mancher Hinsicht näher gekommen, als dies noch vor wenigen Jahrzehnten der Fall war. Das Jahr 2000 ist für säkulare und religiöse Futuristen dabei zu einem Kristallisationspunkt für Hoffnungen und Ängste geworden. Insofern gilt in vielfacher Weise, daß das »eschatologische Büro« wieder geöffnet hat, ja Überstunden macht. Inwiefern dies auch im Blick auf Ausprägungen des Endzeitglaubens im pfingstlich-charismatischen und evangelikalen Kontext gilt, darum soll es im folgenden gehen.

Endzeiterwartung und Missionsauftrag

Für alle Ausdrucksformen des Erweckungschristentums gilt, daß Endzeiterwartungen ein charakteristisches Merkmal sind. In biblizistischer Ausrichtung werden die prophetischen und apokalyptischen Sprach- und Vorstellungswelten der alt- und neutestamentlichen Texte reaktualisiert: Wehen der Endzeit,

Trübsal, Entrückung, Schlacht von Harmagedon, Gericht, Wiederkunft Jesu, tausendjähriges Friedensreich (Millennium), neuer Himmel und neue Erde. Sie werden in allernächster Nähe erwartet und häufig in eine konkrete Ereignisfolge gebracht. Mit der raschen Ausbreitung evangelikaler und pfingstlich-charismatischer Bewegungen im 20. Jahrhundert wurden auch diejenigen endzeitlichen Erwartungen bekannt, die mit ihnen von Anfang an verbunden waren. Beide Bewegungen sind transkonfessionell orientiert und haben wichtige gemeinsame Anliegen. Beide wirken in verschiedene konfessionelle Traditionen hinein. Es wäre einseitig, generalisierend und falsch, in Charismatikern und Evangelikalen weltflüchtige oder hyperaktive Endzeitspezialisten zu sehen. Beide haben vor allem die Themen Erneuerung des einzelnen durch Lebensübergabe an Christus und Mission auf ihre Fahnen geschrieben.

Vorherrschend wird ein gesteigertes apokalyptisches Bewußtsein in evangelikalen und pfingstlich-charismatischen Bewegungen allerdings durchweg nur da, wo fundamentalistische Motive wirksam werden (elitäre Abgrenzung gegenüber anderen Christen, Unmittelbarkeitspathos, dualistisches Weltbild). Hier können auch Steigerungen erfolgen, die Einzelgruppen in Versektungsprozesse führen, obgleich grundsätzlich zwischen Erweckungschristentum in seinen zahlreichen Ausdrucksformen einerseits und christlichen Sondergemeinschaften andererseits deutlich unterschieden werden muß. Je mehr sich das apokalyptische Bewußtsein jedoch fundamentalistisch verfestigt und zu einem isolierten Merkmal der Frömmigkeit überhaupt wird, desto deutlicher unterliegt es einem Versektungsprozeß.[143] Von daher ist zu verstehen, daß ein gesteigertes apokalyptisches Zeitbewußtsein ein wichtiger Ausgangspunkt für die Entstehung zahlreicher christlicher Sondergemeinschaften werden konnte. In militanten Sekten wird es weiter gesteigert, indem es aus der Zuschauerhaltung gegenüber dem unabwendbaren Untergang heraustritt und

umschlägt in eine gewalttätige, selbstinszenierte Herbei-
führung der erwarteten Katastrophe.

Evangelikale und charismatische Bewegungen verstehen sich
zuerst und vor allem als Missions- und Erneuerungsbewegungen. Sie lassen sich nicht primär als Endzeitgruppen begreifen.
Gleichwohl ist in ihrer Frömmigkeit ein konkretes Erwarten
des Reiches Gottes und der Wiederkunft Christi deutlicher
ausgeprägt als in der kirchlichen Normalfrömmigkeit. In ori-
entierenden Konsenstexten evangelikal und charismatisch geprägter Bewegungen und Gruppen findet man entsprechend
keine überspannten Endzeiterwartungen.

Im Zusammenhang des Internationalen Kongresses für Welt-
evangelisation in Lausanne im Jahre 1974 verabschiedeten die
Teilnehmerinnen und Teilnehmer aus 150 Nationen die »Lausanner Verpflichtung«, die als eine Art Grundlagen- und
Konsenstext evangelikaler wie auch charismatischer Bewegungen anzusehen ist. Im Artikel 15 heißt es darin zur Wiederkunft Christi: »Die Verheißung seines Kommens ist ein
weiterer Ansporn für Evangelisation, denn wir gedenken seiner Worte, daß die Botschaft zuerst allen Völkern verkündigt
werden muß. Wir glauben, daß die Zeit zwischen Himmelfahrt und seiner Wiederkunft von der Sendung des Volkes
Gottes gefüllt werden muß. Wir haben kein Recht, die Mission vor dem Ende der Zeiten abzubrechen.«[145] Mit dieser Position stellt sich die evangelikale Theologie in Kontinuität zur
klassischen protestantischen Missionstheologie und gegen ein
Missionsmoratorium, wie es von einzelnen Vertretern eines
Säkularökumenismus gefordert worden war. Die Endzeiterwartung wird im engen Zusammenhang mit der Missions-
und Evangelisationspraxis gesehen. Das »heilsgeschichtliche
Missionsdenken«[146], dem man sich verpflichtet weiß, läßt zwischen missionarischer Praxis und eschatologischer Erwartung
ein enges Band entstehen. Die Erneuerung der Kirchen soll
durch eine Wiederentdeckung ihres Evangelisationsauftrages

erfolgen. Die eschatologische Perspektive unterstreicht die
Dringlichkeit der evangelistischen Aufgabe gegenüber den
noch Unerreichten, den Nichtglaubenden, wobei man hinsichtlich der Wahl der Mittel, vor allem der Nutzung der
Kommunikationstechnologie, nicht wählerisch sein will.
»Ziel soll sein, alle verfügbaren Mittel zu nutzen, so früh wie
möglich jedem die Gelegenheit zu geben, die gute Nachricht
zu hören, zu verstehen und anzunehmen« (Lausanner Verpflichtung Nr. 9).
Das Manila-Manifest (1989) unterstreicht die Verpflichtungen
des Lausanner Kongresses und konkretisiert die Herausforderungen des Jahres 2000 und darüber hinaus. »Das Jahr 2000
ist für viele von uns zu einem herausfordernden Datum geworden. Können wir uns dazu verpflichten, die Welt in den
letzten zehn Jahren dieses Jahrtausends zu evangelisieren? Es
ist kein magisches Datum, aber sollten wir nicht unser Bestes
tun, um dieses Ziel zu erreichen? Christus beauftragt uns, das
Evangelium allen Völkern zu bringen.«[147] Im Gegenüber zu
einer falsch verstandenen Verdiesseitigung der christlichen
Hoffnung im säkularisierten Reich-Gottes-Gedanken und einer abstrakten Vergeistigung christlicher Hoffnung im End-
zeitsymbolismus unterstreicht die Erweckungsfrömmigkeit
den Realismus biblischer Enderwartung und setzt diesen Tendenzen die konkrete Erwartung der »leiblichen Wiederkunft
Christi« entgegen.[148]
Fahrpläne für die Endzeit und angstmachende Szenarien finden sich in den Konsenstexten der Evangelikalen und Charismatiker nicht. Eher tritt in den genannten Dokumenten der
ausdrückliche Wille in Erscheinung, in Kontinuität zum
Glauben der Christenheit am Bekenntnis der Hoffnung festzuhalten, in allerdings deutlicher Abgrenzung gegenüber einer entmythologisierenden Hermeneutik, die durch das bisherige Ausbleiben der Wiederkunft Christi die neutestamentlichen Zukunftsaussagen als widerlegt ansieht. Aber nicht alle
Aussagen aus dem Bereich pfingstlich-charismatischer und

evangelikaler Bewegungen über das Ende sind so gebremst und vergleichsweise ausgewogen wie die zitierten offiziellen Stellungnahmen.

Grundstrukturen
gesteigerten apokalyptischen Bewußtseins

Gesteigertes apokalyptisches Bewußtsein will mehr wissen als die Botschaft, daß Gottes Reich, das in verborgener Weise im Leben, Sterben und Auferstehen Jesu begonnen hat, einmal endgültig und sichtbar kommen wird, so daß der Glaube zum Schauen wird. Es zielt zwar nicht unbedingt darauf ab, den genauen Termin für die Ankunft Christi zu benennen. Es will aber auskunftsfähig sein hinsichtlich der Frage, was im Zusammenhang der Parusie geschehen wird. Es will verbindlich aussagen, wie spät es auf der Weltenuhr ist. Es beansprucht, verläßliche Deutungen für gegenwärtige weltgeschichtliche Entwicklungen zu geben, vor allem in ihrer Bezogenheit auf den nahen Osten und Israel. Es klammert sich dafür an die biblischen Texte (vor allem Danielbuch, Endzeitreden Jesu in den Evangelien, Offenbarung des Johannes) in ihrer Buchstäblichkeit und beansprucht ihre wahre Auslegung zu verwirklichen.

Ausgangspunkt dieses gesteigerten apokalyptischen Bewußtseins ist die Überzeugung, daß Gott, »der Architekt der Zeitalter, … es für richtig (hielt), uns in Bezug auf seinen Plan für die Zukunft ins Vertrauen zu ziehen«, daß er »seine Absicht und seinen Heilsplan detailliert im Wort offenbart« hat.[149] Verbreitet ist es keineswegs nur in christlichen Rand- und Extremgruppen. Es reicht weit hinein in den Bereich evangelikaler, charismatischer und pentekostaler Frömmigkeit. Es ist in dem Maße in Freikirchen und kirchlichen Milieus präsent, in dem erweckliche Frömmigkeitsformen das christliche Leben bestimmen. Gesteigertes apokalyptisches Bewußtsein wird allerdings auch innerhalb evangelikaler Frömmigkeitsformen in

seiner Problematik wahrgenommen. Kritische Auseinandersetzungen mit »frommem Endzeitlotto« werden auch von In-
sidern vorgetragen.[150]

Für evangelikale und pentekostale Laienfrömmigkeit haben
Endzeitthemen schon immer ein breites Interesse gefunden.
Die kaum zu überblickende Anzahl der Buchtitel und ihre
Auflagenhöhe wie auch verbreitete Cassetten und Videos zei-
gen, daß es hier um ein Thema von großem und dauerhaftem
Interesse geht. Nicht wenige Bücher sind Übersetzungen und
entstammen dem anglo-amerikanischen Kontext. Sie zeigen
die internationale Ausrichtung und Außenbestimmtheit
transkonfessioneller Frömmigkeitsformen auch in diesem
Themenbereich an. Aber auch eine Reihe deutschsprachiger
Autoren hat sich der Endzeitthemen angenommen. Für manche Verlage, wie beispielsweise den pfingstlerischen Leuchter-
Verlag – einen der größten Pfingstverlage in Europa –, steht
die Beschäftigung mit diesen Themen im Mittelpunkt ihres
Interesses. Gegenüber klassischen Sondergemeinschaften wie
etwa den Zeugen Jehovas oder der Neuapostolischen Kirche
haben dem evangelikal-pentekostalen Kontext zuzurech-
nende Autoren ein ausgeprägtes Differenzbewußtsein, obgleich sie sich mit ihren Themen und Meinungen auf ein zum
Teil paralleles Terrain begeben.

Das wohl bekannteste Beispiel eines evangelikalen Endzeitau-
tors ist Hal Lindsey. Auch wenn seine Schriften inzwischen
vielfach veraltet und in ihren zeitgeschichtlichen Anspielun-
gen in vielem durch den faktischen Verlauf der Geschichte
überholt sind, konnten sie sich über Jahrzehnte als marktbe-
herrschend behaupten. Insofern ist es gerechtfertigt, an ihn
erneut zu erinnern. Er ist der mit Abstand erfolgreichste Endzeitautor. Ohne Übertreibung kann gesagt werden: Wer Lindsey kennt und gelesen hat, kennt fast alle anderen Endzeitautoren auch.

Bekannt geworden ist er vor allem mit seinem Millionenbest-
seller »Alter Planet Erde, wohin?«, der 1971 auch in Deutsch

erschien und zahlreiche Auflagen erfuhr.[151] Lindseys Buch gab es nicht nur in evangelikalen Buchhandlungen zu kaufen, sondern auch auf Flugplätzen und in Großkaufhäusern. In Amerika lag der Sachbuchbestseller sogar in Supermärkten aus neben Wildwestromanen und Sience-Fiction-Literatur. Lindsey schreibt in einem eingängigen, kompetenten Stil. Auf amerikanisches Denken hat er bis in hohe Regierungskreise großen Einfluß ausgeübt. Und auch im deutschsprachigen Raum dürfte es kaum einen Endzeitautor geben, der von ihm nicht mitbeeinflußt wäre. Lindsey gelang es, das Interesse an biblischer Prophetie überhaupt anzuregen. Bei ihm finden sich die Grundmuster gesteigerten Endzeitdenkens, denen zahlreiche Endzeitautoren in den Grundaussagen folgen:

– Die Geschichte ist die Ereignung und buchstäbliche Erfüllung des prophetischen Wortes. Das prophetische Zeugnis der Bibel enthält entsprechend gesicherte Informationen über den Verlauf der Endereignisse. Es wurde »in unserer Generation ... entsiegelt« (215).

– Die jetzige Generation ist die letzte, die das Ende und die Vernichtung der jetzigen Welt und die Wiederkunft Christi erleben wird, die also die Verheißungen der Schrift zur Erfüllung kommen sieht.

– Daß wir uns in einer endzeitlichen Situation im engeren Sinn befinden, wird durch Schlüsselsignale belegt und bewiesen: zum Beispiel Naturkatastrophen, die Sammlung Israels in Palästina, das verstärkte Interesse an Satanskulten, das Auftreten der Weltmächte, die sich zum Endkampf gegen Israel rüsten. »Wir haben gesehen, wie die gegenwärtigen Ereignisse im Nahen Osten sich genau in das Bild der biblischen Endzeitprophetie einfügen. Israel wohnt wieder in seiner alten Heimat Palästina; ... Rußland ist eine Weltmacht geworden und der erklärte Feind Israels. Die Araber versuchen, unter der Führung Ägyptens Palästina zu befreien ... Die Prophetie wird Wirklichkeit; Steinchen fügt sich an Steinchen. Die heutige Generation steht an der

Schwelle umwälzender Ereignisse.«[152] Auch China trägt
dazu bei, »die Voraussetzungen für die in der Endzeitprophetie angekündigten Ereignisse zu schaffen«[153]. In europäischen Einigungsbemühungen kündigt sich das vierte
Großreich an. Aus ihm wird nach Lindsey der Antichrist,
»der größte Diktator aller Zeiten« (115), hervorgehen.

– Der Christ braucht die Katastrophen der kommenden Zeit
  nicht zu fürchten, weil er daran glauben kann, »daß die Gemeinde Jesu aus dem kommenden Chaos zu ihrem Herrn
  entrückt« wird »und nicht mehr irdischer Zeuge der
  Schreckensherrschaft des Antichristen sein wird« (133). Als
  Zeichen der Entrückung wird das Verschwinden einzelner
  Menschen angenommen.

– Die großen Machtblöcke greifen Israel an. In Harmagedon
  kommt es zur größten Schlacht aller Zeiten. Auf dem Höhepunkt weltweiter Katastrophen unvorstellbaren Ausmaßes
  muß jedoch alle gottlose, egoistische und gewaltsame Herrschaft weichen, weil der Friedefürst Christus mit seinen
  Heiligen kommt, um sein Tausendjähriges Reich zu errichten. Am Ende dieses Reiches wird es erneut zum Aufstand
  kommen, der »niedergeschlagen« wird. »Nach diesem Ereignis wird die menschliche Geschichte in ihrer heutigen
  Form aufhören« (211). Ein neuer Himmel und eine neue
  Erde stehen am Ende.

Lindsey, der, bevor er einen eigenen prophetischen Dienst
startete, acht Jahre lang Mitarbeiter der Organisation Campus
für Christus war, behauptet nicht, das Datum des jüngsten Ta-
ges errechnen zu können. Auch räumt er gleich am Anfang
seines Buches ein, daß er nicht zu denen gehört, »die von Zeit
zu Zeit mit Frau und Kind in die Berge flüchten, um dort der
schrecklichen Dinge zu harren, die kommen sollen«.[154] Ausdrücklich ermahnt er den Leser am Ende seines Buches,
Schule oder Arbeit nicht zu vernachlässigen, und meint, daß
wir »unser Leben so planen sollen, als hätten wir ein langes
Leben hier auf Erden vor uns«. Gleichwohl vermittelt er ein

klares Bild des Ablaufs der Endereignisse und stellt unsere
Gegenwart unter das Vorzeichen antichristlicher Wirksamkeit: »Was heute in der Welt geschieht, ist Wegbereitung für
das Auftreten des Antichristen« (133).
Was Lindsey paradigmatisch als Endzeitszenario darstellt und
mit großer Gewißheit vorträgt, findet sich in Aussage und
Struktur bei zahlreichen anderen Autoren ähnlich, in den
Konkretionen freilich mit anderen Akzenten versehen.[155]
Endzeitautoren veranschaulichen nicht selten ihre eschatologischen Erwartungshaltungen auf Schaubildern, die die
großen Kriegsmächte vor dem Endkampf zeigen, oder auf Ta-
bellen, die die Endereignisse in ihrer Reihenfolge mit dem
Hinweis auf entsprechende biblische Texte dokumentieren.

Zum Umgang mit der Bibel

Die Auslegung biblischer Texte folgt einem fundamentalistischen Ansatz. Ausgangspunkt ist die Unfehlbarkeit der
ganzen Heiligen Schrift auch in Einzel- und Randaussagen.
Als wesentliches hermeneutisches Instrument gelten ange-
nommene Zeitperioden (dispensations). Die meisten Endzeitautoren sind Dispensationalisten. Sie gehen davon aus, daß
die Wiederkunft Jesu sich vor dem Tausendjährigen Reich ereignet (Prämillennialismus). Da die biblischen Texte nach ihrer Überzeugung jeweils zu bestimmten Heilsabschnitten von
der Schöpfung bis zur Vollendung gehören, ist es Aufgabe des
die Bibel Auslegenden, herauszuarbeiten, welcher Text zu
welcher Zeitperiode gehört. Erst dadurch wird der geheimnisvolle Einblick in den Ablauf des göttlichen Plans möglich,
der den Weg zum Ende dieser Welt und der Aufrichtung eines
neuen Himmels und einer neuen Erde offenlegt. Die apoka-
lyptisch gestimmte Geschichtsschau gewinnt ihre Konkretionen dann, wenn die biblischen Texte in ein bestimmtes Ge-
schichtsbild eingeordnet und zu einem Puzzle zusammenge-
fügt werden. Dabei werden Prophetie einerseits und Gegen-

wartsgeschichte andererseits so aufeinander bezogen, daß einzelne geschichtliche Vorgänge als unmittelbare Ereignung prophetischer Verheißungen verstanden werden.

Die Auslegung der Bibel wird dadurch zu einer sehr willkürlichen und zugleich spekulativen Angelegenheit. Denn welcher Text in welche Zeit gehört und auf welche vergangenen, gegenwärtigen oder zukünftigen Ereignisse hinweist, das bestimmt der Ausleger, so daß ganz unterschiedliche Prophetie-Puzzle entstehen. Je mehr man bei einem Vergleich der konkreten Endzeitabläufe ins Detail geht, desto vielfältiger, differenzierter und widersprüchlicher wird das Feld.[156] Das fundamentalistisch-buchstäbliche Schriftverständnis behauptet zwar, daß es in der Regel nur eine einzige Möglichkeit der Deutung gibt, faktisch setzt es jedoch sehr unterschiedliche Endzeitvorstellungen aus sich heraus. So gibt es Prämillennialisten, die die Wiederkunft Christi vor dem Tausendjährigen Reich erwarten, und Postmillennialisten, die sie danach erwarten. Über den Zeitpunkt der Entrückung gibt es eine Fülle von kontroversen Ansichten. Neuerdings hat innerhalb des christlich-fundamentalistischen Kontextes die Ansicht Furore gemacht, daß die meisten der prophetischen Aussagen der Bibel (vor allem der Offenbarung des Johannes) bereits in der Zeit des Frühchristentums erfüllt wurden.[157]

Geschichtliche Vorläufer für die dispensationalistische Geschichtsschau liegen unter anderem in den chiliastischen Strömungen des Mittelalters, im sogenannten linken Flügel der Reformation, vor allem jedoch im Darbysmus. John Nelson Darby (†1882) war es, der ein streng fundamentalistisches Schriftverständnis, das von der Irrtumslosigkeit und Unfehlbarkeit der Heiligen Schrift in allen Aussagen ausgeht, mit entsprechenden Heilsabschnitten verband und so die endzeitlichen Glaubensaspekte mit höchster Autorität und geistlichem Anspruch vertreten konnte.

Die Lokalisierung des Bösen

In gesteigerten Formen des apokalyptischen Bewußtseins wird nicht nur der für apokalyptische Erwartungen kennzeichnende Gedanke einer vorübergehenden Distanzierung Gottes von der Geschichte und der damit zugelassenen Entfaltung des Bösen ausgesprochen, sondern auch das Böse und Antichristliche identifiziert und lokalisiert. Diese Lokalisierung des Antichristlichen oder die nähere Bestimmung des Antichristen kann unterschiedlich ausfallen, was den spekulativen Charakter der Auslegung unterstreicht. Für Lindsey konkretisiert sich das Antichristliche im Zehnstaatenbund, der die Grundlage der Europäischen Gemeinschaft bildet. Für Marius Baar ist der Islam das große antichristliche System.[158] Andere Endzeitautoren aus pentekostalen und evangelikalfundamentalistischen Bereichen, die sich im Blick auf den Stellenwert außergewöhnlicher Charismen als streitende Geschwister gegenüberstehen, sehen den Antichristen aus dem Papsttum der Römisch-Katholischen Kirche hervorgehen.[159] Der Zusammenbruch des kommunistischen Systems hat diejenigen in eine schwierige Lage gebracht, für die feststand, daß Rußland die zentrale antichristliche Macht ist. Als 1991 der Irak Bomben auf Israel abfeuerte, breitete sich Endzeithysterie aus; viele glaubten in Sadam Hussein den Antichristen erkennen zu können.

Solche Festlegungen des Bösen zeigen, daß die Auslegung nicht durch das Hören auf den Reichtum der eschatologisch orientierten biblischen Texte erfolgt. Wer der Feind ist, steht vorher schon fest. Ein eklektischer Bibelgebrauch legitimiert die eigenen Überzeugungen und subjektiven Einschätzungen. In gesteigerten Formen evangelikaler und charismatischer Endzeiterwartung wird die apokalyptische Bildersprache ins Ultrakonkrete gezogen und ihres Geheimnisses entkleidet. Die jeweiligen Annahmen hinsichtlich der Frage, wer der Antichrist oder das antichristliche System sein könnte, haben

Folgen für die Wahrnehmung anderer Völker. Die Lokalisierung des Bösen in bestimmten Machtsystemen hat politische Implikationen. Mit antichristlichen Systemen kann man keine Verhandlungen führen, geschweige denn Friedenspolitik machen. Wer in der Zeit vor dem Fall der Berliner Mauer und der Öffnung der Grenzen Osteuropas die Entspannungspolitik unterstützte, konnte in Rußland nicht den Antichristen sehen. Evangelikale, die den Dialog mit der katholischen Kirche führen, können eine antikatholische Haltung, die das antichristliche System mit dem Papsttum identifiziert, nicht länger unterstützen. Für eine Endzeiterwartung, die nicht Frieden, sondern Krieg und Chaos erwartet, ist eine israelische Friedenspolitik, die um Verständigung mit seinen Nachbarn bemüht ist, ein Störfaktor.

Die Zeichen der Zeit
und die Dämonisierung der Welt

Um zu wissen, wie spät es auf der Weltenuhr ist, müssen die Zeichen der Zeit verstanden werden. Dafür verweisen alle Endzeitautoren auf Israel. »Israel ist Gottes prophetische Uhr. Indem Er dem Volke Israel ihr Land zurückgab, hatte Er diese Uhr wieder in Bewegung gesetzt. Nach langen Jahrhunderten des Schweigens schlug sie wieder die Stunden und zeigte Gottes Zeit an.«[160] Daß das Enddrama dieses Zeitalters sich im Lande Israel abspielen wird, davon sind alle überzeugt. Palästina als ständiger Krisenherd der Weltpolitik bietet viele Anknüpfungen an globale politische Problemkonstellationen und ihre Verbindung mit biblischer Prophetie. Endzeitautoren verstehen sich als Israelfreunde und tendieren zum christlichen Zionismus und einer antiarabischen Haltung. In fundamentalistischer Berufung auf die Landverheißung unterstützen nicht wenige von ihnen ein Groß-Israel-Konzept, wie es auch in national-religiösen Kreisen in Israel lebendig ist.[161] Nun gilt in der gesamten christlichen Öku-

mene die Rückkehr der Juden ins verheißene Land als Erweis
der Treue Gottes zu seinem Volk. Für ein gesteigertes apokalyptisches Bewußtsein meint Israels Rückkehr jedoch mehr.
Es ist Beweis des nahe bevorstehenden Endes, ein unzweideu-
tiges Zeichen für die beginnenden Wehen der Endzeit.
Die Zeitansage, daß es spät ist auf der Weltenuhr, hat Folgen
für die Wahrnehmung und Analyse der Gegenwart. Die
wahre Erkenntnis des Charakters unserer Zeit sieht ein gesteigertes endzeitliches Bewußtsein nicht durch rationale Analy-
sen, sondern durch geistliches Unterscheiden gegeben, das die
unbedingte Unterwerfung unter den Buchstaben der Schrift
voraussetzt. Das Denken im Kontext dieses Geschichtsver-
ständnisses ist vor allem auf das Negative fixiert, auf Verfall
und Überwältigtwerden durch die Mächte des Bösen. Dabei
sieht man sich bestätigt durch tägliche Nachrichten von Naturkatastrophen, zunehmender Gewaltbereitschaft, hohen
Scheidungsraten und dergleichen. Unsere Zeit wird als eine
zunehmend vom Antichristen bestimmte gedeutet. In der Ge-
genwartskunst, der Gegenwartsmusik, der theologischen
Wissenschaft, der Liberalisierung der Kirchen sieht man antichristliche Kräfte am Werk. Gesteigertes apokalyptisches
Bewußtsein verbindet die Endzeiterwartung mit einer umfassenden Dämonisierung von Mensch und Welt. Fundamentalistischer Dualismus muß die Welt verteufeln und alles auf die
apokalyptische Endschlacht Harmagedon zulaufen lassen.
Während die geschöpfliche Welt immer kleiner wird, erscheinen Politik, Wirtschaft, Religion und Kirche immer mehr im
Licht widergöttlicher Machtergreifung. Weltvernichtung einerseits und Errettung der kleinen Schar der wahrhaft Glaubenden andererseits sind die zentralen Themen, auf die sich
die Frömmigkeit konzentriert. Die Welt scheint nur noch
dazu da zu sein, daß diabolische Mächte sich in ihr austoben.
Der in der Gottesebenbildlichkeit des Menschen begründete
Auftrag, gestaltend in ihr mitzuwirken, findet keine Berücksichtigung mehr.

In Erwartung endzeitlicher Massenerweckungen

Zwischen pfingstlich-charismatischen und evangelikal geprägten Endzeitautoren gibt es, was Inhalte und Vorstellungen zur Abfolge endzeitlicher Ereignisse angeht, große Affi-
nitäten und weitgehende Übereinstimmungen. Die Endzeiterwartung von Charismatikern und Pfingstlern ist allerdings
mit einem weiteren charakteristischen Akzent versehen. Die
Ausgießung des Geistes, wie sie in pfingstlich-charismatischer
Frömmigkeit erlebt wird, kann selbst als Endzeitgeschehen
im engeren Sinn begriffen werden. Dies führt zu einer anders
konturierten Erwartungshaltung. Pfingstler und Charismatiker leben in der Erwartung endzeitlicher Massenerweckungen. In ekstatischen Geisterfahrungen wird nicht nur die
Rückkehr in urchristliche Verhältnisse gesehen, sondern auch
ein Zeichen endzeitlichen göttlichen Erweckungshandelns.
Die rasante Ausbreitung pentekostaler Frömmigkeit deutet
man als Hinweis darauf, daß Gott seinen Geist nun über alles
Fleisch ausgießen wird (Joel 3,1ff). Dafür lassen sich eine
ganze Reihe von Beispielen nennen:
Die Wiederentdeckung des »prophetischen Dienstes« vollzog
sich in der charismatischen Bewegung mit zahlreichen spekulativen Zukunftsvorhersagen und war mit Demonstrationen
prophetischer Vollmacht verbunden. Paul Cain, Mike Bickle
und Rick Joyner waren in den letzten Jahren Dauergäste im
deutschsprachigen Bereich. In Berufung auf prophetische
Eingebungen sagten Cain und Bickle unmittelbar bevorstehende Erweckungen voraus, die von England und Deutschland ausgehen sollten. Cain und R. T. Kendall verkündigen
neuerdings die »post-charismatische Ära«, in der Wort und
Geist verschmelzen und der triumphale Sieg pentekostal-charismatischer Frömmigkeit in der glorreichen Endzeit-Er-
weckung für alle unbezweifelbar wird.[162]
Besondere ekstatische Geisterfahrungen (Ruhen im Geist, Lachen und Weinen im Geist) wie der Toronto-Segen und die

Pensacola-Erweckung wurden und werden von vielen als Anzeichen einer unmittelbar bevorstehenden Massenerweckung
gedeutet.

Die Verteilaktion der Schrift »Vom Minus zum Plus« in verschiedenen Ländern durch das pfingstlerische Missionswerk
»Christus für alle Nationen« (CfaN) stand und steht im Zeichen »endzeitliche(r) Seelenernte«.[163] Reinhard Bonnke ist als
Initiator dieser Aktion siegesgewisser Aktivist und Optimist,
der offensichtlich plant, sein Buch zum unübertreffbaren
Weltbestseller zu machen.

David Hathaway, dessen Organisation »Prophetic Vision«
auch von einzelnen charismatischen Initiativen unterstützt
wird, beansprucht, in unmittelbarer Weise eine Offenbarung
Gottes für Rußland und Osteuropa empfangen zu haben, »so
klar, als wenn man auf die Strategiekarte des Teufels hin-
abblickt, aber ich sehe auch Gottes Strategie, was er tun
will«[164]. Im Bewußtsein göttlicher Sendung sieht er in seiner
Mission die letzte Chance für die Menschen in Rußland. »Es
gibt immer noch einen mächtigen geistigen Kampf um die
Kontrolle Rußlands. Der Geist des Antichristen möchte Rußland unter Kontrolle nehmen, um Rußland zur Verfolgung
der Juden zu gebrauchen, damit die russische Armee Israel an-
greift. … Ich glaube, daß Wladimir Schirinowski in Rußland
Macht bekommen wird und daß er der Gog aus Hesekiel 38
ist.«[165] In den waghalsigen Prophetien seiner Informations-
blätter wird höchste prophetische Autorität demonstriert und
alles auf seine eigene Person konzentriert. »Die Prophetien
über Rußland sind fest und folgerichtig – nur die Zeit, nicht
die Sache ist die Frage.«[166] Eng verbunden mit seinen spekulativen Darlegungen zu Endzeitszenarien sind unzählige Berichte über wunderbare Heilungen und immer wieder ausge-
sprochene Bitten um finanzielle Unterstützung.

Das Jahr 2000
und die Evangelisierung der Welt

Für Endzeitpropheten scheint die bevorstehende Jahrtau-
sendwende besondere Marktchancen zu bieten. Es sind vor
allem zwei Zusammenhänge, die das Jahr 2000 für christliche
Endzeitspezialisten interessant machen: Der eine Zusammenhang ist die Erfüllung des Missionsauftrages, der andere ist
der Versuch, ein ungefähres Datum des Kommens Christi und
des Vergehens dieses Zeitalters in den Blick zu nehmen. Beides kann insofern in einem Zusammenhang stehen, als die Erfüllung des Missionsauftrages in Berufung etwa auf Matthäus
24,14 als Voraussetzung für die Parusie Christi betrachtet
werden und dabei auch an den Gedanken der Beschleunigung
des Endes anknüpfen kann.

Für zahlreiche evangelikale und charismatische Missions-
gruppen ist das Jahr 2000 eine Zielperspektive für ihre evangelistische Praxis. David Barrett zählte bereits im Jahre 1989
250 aktuelle Pläne für die Weltevangelisierung.[167] Die Hälfte
dieser Pläne ging von dem Jahr 2000 als Zielperspektive aus.
Bei der Verwirklichung dieser Evangelisationspläne spielt die
Nutzung der Medien eine wichtige Rolle. So glaubt die
Aktion »New Life 2000« mit Hilfe eines Jesusfilmes, an dessen Ende der Aufruf zu einer Entscheidung für den christlichen Glauben steht, den Missionsauftrag erfüllen zu
können. Unklar bleibt dabei, was es heißt, den Missionsauftrag zu erfüllen oder Menschen mit dem Evangelium zu
erreichen. Andere teilen die Welt in Planquadrate ein und
entwickeln kühne Pläne für die Evangelisierung der Welt
durch Gründung neuer Gemeinden und sehen darin die ef-
fektivste und beste Missionsmethode. Weithin ungeklärt ist
dabei, in welchem Verhältnis die geplanten Gemeindeneugründungen zu bestehenden Gemeinden und Gruppen stehen und wie Proselytismus vermieden wird. Flächen-
deckende missionarische Strategien vergessen fast immer die

Notwendigkeit einer Kontextualisierung und verleiten zu Oberflächlichkeit.

Das Jahr 2000 wird freilich auch als mögliches Datum des Weltendes betrachtet. Dabei gehen viele in Anknüpfung an vorneuzeitliche Annahmen von sechstausend Jahren Welt- und Menschheitsgeschichte aus. Wenn ein Tag in Gottes Zeitrechnung so lang ist wie tausend Jahre (vgl. 2. Petr 3,8), dann liegt es nahe anzunehmen, daß der siebte Tag unmittelbar bevorstehen könnte. Der Zeitraum von der Erschaffung Adams bis zur Geburt Jesu umfaßt in dieser Perspektive viertausend Jahre oder vier Gottestage. Die zweitausend Jahre Geschichte der Kirche machen das Maß der Zeit für die Weltgeschichte bereits voll. Der siebente Tag steht demnach unmittelbar bevor.

Hoffnung bleibt der Erde treu

In der Endzeitliteratur geht es darum, den Schleier der Verborgenheit im Blick auf weltgeschichtliche Ereignisse der nahen Zukunft zu lüften. Dahinter steht die verständliche Sehnsucht, das scheinbar Unberechenbare und Geheimnisvolle des Geschichtsverlaufs zu enträtseln. Gesteigertes apokalyptisches Bewußtsein erliegt jedoch der Tendenz, sich durch den Blick auf erwartete kosmische Katastrophen gefangennehmen zu lassen und in Angst, Resignation und Passivität zu erstarren oder aber, wohl noch häufiger, in blinden Aktivismus umzuschlagen, der durch Realitätsferne und Selbstüberschätzung gekennzeichnet ist. Die Hingabe an Untergangsstimmungen und Ohnmachtsgefühle ist ein Verzicht auf Hoffnung. Euphorische Zukunftserwartungen und beanspruchtes Zukunftswissen verleugnen eigene Begrenztheiten.

Natürlich kann man sagen, daß auch noch die Zerrbilder apokalyptischer Erwartungen die christlichen Kirchen an vergessene Themen erinnern. Das Feld der endzeitlichen Hoffnung wurde in der kirchlichen Verkündigung weitgehend zu einem Bereich der Verlegenheiten. »Die biblische Zukunftserwar-

tung ... wurde umgedeutet oder vertrocknete zu einem dür-
ren Paragraphen, mit dem die Lehrbücher der Dogmatik ab-
schlossen. Und die Aussagen über das, was nach dem Tod
kommt, wurden dürftig, dünn und phrasenhaft und ver-
stummten ganz.«[168] Je mehr in Kirche und Theologie die
Wende zur Diesseitigkeit beschworen wurde, desto beredter
nahmen apokalyptische Unheilspropheten und euphorische
Enthusiasten das frei gewordene Terrain ein. Sie verdecken jedoch durch geschichtsferne Spekulationen, katastrophen-
süchtige Vermutungen und unrealistische Erfolgswünsche die
berechtigten Anliegen biblischer Apokalyptik, die den Menschen auffordert, sein individuelles Leben in den weiten Horizont des Reiches Gottes zu stellen. Sie verzerren den Sinn
apokalyptischer Erwartungen, die die Unerlöstheit unserer
Welt aufdecken und den Glauben artikulieren wollen, daß
Gott der Herr von Schöpfung und Geschichte ist und ihren
Anfang und ihr Ziel bestimmt.

Eine kritische Auseinandersetzung mit gesteigertem apoka-
lyptischem Bewußtsein in evangelikaler und charismatischer
Frömmigkeit kann unterschiedliche Ansatzpunkte haben. Sie
kann zunächst wichtige Erfahrungs- und Vernunftargumente
ins Feld führen:
– Alle bisherigen Voraussagen eines bevorstehenden Endes
  haben gezeigt, daß dem Menschen das Wissen um Gottes
  Vollendungshandeln entzogen ist. Auch mit der Bibel in der
  Hand hören die grundsätzlichen Begrenzungen nicht auf,
  denen von Gott geschaffenes Leben unterliegt. Das prophetische Zeugnis der Bibel eignet sich nicht dazu, die fromme
  Neugierde zu befriedigen. Die christliche Hoffnung vermittelt kein privilegiertes Endzeitwissen. Was für alle Wahrsa-
  ger gilt, trifft auch auf Endzeitspezialisten zu: Je konkreter
  sie werden, desto größer wird die Fehlerquote. Eher selten
  ist zudem die Bereitschaft unter ihnen zu finden, eigene
  Fehlprognosen offen einzugestehen und zu korrigieren.

– Wenn zu häufig falscher Alarm geschlagen wird, führt dies unweigerlich zu Abnutzungserscheinungen und Glaubwürdigkeitseinbußen. Wer die Menschen mit immer neuen prophetischen Voraussagen konfrontiert, die nicht eintreffen, leistet auf seine Weise einen Beitrag dazu, das prophetische Zeugnis der Bibel als unsinnig erscheinen zu lassen. Gerade evangelikal und charismatisch geprägte Christen, die die Notwendigkeit hervorheben, das Zeugnis der Heiligen Schrift als oberste Autorität in allen Glaubens- und Lebensfragen zu achten, tragen in Publikationen, Cassetten, Videos und Fernsehprogrammen mit dazu bei, die Verläßlichkeit des biblischen Zeugnisses in Frage zu stellen.

– Mit bestimmten Endzeitvorstellungen, etwa der Erwartung der Entrückung der »Brautgemeinde«, können angstmachende Wirkungen verbunden sein. Wer bei einer Verspätung von ihm nahestehenden Menschen gleich daran denken muß, sie könnten zu denen gehören, die vom Herrn entrückt sind, während er selbst zurückbleiben mußte, lebt nicht in der Zuversicht und Hoffnung, zu der das Evangelium den Menschen befreien will.

Einem gesteigerten apokalyptischen Bewußtsein sind zugleich wichtige theologisch-hermeneutische Argumente entgegenzuhalten. Prophetische Unmittelbarkeit steht spannungsvoll zum theoretisch bejahten Schriftprinzip. Zu wenig berücksichtigt ist in spekulativen Zukunftsperspektiven, daß die christliche Prophetie und Apokalyptik auf das Christuszeugnis ausgerichtet bleibt. Die Hoffnungsaussagen der Bibel sind gerade nicht durch den neugierigen Blick in die Zukunft gewonnen, sondern gründen in der Erfahrung der Glaubenden, daß der Gekreuzigte von Gott auferweckt wurde und lebt. Die prophetisch-apokalyptischen Texte sind vom Evangelium her und auf das Evangelium hin zu lesen. Weil die fundamentalistische Schrifthermeneutik keine Mitte der Schrift kennt, vergißt sie, daß auch die Endzeitbotschaft der Bibel das Evangelium von der freien Gnade Gottes verkündigen will.

Der christlichen Hoffnung widerspricht es, in Zuschauerhaltung auf bedrohliche Entwicklungen und immer neue
Schreckensmeldungen zu starren und die Geschichte deterministisch ihrem unausweichlichen Ende entgegenlaufen zu lassen, als seien Kriege und Hungerkatastrophen unabwendbare
Naturkatastrophen. »Es gibt Christen, die es für zu fromm
halten, auf eine bessere irdische Zukunft zu hoffen. Sie glauben an das Chaos, die Unordnung ... und entziehen sich in ...
frommer Weltflucht der Verantwortung für das Weiterleben,
... für die kommenden Geschlechter. Mag sein, daß der jüngste Tag morgen anbricht. Dann wollen wir gern die Arbeit für
eine bessere Zukunft aus der Hand legen, vorher aber nicht«
(D. Bonhoeffer). Die Erwartung eines neuen Himmels und einer neuen Erde entläßt nicht aus irdischen Verantwortlichkeiten. Sie bleibt der Erde treu und fördert den Mut, das zu tun,
was die Liebe zum Leben und die Hoffnungsfähigkeit im Leiden stärkt. Die Hoffnung auf Gottes ewiges Reich ist christlich richtig verstanden, wenn deutlich wird, daß sie eine unserer Welt zugute kommende Hoffnung ist.
Kritik an überspannten Fehlformen der christlichen Zukunftserwartung darf jedoch nicht dazu führen, die endzeitliche Perspektive des christlichen Glaubens überhaupt zu eliminieren. Unsere Hoffnung »kommt nicht aus dem Ungewissen und treibt nicht ins Ungefähre. Sie wurzelt in Christus,
und sie klagt auch bei uns Christen des späten 20. Jahrhunderts die Erwartung seiner Wiederkunft ein.«[169] Die Erwartung eines neuen Himmels und einer neuen Erde ist fundamentaler Aspekt christlichen Selbstverständnisses. »Der neutestamentliche Ruf zum Wachen und Beten angesichts der
Nähe des kommenden Herrn und seines Reiches hat deshalb
auch heute nichts von seiner Dringlichkeit verloren.«[170] Man
kann ihm freilich nur folgen, indem man das Wort Jesu ernst
nimmt, daß allein der Vater die Stunde der Ankunft des Menschensohnes kennt. So ist es Aufgabe der Christen, den biblischen Verheißungen und Endzeitbildern treu zu bleiben und

sie zu bewahren, aber nicht nur den Bildern, sondern auch dem Geist Christi, der aus ihnen spricht. Die Sektenapokalyptik zeigt bis in jüngste Zeit die Abwege und Verirrungen einer Frömmigkeit an, die zwar die Bilder der Bibel festhält, aber den Geist Christi in ihnen verrät.

Marschieren für Jesus

1992 und 1994 fanden in Berlin Jesus-Märsche statt, an denen aus ganz Deutschland angereiste charismatisch geprägte Christen teilnahmen (1994 ca. 50 000). Ähnlich wie bei Kirchentagen und Taizé-Treffen waren es vor allem junge Menschen, Teenager und junge Erwachsene, die das Bild beherrschten. Plakate und Banner brachten die Jesus-Begeisterung der Teilnehmerinnen und Teilnehmer zum Ausdruck. Nicht selten wurden gängige Werbetexte umgetextet: »Du hast die Wahl. Gib Jesus deine Stimme!« Immer wieder zu lesen war: »Jesus liebt Berlin!« Oder: »Jesus liebt Deutschland!«

1994 war es ein langer Weg – von der Kaiser-Wilhelm-Gedächtniskirche zum Berliner Olympiastadion –, der zurückgelegt werden mußte. Die Jesus-Marsch-Liturgie wurde über einen UKW-Sender übertragen und mit Hilfe von über vierzig Übertragungsfahrzeugen für alle Marschierenden hörbar gemacht. Zur Liturgie, die mehrfach wiederholt wurde, gehörten zahlreiche Proklamationen («Wir verkünden: Das Reich unseres Herrn ist hier!«), Bekenntnisse zum christlichen Glauben und vor allem Lieder, die die Hoheit und den Sieg des auferstandenen Jesus priesen. Neues charismatisches Liedgut, das sich im wesentlichen der kreativen Musikkultur der Bewegung verdankt, bildete den Kern der Musik, orientiert an den Make-Way-Produktionen des talentierten englischen Liedermachers Graham Kendrick.

Um 15 Uhr begann eine dreistündige Veranstaltung im Olympiastadion mit den Schwerpunkten: »Erweckung, geistliche

Freisetzung von Menschen und Gebetsressourcen zur Erfüllung der Mission« und einem gemeinsamen Bekenntnis zur
Verbindlichkeit und Gültigkeit der Heiligen Schrift, mit dem
Ziel der »Wiederherstellung des Wortes Gottes in Deutschland« (in Anknüpfung an die Verpflichtung des Volkes Israel
auf das wiedergefundene Gesetzbuch unter dem König Josia,
2. Chr 34). In der Marsch-Liturgie wurde darauf verzichtet,
die Teilnehmerinnen und Teilnehmer in die Praxis der umstrittenen »Geistlichen Kriegführung« mit einzubeziehen. Anders
war dies bei der Nachmittagsveranstaltung: In »prophetischen
Proklamationen« wurde ausgerufen: »Jesus, wir gehören dir«,
um zu dem 1937 im Olympiastadion an Hitler gerichteten Ruf
Tausender Deutscher (»Wir gehören dir«) einen »Kontra-
punkt in der geistlichen Welt« zu setzen. Die unmittelbare
Kommentierung dieser Aktion lautete sinngemäß so: »In der
unsichtbaren Welt geschieht etwas. Dies ist ein historischer
Moment, der in die Geschichte Deutschlands eingehen wird.«
Dann wurde gefragt: »Wollt ihr eine neue Reformation in
Deutschland?« Und alle riefen »Ja« und »Halleluja«. Die be-
grüßenswerte Absicht, sich an die dunklen Seiten deutscher
Vergangenheit zu erinnern und »neue Akzente« zu setzen,
wurde durch vereinnahmende Sprachformen und eine
mißverständliche Betonung des göttlichen Handelns mit
Deutschland ins Gegenteil verkehrt. Nach einer Gebetszeit
ging es dann weiter mit der Praxis des geistlichen Kampfes:
»Im Namen Jesu zerbrechen wir die Ketten, die böse und teuf-
lische Mächte über Deutschland gelegt haben. Jesus ist Herr
über Deutschland.« Mit Halleluja- und Amen-Rufen sowie
weiteren prophetischen Proklamationen endete dieser Veran-
staltungteil. Danach folgte das Hingabegebet an das Wort
Gottes, dem sich sicher, wäre es in anderen Zusammenhängen
gesprochen worden, viele Christen anschließen könnten.
Die zentrale Ansprache im Olympiastadion hielt Loren Cun-
ningham, der Gründer des internationalen Missionswerkes
»Jugend mit einer Mission«, der in weit ausholenden ge-

schichtlichen Perspektiven an Erneuerungs- und Missionsbewegungen erinnerte, die von Deutschland ausgingen, um
deutlich zu machen, daß es die Berufung der Deutschen ist,
die Missionare der Welt zu sein und Gott dadurch zu dienen.
Dementsprechend war dieser Teil der Veranstaltung in den
Einladungsheften unter das Motto »Deutschlands Rolle im
Reich Gottes« gesetzt und mit dem Satz beschrieben worden:
»Wir wollen uns und unsere Nation für die Ernte und endzeitliche Berufung Gottes freisetzen lassen.«

Vielfalt und Sichtbarkeit der charismatischen Bewegung

In Deutschland ist der »Marsch für Jesus« (MfJ) die Vollver-
sammlung der Charismatischen Bewegung. Insofern gilt: Wer
zu Jesus-Märschen Stellung bezieht, sagt etwas zur Charismatischen Bewegung und ihrem gegenwärtigen Erscheinungsbild. Denn nirgends tritt sie deutlicher und sichtbarer in das
Licht der Öffentlichkeit als in zentralen Jesus-Märschen. Die
Jesus-Marsch-Bewegung ist Ausdruck der Möglichkeit von
charismatischen Allianzen mit konfessionsübergreifender
Struktur.
Dies ist fraglos eine seit einigen Jahren zu beobachtende neue
Entwicklung: Pfingstler, die sich von der Pfingsterweckung
der Azusa-Street her verstehen, innerkirchliche Erneuerungsgruppen und Charismatiker aus freien Werken und unabhängigen charismatischen Gemeinden schließen sich »in Liebe
und Einheit vor Gott für unsere Nation« zusammen und star-
ten eine Versuchskoalition. Dabei tritt zugleich ihre Spann-
weite in Erscheinung, wie sie sich im deutschen Kontext entwickelt hat. Im Trägerkreis des Vereins MfJ und im Referenz-
komitee des Jesus-Marsches 1992 kam dies beispielhaft zum
Ausdruck. Am deutlichsten war dies freilich im Teilnehmer-
kreis erkennbar, in dem die unterschiedlichsten Ausprägungen der Charismatischen Bewegung repräsentiert waren. Die

gewachsene Bedeutung, die dem freien, nicht-konfessionellen Spektrum der Bewegung zukommt, wurde auch beim Berliner Marsch für Jesus 1994 deutlich, insofern seine dominierenden Personen vor allem aus diesem Bereich kamen. Überschritten wurde das charismatische Frömmigkeitsspektrum – etwa in Richtung evangelikale Bewegung – bei den Jesus-Märschen 1992 und 1994 nicht wesentlich. Hierin hat sich die Jesus-Marsch-Bewegung in Deutschland bisher durchaus von entsprechenden Initiativen im internationalen Bereich unterschieden. Dies ändert sich allerdings gegenwärtig. Für das Jahr 2000 ist ein »Jesus-Tag« in Berlin geplant, der sich in der Tradition der internationalen Jesus-Marsch-Bewegung versteht und von einer Koordinationsgruppe vorbereitet wird, in der Charismatiker und Evangelikale zusammenarbeiten. Man hat sich geeinigt, umstrittene Themen und Deutungen herauszulassen und den evangelikalen Grundkonsens in den Mittelpunkt zu stellen. Die Annäherung zwischen Charismatikern und Evangelikalen und das in den letzten Jahren gewachsene Vertrauen zwischen ihnen eröffnen Kooperationsmöglichkeiten, die insbesondere im Zusammenhang missionarisch-evangelistischer Projekte gesucht werden.

Im Kontext einer weltweiten Gebetsbewegung

Jesus-Märsche sind eingeordnet zu sehen in eine weltweite Gebetsbewegung, der es um eine »geistliche Mobilisierung für die Vollendung des Missionsbefehls« geht.[171] Am 25. Juni 1994 sollen sich zwölf Millionen Menschen in über 150 Ländern an Jesus-Märschen beteiligt haben. Die koordinierende Leitung der unterschiedlichen Gebetsinitiativen, die sich für diese Aktion zusammenschlossen, lag unter anderem bei dem amerikanischen Gemeindewachstumsexperten Peter Wagner. Zentrale Jesus-Märsche stehen dabei im Zusammenhang mit anderen Aktivitäten und üben eine »Speerspitzenfunktion« aus.

Auch in Deutschland gehören zur Jesus-Marsch-Bewegung nicht nur Aktivitäten großen Stils. So fand im Vorfeld des Jesus-Marsches 1992 eine internationale Gebetswanderung von London nach Berlin statt, die unter der Zielperspektive »Erweckung in der Region, im Land und in Europa« stand. Seit 1993 gab es zahlreiche regionale Gebetsmärsche und Citywalks, Gebetsspaziergänge größerer und kleinerer Gruppen, Gebetsstafetten etc. Als Höhepunkt (»Highlight«) wird vor allem die Gebetsexpedition Berlin – Moskau gesehen, die den Weg für die Evangelisierung Osteuropas bahnen sollte und deren Ablauf in einem Buch dokumentiert wurde: »Mehr Vollmacht auf der Straße. Gebetsexpedition Berlin – Moskau« (1994).[172]

Inzwischen ließe sich unschwer eine Typologie von Gebetswanderungen erstellen, die freilich ergeben würde, daß die unterschiedlichen Konkretionen Variationen der Grundideen sind:

– Die Christen sollen die Mauern ihrer Kirchen verlassen und sich durch Lobpreis und Gebet den Menschen zeigen. Für die wahrscheinlich wichtigste Figur der Jesus-Marsch-Bewegung, Graham Kendrick, sind Jesus-Märsche nichts anderes als »mobile Lobpreisgottesdienste« und Ausdruck der »freudigen Erfahrung, die die Kirche auf die Straße bringt für Gebet und Lobpreis«.

– Zugleich geht es darum, »das Land unter die Füße zu nehmen« (vgl. Jos 1,3) und den Gedanken zu bekräftigen, daß die Erde dem Herrn gehört (Ps 24,1) und für Gott beansprucht werden muß. Mit dem zuletzt genannten Aspekt ist häufig, wenn auch nicht immer, die Dimension der geistlichen Kampfführung mit territorial wirkenden Mächten verbunden, die seit den Anfängen der Bewegung 1987 in London eine Rolle spielt und die eben erwähnte Gebetsexpedition Berlin – Moskau deutlich bestimmte.

Prophetischer Anspruch
und geistlicher Kampf

Daß die Jesus-Marsch-Bewegung von Gott kommt, wird nicht nur betend und glaubend, sondern auch öffentlich verkündigt und proklamiert. »Wie kein anderes Instrument gebraucht Gott den ›Marsch für Jesus‹, um Evangelisation und Anbetung freizusetzen« (W. Heidenreich), wobei Barmherzigkeitsdienste als zum Evangeliumsauftrag dazugehörend verstanden werden. Im Jesus-Marsch 1992 wurde gar eine »Gnadenstunde für Deutschland« gesehen, ein Zeichen, daß »Gott an Deutschland nicht vorbeigeht«. Dieser überzogene prophetische Selbstanspruch ist nicht nur Kompensation des Eindruckes kirchlicher Unkenntnis gegenüber dieser Bewegung oder von enttäuschenden Erfahrungen mit verantwortlichen Mitarbeitern der etablierten Kirchen. Er liegt auch in der Überzeugung begründet, daß Gottes Geist in unserer Gegenwart nicht ausschließlich, aber doch in besonderer Weise durch die Charismatische Bewegung wirkt. Dies ist ein entscheidender Grund dafür, warum die Jesus-Märsche 1992 und 1994 als zentrale kirchengeschichtliche Ereignisse angesehen werden, eine Sichtweise, die über die Grenzen der charismatischen Plausibilitätsstrukturen hinaus nicht vermittelbar ist.

Die Vorbehalte gegenüber dem MfJ, die im Vorfeld und nach dem Marsch Gegenstand von Kontroversen waren, beziehen sich nicht nur auf den prophetischen Selbstanspruch, der in seiner Konsequenz dazu führt, das Wirken des Heiligen Geistes in anderen als den eigenen Frömmigkeitsprägungen nur eingeschränkt wahrnehmen zu können. Noch stärker konzentrierte sich die Kritik auf die bereits erwähnte Lehre und Praxis geistlicher Kampf- und Kriegführung, die von Peter Wagner zum Zentralthema der neunziger Jahre in der Evangelisationspraxis erklärt worden ist. Ist der Marsch Teil eines geistlichen Kampfes, in dem es darum geht, territorial wirkende Geister und Mächte des Bösen direkt anzugehen, sie zu

binden und niederzuringen, um damit den Weg für eine vollmächtige Evangelisation zu bahnen?
Innerhalb der Charismatischen Bewegung hat die Wahrneh
mung des Bösen immer schon eine wichtige Rolle gespielt.
Dies gilt unabhängig davon, in welchen kirchlichen und parakirchlichen Organisationsformen die Bewegung sich konkretisiert. Auch in der Jesus-Marsch-Bewegung hat dieser
Aspekt von Anfang an eine nicht unwesentliche Rolle gespielt. Die entscheidende Frage ist dabei die nach dem Verständnis dessen, was geistlicher Kampf ist. Wenn geistliche
Kampfführung bedeutet, »den Hungrigen zu speisen, den
Obdachlosen zu beherbergen, die Bedürftigen zu versorgen
wie auch den Herrn anzubeten und das Evangelium zu predi-
gen«[173], wer wollte etwas dagegen haben? Gefragt werden
muß: In welchem Sinn versteht die Jesus-Marsch-Bewegung
den geistlichen Kampf? In einer vom Vorstand des MfJ 1992
publizierten Kurzbeschreibung der eigenen Anliegen heißt es:
»Der Herr der Heerscharen ruft und sammelt uns … als eine
geistliche Armee, … in geistlicher Einheit durch Gebet, Proklamation, Lobpreis und andere geistliche Waffen über unserem Land Bollwerke der Finsternis niederzureißen, die sich
wider die Erkenntnis Jesu erheben.« Zwar trifft es zu, daß es
in der Jesus-Marsch-Bewegung keine einheitliche Dämonologie und auch kein einheitliches Verständnis von geistlichem
Kampf gibt. In der Beschreibung der eigenen Anliegen ist Offenheit für ein vielfältiges Verständnis des geistlichen Kampfes jedoch nicht mehr gegeben. Außerdem muß gesehen werden, daß die geistliche Kampfführung als direktes und aggres-
sives Angehen gegen die Mächte des Bösen – auch abgesehen
von der Jesus-Marsch-Bewegung – als effektive evangelistische Strategie gilt und für zahlreiche Gruppen zu einem zentralen Anliegen geworden ist.

Zwischen Bekenntnis und Anpassung

Man kann natürlich der Jesus-Marsch-Bewegung zahlreiche positive Aspekte abgewinnen: Gemeinsames Beten und das Bezeugen des Evangeliums sind zentrale, die Einheit und Beauftragung der Christen zum Ausdruck bringende Vollzüge. Insofern hat die Jesus-Marsch-Bewegung durchaus richtige Themen gewählt, um die Gemeinschaft unter den Christen zu stärken und die missionarische Aufgabe der Christen zu unterstreichen. Eine Kirche, die Zukunft haben will, muß sich aufmachen, unters Volk gehen und die Menschen dort aufsuchen, wo sie leben. Manche Teilnehmerinnen und Teilnehmer des Marsches werden in ihm ein Bekenntnis zu Jesus Christus in der Öffentlichkeit sehen. Wer sollte etwas dagegen haben, wenn Christen auf die Straße gehen und sich mit lauter Musik zu ihrem Glauben bekennen? Wer Jesus-Märsche so sieht, muß freilich wissen, daß die Verantwortlichen ihn anders sehen. Er ist für sie ein prophetischer Akt des Volkes Gottes, das die Zeichen der Zeit versteht, er ist Vorbereitung einer Erweckung in Deutschland und Europa, von dessen kirchengeschichtlicher und endzeitlicher Bedeutung viele Charismatiker überzeugt sind.

Hinter irritierenden Sprachformen stehen inhaltliche Akzentuierungen, die kritische Fragen provozieren. Dabei geht es nicht nur um die Sieges- und Kriegsmetaphorik, die die inhaltlichen Aussagen dominiert. Erkennbar werden auch zahlreiche remythologisierende Trends und Tendenzen, die sich in verschiedenen Bereichen der religiösen Alternativszene finden:

– Proklamationen werden als Machtworte aufgefaßt, die Wirklichkeit schaffen und verändern nach dem Motto: »Glaube es, proklamiere es, und du hast es.« Eigene Vorstellungen und Wünsche werden in prophetischen Proklamationen konzentriert und mit Hilfe des Glaubens an die Macht der Gedanken zu verwirklichen gesucht.

– Durch rituelle Gegenmaßnahmen soll Geschehenes korrigiert und aus Unheilszusammenhängen herausgeholt werden. In diesem Sinne ging es beim Marsch für Jesus 1992 um die Aufhebung der Blockierung des Heiligen Geistes durch die 1909 verabschiedete »Berliner Erklärung«. Das Gebet wird dabei zu einem Instrument der Einflußnahme auf geistliche und gesellschaftliche Mächte und Konstellationen.

– Mit Hilfe einer ausgeprägten Dämonologie wird Wirklichkeitserfahrung, zum Beispiel Mißerfolge in der eigenen Evangelisationspraxis, umfassend erklärbar. Damit greift pentekostal-charismatische Evangelisationspraxis religiöse Vorstellungsformen auf, die weit in die Religionsgeschichte zurückreichen. War es doch immer schon eine zentrale Funktion der Geister- und Dämonenwelt der Völker, die Kontingenz der Wirklichkeitserfahrung begreifbar zu machen.

– Das göttliche Handeln mit Völkern und Nationen tritt so sehr in den Vordergrund, daß eine Relativierung durch das Evangelium sowie die Dimension der Internationalität des Leibes Christi und die Individualität der Christen zurücktreten.

In dem Maße, in dem Gebet und Evangelisierung zu Vorgängen werden, die sich primär gar nicht auf Gott oder auf andere Menschen beziehen, sondern ein Kampf mit Geistern und Dämonen sind, im selben Maße wird ein christliches Verständnis von Mensch, Welt und Gott letztlich in Frage gestellt. Zwischen Gott und Welt schiebt sich die Sphäre der Dämonen und Geister, deren Einfluß mit Hilfe bestimmter Techniken zurückgedrängt werden muß.

Wolfram Kopfermann hat mit Recht und unter Berufung auf die moderne Exegese darauf hingewiesen, daß geistliche Kampfführung als unmittelbarer Widerstand gegen Territorialmächte sich bibeltheologisch nicht begründen lasse und mit einem problematischen Machtbewußtsein verbunden sei.[174] Weiterführend muß hinzugefügt werden, daß hier Ten denzen charismatischer Frömmigkeit sichtbar werden, denen man in Verbindung mit anderen religiösen Inhalten auch in der modernen Esoterik begegnet. Wer evangelistische Praxis in einsamen Aktionen im Hotelzimmer stattfinden lassen kann, ohne konkreten Menschen zu begegnen und ihnen in die Augen zu schauen, ist den depersonalisierenden Tendenzen eines Welt- und Menschenverständnisses erlegen, das in dem Maße die Oberhand gewinnt, in dem dämonologische Vorstellungen sich verselbständigen.

In der Jesus-Marsch-Bewegung gibt es fraglos Christen, die die genannten kritischen Rückfragen durchaus teilen würden oder mindestens Gefahren sehen. Zudem lassen sich die verschiedenen Gruppen pentekostal-charismatischer Bewegungen nicht alle über einen Kamm scheren. Unsere Kirchen sollten sich von Christen, die begeisterte Anhänger von Jesus-Märschen sind, weder pauschal distanzieren noch unwissend vereinnahmen lassen. Eine sinnvolle Verhältnisbestimmung zwischen Kirchen und der Jesus-Marsch-Bewegung dürfte vor allem von der Frage abhängen, ob ein Verständnis und eine Praxis von öffentlichem Zeugnis der Christen gefunden werden kann, die kommunikationsfähig sind im Blick auf eine größere Öffentlichkeit und zustimmungsfähig in ökumenischer Perspektive.

Fundamentalismus – der Schatten des Erweckungschristentums

Die Einschätzung, daß »die Religionen mit dem größten Zuspruch zugleich jene sind, deren Botschaft am wenigsten säkularisiert ist«[175], gilt nicht nur für einzelne Religionen in ihrer Gesamtheit, sondern auch für besondere Ausprägungen innerhalb eines Religionssystems. Was den Bereich der christlichen Religion angeht, ist offensichtlich, daß die augenfälligsten Formen engagierter Christlichkeit aus denjenigen Bereichen kommen, die aufklärungskritisch und konservativ geprägt sind. In seiner Berner Abschiedsvorlesung meinte der reformierte Theologe und Ökumeniker Lukas Fischer: »Der Traditionalis mus in allen seinen Formen – Evangelikalismus, Fundamenta lismus, Integrismus (mit letzterem sind fundamentalistische Ausprägungen innerhalb des Katholizismus gemeint; R.H.) – hat bessere Chancen. Alle Positionen, die mit einem klaren Profil herkommen, können von vornherein mit einem Vor sprung an Plausibilität rechnen und vermögen Menschen auch zu übergreifenden Projekten zu mobilisieren.«[176] Innerhalb der protestantischen Landschaft ist unübersehbar, daß sich charismatisch-pfingstliche und evangelikale Strömungen über aus schnell und wirksam ausgebreitet haben. Auch wenn diese globalen Entwicklungen sich im deutschsprachigen Kontext eher gebremst zeigen, sind sie deutlich erkennbar.

Angesichts der daraus resultierenden Verschiebungen in der Zusammensetzung der weltweiten Christenheit hat der Öku menische Rat der Kirchen den Dialog mit Evangelikalen, Charismatikern und Pfingstlern zu einer wichtigen Zukunfts aufgabe erklärt. Während noch vor wenigen Jahrzehnten diese Strömungen von vielen »modernen« Theologen als eine im wesentlichen vergangene Erscheinung angesehen und zu einer Fußnote der Geschichte degradiert werden konnten, zeigt sich immer deutlicher, daß es sich hierbei um ein dauer haftes Phänomen handelt.

Man wird diesem Phänomen freilich nicht gerecht, wenn man es mit dem eindeutig negativ besetzten Begriff Fundamentalis mus stigmatisiert. Die Konjunktur dieses Begriffs deutet hin gegen durchaus auf eine verbreitete Sache. Im Kontext plura listischer Gesellschaftssysteme verstärken die Kompliziertheit und »neue Unübersichtlichkeit« des Lebens die Sehnsucht nach Einfachheit und Klarheit, nach Reduktion von Komple xität und geben fundamentalistischen Strömungen ihre Chan cen. Der gegenwärtig übliche Gebrauch des Fundamentalis musbegriffs, der inzwischen weit über den Bereich des Reli-

giösen hinausreicht und ein wichtiges Wort in der Medienöffentlichkeit geworden ist, gibt jedoch auch berechtigten
Anlaß, differenzierende Begriffsverwendungen anzumahnen.
Konservative Theologen, Evangelikale, Charismatiker, Pfingstler wehren sich mit Recht dagegen, mit religiösen Fanatikern
in einem Atemzug genannt zu werden, die vor der Anwendung brutaler Gewalt nicht zurückschrecken, um ihre reli-
giös-politischen Visionen zu verwirklichen. Es ist wenig hilf-
reich und sowohl in historischer wie auch phänomenologi-
scher Perspektive unrichtig, den christlichen Fundamentalismus pauschal zum Beispiel mit der evangelikalen oder charismatischen Bewegung zu identifizieren, wie dies teilweise – sogar von christlichen Theologinnen und Theologen – geschieht.
Christlicher Fundamentalismus muß auch unterschieden werden vom christlichen Konservatismus. Schon vor zwanzig
Jahren warnte der Erlanger systematische Theologe Wilfried
Joest davor, den Begriff »fundamentalistisch« ins Unbestimmte auszuweiten: »Von einer vagen Ausweitung, die fundamentalistisch mehr oder weniger mit evangelikal oder pieti-
stisch gleichsetzt, ist abzuraten.«[177] Zwar gibt es zwischen
Evangelikalismus, pfingstlich-charismatischen Bewegungen
und Fundamentalismus vielfältige Zusammenhänge, der
Hauptstrom des Evangelikalismus unterscheidet sich jedoch
vom Fundamentalismus. Zum Selbstverständnis charismatischer Erneuerungsgruppen in den Kirchen gehört ebenso ein
mehr oder weniger deutliches »Nein« zu fundamentalistischen Vereinfachungen, etwa in der Schrifthermeneutik.
Ein herkömmlicher kirchlich-theologischer Sprachgebrauch
nimmt diese Selbstunterscheidungen auf und bezeichnet mit
»fundamentalistisch« denjenigen Bereich evangelikaler und
charismatischer Frömmigkeit, der hinsichtlich des Bibelver-
ständnisses die Verbalinspirationslehre mit den Postulaten
Unfehlbarkeit und absolute Irrtumslosigkeit verbindet. Freilich bedarf auch eine solche Begriffsbestimmung weiterer Differenzierungen. Es muß etwa unterschieden werden, ob je-

mand seinen Glauben an Christus mit einem fundamentalistischen Bibelverständnis festhält, sich aber offen und anerken-
nend in einer größeren Gemeinschaft von Christinnen und
Christen bewegt und damit auch andere theologische Entscheidungen zur Bibelfrage gelten läßt, oder ob jemand den
Heilsglauben derart eng mit einem fundamentalistischen Bibelverständnis verbindet, daß er anderen, nichtfundamenta-
listisch geprägten Christen ihr Christsein schlicht abspricht.

Auch der Rekurs auf die Anfänge der fundamentalistischen
Bewegung in den USA ist ein möglicher Weg, vorläufige Be-
griffsklärungen herbeizuführen. Um von Fundamentalismus
im engeren Sinn des Wortes in historischer Perspektive sprechen zu können, reicht das Motiv der Verbalinspiriertheit und
Unfehlbarkeit der Heiligen Schrift als Definitionskriterium
noch nicht aus. Es müssen weitere Motive hinzukommen: die
konservative politische Gesinnung und der Wille, religiös begründete Überzeugungen auch politisch durchzusetzen, also
die Verbindung von Politik und Religion, anders gesagt die
Rücknahme der Ausdifferenzierung der Gesellschaft in
Recht, Politik, Ethos, Wissenschaft und Religion im Namen
der Religion. Der christliche Fundamentalismus in diesem engeren Sinn ist in Deutschland anders als in den USA kein hoch
organisierter und politisch einflußreicher Faktor. Insofern ist
es richtig, wenn M. Marty und andere sagen, daß Deutschland
zum fundamentalismusschwachen Gürtel gehöre, »der von
Europa über Kanada und die nördlichen Teile der Vereinigten
Staaten bis nach Japan reicht«[178]. In Deutschland artikulieren
sich politisierte Formen des Fundamentalismus beispielsweise
in christlichen Kleinparteien, deren Einfluß jedoch gering
bleibt. Charismatiker und Pfingstler engagieren sich insbesondere in der PBC (Partei Bibeltreuer Christen), deren Präsenz auf größeren Veranstaltungen dieses Spektrums zu einer
Selbstverständlichkeit geworden ist.

Diese Hinweise bedeuten nicht, daß christlich-fundamentalistische Orientierungen in ihren politischen Implikationen

völlig bedeutungslos wären und vernachlässigt werden könnten. Der christliche Fundamentalismus in seinen pentekostal-
charismatischen Spielarten stellt sich jedoch in unserem Kontext vor allem als kirchenpolitische, seelsorgerliche und ökumenische Herausforderung dar. Die unverkennbare Tendenz
der Auswanderung christlich-fundamentalistischer Orientierungen aus landes- und freikirchlichen Strukturen in eigene
Gemeinde- und Kirchengründungen dürfte längerfristig die
Vereinigung Evangelischer Freikirchen (VEF) und die Arbeitsgemeinschaft Christlicher Kirchen (ACK) vor neue Aufgaben stellen. Da diese Gruppen ein christliches Bekenntnis
vertreten, nicht pauschal als Sekten angesehen werden können
und sich selbst in Wandlungsprozessen befinden, ist ihr Verhältnis zur organisierten Ökumene als offene Frage noch
klärungsbedürftig.

Motive eines charismatischen Fundamentalismus

Orientiert man die Begriffsbestimmung von »fundamentalistisch« nicht primär historisch, sondern geht von gegenwärtigen Konflikten und ihrer öffentlichen Diskussion aus, so tritt
die dunkle Seite christlicher Erweckungsfrömmigkeit ins
Blickfeld. Der Fundamentalismusbegriff dient dann als Be-
wertungsbegriff für Fehlentwicklungen christlicher Frömmigkeit, die keineswegs nur von außen, sondern auch von innen,
von Vertretern erwecklicher Frömmigkeitsformen, wahrgenommen werden. Im Zusammenhang einzelner christlicher
Gruppen, die am Rande des vor allem charismatischen Be-
reichs stehen oder ihm geschichtlich entstammen, zeigen sich
fundamentalistische Motive in drastischer und unverkennba-
rer Gestalt, so daß eine kritische Verhältnisbestimmung zu solchen Gruppen auch bei denen zu finden ist, die selbst einem
christlich-fundamentalistischen Spektrum zuzuordnen sind.
Deshalb bringt der folgende Gedankengang diejenigen fundamentalistischen Motive und Strukturen zur Sprache, die im

Zusammenhang der Wahrnehmung und Auseinandersetzung mit solchen Gruppen ins Auge fallen. Beispiele dafür sind etwa die Revival Centers International (Christian Assemblies) und Einzelgemeinden im Umkreis charismatisch-pentekostaler Frömmigkeit, insbesondere diejenigen, die der Glaubensbewegung nahestehen. Ein Grundprinzip, das innerhalb dieser Gruppen augenfällig wird, ist das Prinzip der Übertreibung. An sich richtige geistliche Einsichten werden so übertrieben, daß sie das christliche Zeugnis verdunkeln, ja verkehren. Dies bezieht sich zwar zuerst und vor allem auf das zur Verbalinspirationslehre gesteigerte Schriftprinzip – verbunden mit der Annahme einer absoluten Unfehlbarkeit der Bibel in allen ihren Aussagen –, keineswegs aber ausschließlich, sondern auch auf andere Ausdrucksformen der Frömmigkeit.

Die Revival Centers International sehen es als mathematisch erwiesen an, daß die Bibel Gottes Wort ist, und verbinden eine zurückgezogene pentekostale Frömmigkeitsform mit vereinnahmenden Gruppenstrukturen. Im Umkreis mancher charismatischer Gemeinden werden Krankheiten einzelner Mitglieder (etwa Arthritis, Bulimie) als Folge von Dämonisierungen gedeutet, so daß eine Befreiung nur durch eine exorzistische Handlung als möglich erscheint. Zugleich werden denjenigen, die bereit sind, den entsprechenden Anweisungen zu folgen und die angebotenen Autoritätsstrukturen zu akzeptieren, weitreichende Heilungsversprechungen gemacht.

Auch wenn die genannten Gruppen in Deutschland eher begrenzte Resonanz finden, zeigen sie an, daß es mitten in einer durch Individualisierungsprozesse bestimmten Kultur nicht nur freie, unorganisierte und subjektbezogene Religiosität gibt, sondern auch ihr Gegenteil. Religiöse Identität wird durch Ich-Aufgabe und Ich-Verzicht gesucht. Junge Erwachsene sind teilweise ausgesprochen individualitätsmüde geworden und suchen Entscheidungs- und Verantwortungsabnahme. Charakteristische Motive, die in diesen Gruppen begegnen, sind etwa:

– Das Motiv des wiederhergestellten christlichen Lebens
Dieses Motiv kann sich auf die Glaubensexistenz des einzelnen wie auch auf die Gemeinde beziehen. Die Übertreibung
dieses Motivs führt dazu, daß geschichtsvergessen die vielfältigen Ausdrucksformen des Glaubens zumeist als Fälschun-
gen des Ursprungs wahrgenommen werden, während für die
eigene Gemeindeform beansprucht wird, daß hier – und hier
allein – das christliche Leben authentisch, überzeugend und in
urchristlicher Vollkommenheit gelebt wird.

– Das Motiv der Unmittelbarkeit des göttlichen Handelns
Kennzeichnend ist dabei, daß das Handeln Gottes etwa im
Zusammenhang der Inspiration der Schrift oder gegenwärtiger Manifestationen des Geistes in »unvermittelter Unmittelbarkeit« verstanden wird. Ein Unmittelbarkeitspathos ver-
leugnet den Zusammenhang zwischen Gotteserfahrung und
ihrer Deutung. Die inkarnatorische Struktur göttlichen Handelns wird verkannt. Beanspruchte Erfahrungen Gottes entziehen sich auf diese Weise einem Prozeß der Prüfung und
möglicher Korrektur und gründen letztlich in sich selbst.

– Das Motiv autoritativer Vor- und Nachordnungen,
die als Zeichen wahren christlichen Lebens verstanden werden, verbindet sich mit gesetzesethischen Lebensregulierun-
gen. Dabei wird großer Wert auf strukturelle Vor- und Nachordnungen zwischen Eltern und Kindern, Mann und Frau,
Pastor und Gemeinde gelegt. Die Hervorhebung einer starken Leiterschaft, die nicht institutionell abgesichert wird,
sondern sich durch göttliche Bestätigung und erfolgreiches
Handeln zeigt, ist ein wesentliches Charakteristikum. Insofern sich autoritative Vor- und Nachordnungen auf die Institution des Staates beziehen, ist hier ein Einfallstor für die Po-
litisierung des christlichen Fundamentalismus gegeben.

– Das Versprechen geheilten und erfolgreichen Lebens
Mit diesem Versprechen arbeitet die aus dem amerikanischen
Kontext kommende Faith-Church-Bewegung, deren Gedan-
kengut von einzelnen charismatisch-pentekostal geprägten

Gemeinden und Christlichen Zentren aufgegriffen wird. Diese Bewegung greift Überlegungen des Positive Thinking auf und lehrt, daß, von der Erneuerung des menschlichen Geistes ausgehend, eine umfassende, auch körperliche, Heilung eines jeden Glaubenden möglich ist. Der Mensch wird dabei primär als Geistwesen verstanden, das mit Hilfe seiner Vorstellungskraft erneuernden und heilenden Einfluß auf Leib und Seele ausüben kann. Evangelium und Wohlstand oder Wohlergehen werden entsprechend in ein enges Verhältnis gebracht. Die Möglichkeit, daß man mit Hilfe des Heiligen Geistes alle Probleme in den Griff bekommen kann, wird positiv eingeschätzt. Durch überzogene Versprechungen kann es zu Realitätsverlusten und tiefen Enttäuschungen kommen.

– Die Behauptung der Greifbarkeit oder Verfügbarkeit Gottes und der Mächte des Bösen

Aus dem verständlichen Wunsch nach Zeichen der Gegenwart und Nähe Gottes wird das göttliche Handeln greifbar und beweisbar gemacht. Das Leiden an der Unsichtbarkeit Gottes verstärkt die Sehnsucht danach, sichtbare und nicht hinterfragbare Zeichen seiner Gegenwart zu erkennen. Das Leiden an der Rätselhaftigkeit des Bösen führt dazu, es zu lokalisieren. Auch die Mächte des Bösen werden greifbar und verfügbar bis hin zu umfassenden Erklärungssystemen, die meistens darauf hinauslaufen, in okkulten Praktiken früherer Generationen die Ursachen für Beschädigungen und Krankheiten im eigenen Leben heute zu sehen.

– Dualistische Strukturen oder ein dualistisches Weltbild – nicht selten verbunden mit der Überzeugung, die letzte Generation vor dem Weltuntergang zu sein

Die richtige Einsicht, daß zum christlichen Leben die Absage an die Mächte des Todes und der Selbstsucht und die entschiedene Option für den Gott gehört, den die Bibel als Liebhaber des Lebens bezeichnet, wird verkehrt in dualistische Vorstellungswelten, die die geschöpfliche Welt immer kleiner machen, während der Kampf zwischen göttlichen Mächten und Kräften einerseits und dämonischen andererseits ganz in das Zentrum der Frömmigkeit rückt. Am deutlichsten wird der Dualismus in entsprechenden zumeist prämillennialistisch geprägten Endzeitperspektiven, die durch deutlichen Weltpessimismus geprägt sind und Rettung nur der eigenen Gruppe zuteil werden lassen, während die übrige Welt dem bevorstehenden Untergang anheimfällt.

– Elitäres Selbst- und Wahrheitsbewußtsein, Abgrenzung von der Außenwelt

Aus der durch den Glauben an Christus gestifteten neuen Gemeinschaft, deren Bestimmung es ist, für andere da zu sein, wird eine exklusive Gruppe, die Identitätssicherung durch Abgrenzung betreibt. Wer ihr nicht zugehört, wird abgeschrieben. Daß Gruppierungen, die in dieser Form den christlichen Glauben verstehen und leben, separatistische Tendenzen haben und sich in den weiteren Kontext einer christlichen Ökumene nicht einfügen lassen, auch nicht einer evangelikal orientierten Ökumene, etwa in Gestalt der Deutschen Evangelischen Allianz, versteht sich von selbst. Die drei genannten Beispiele stehen jenseits aller ökumenischen Bemühungen.

Die genannten Motive können als fundamentalistisch bezeichnet werden, auch wenn sie sich von den Strukturen und Charakteristika des klassischen Fundamentalismus teilweise unterscheiden. Ihre Kritikwürdigkeit hängt nicht allein davon ab, ob man den Fundamentalismusbegriff dafür verwendet oder nicht. Sie weisen auf Konfliktbereiche hin, die gegenwärtig im Umkreis fundamentalistischer Orientierungen wahrgenommen werden können. Was in christlichen Randgruppen in drastischer Form ins Auge fällt, kann sich auch innerhalb kirchlicher und freikirchlicher Kontexte entwickeln und darf dort nicht weniger zur Kritik herausfordern. Die Gewichtung dieser Motive ergibt sich unter anderem daraus, mit welcher Intensität das allen gemeinsame Grundmotiv der Unfehlbarkeit der Heiligen Schrift sich mit ihnen verbindet.

Aus der Vielfalt möglicher Ausprägungen des Fundamentalismus haben sich insbesondere zwei Typen ausgebildet, die im folgenden näher erläutert werden.

Wort- und Geistfundamentalismus – streitende Geschwister

Für die gegenwärtige Wahrnehmung fundamentalistischer Orientierungen dürfte die Unterscheidung zwischen einem Wort- und einem Geistfundamentalismus von zentraler Bedeutung sein. Beiden gemeinsam ist, daß sie auf die menschliche Sehnsucht nach Vergewisserung antworten. Der Wortfundamentalismus sucht rückwärtsgewandt die Glaubensvergewisserung durch den Rekurs auf das unfehlbare Gotteswort in der Vergangenheit. Der Geistfundamentalismus orientiert die Vergewisserung primär an sichtbaren Geistmanifestationen, die als unzweideutige Zeichen, Hinweise, ja Beweise der göttlichen Gegenwart angesehen werden (Heilungen, ekstatische Erfahrungen). Der Wortfundamentalismus sieht Christus preisgegeben, wenn Adam nicht als historische Person verstanden wird. Er sagt: »Wenn das Wort ›Tag‹ im Schöpfungsbericht nicht mehr Tag bedeutet, sondern irgendeinen völlig andersgearteten Zeitraum, dann ist die Auslegung der Heiligen Schrift ein hoffnungsloses Unterfangen.«[179] Der Geistfundamentalismus zitiert Markus 16,17 und 18: »Die Zeichen, die folgen werden denen, die da glauben, sind diese: In meinem Namen werden sie böse Geister austreiben, in Zungen reden, Schlangen mit den Händen hochheben, und wenn sie etwas Tödliches trinken, wird's ihnen nicht schaden. Auf Kranke werden sie die Hände legen, so wird's besser mit ihnen werden« und drängt auf wörtliche Imitation. Aus dem biblischen Bekenntnis im Gottesknechtslied Jesaja 53: »Er trug unsere Krankheit und lud auf sich unsere Schmerzen« und dem anderen Bekenntnis aus Psalm 103: »Lobe den Herrn, meine Seele, und was in mir ist, seinen heiligen Namen ..., der dir alle deine Sünden vergibt und heilet alle deine Gebrechen« wird gefolgert, daß für den Christen, sofern er nur wirklich auf Gott vertraut, ein Leben ohne Krankheit unbedingter göttlicher Wille und unsere Möglichkeit ist.

Den sogenannten fünf »fundamentals« des christlichen Fundamentalismus (Unfehlbarkeit der Heiligen Schrift, Jungfrauengeburt, Sühnetod, leibliche Auferstehung, sichtbare Wiederkunft Christi), die im zweiten Jahrzehnt dieses Jahrhunderts in den USA formuliert wurden, würden beide, Wort- und Geistfundamentalisten, zustimmen. Der eine leitet daraus eine kreationistische Position ab und ist daran interessiert, eine alternative Biologie und Geologie aufzubauen, dem anderen liegt an einer christlichen Psychologie oder am Powermanagement in der Kraft des Heiligen Geistes. Der dispensationalistische Ausschluß der Zeichen und Wunder für unsere heutige Zeit beruft sich ebenso auf die Schrift wie die emphatische Forderung, sie heute zur Normalität der Frömmigkeit werden zu lassen.

Geist- und Wortfundamentalismus können als streitende Geschwister verstanden werden. Da der Geistfundamentalismus sich in nahezu allen Ausprägungen gegenüber einem Wortfundamentalismus inklusiv versteht und seine Anliegen mitvertreten kann, ist hier Streit in sehr grundsätzlicher Weise programmiert, wofür es in historischer Perspektive wie auch im Blick auf die gegenwärtige Situation zahlreiche Beispiele gibt. Der Geistfundamentalismus bietet alles, was der Wortfundamentalismus auch enthält, kennt jedoch darüber hinaus ergänzende, steigernde Elemente. Praktisch bedeutet dies zum Beispiel, daß Publikationen, die dem Wortfundamentalismus zuzuordnen sind, sich auch auf den Büchertischen der Pfingstler und Charismatiker finden. Das Umgekehrte gilt freilich nicht.

Solche Differenzierungen zeigen, daß diejenigen recht haben, die sagen, daß der Kern des christlichen Fundamentalismus nicht allein im Verständnis der Heiligen Schrift liegt, sondern

in einer besonderen Art der Frömmigkeit, die von Fundamentalisten als die einzig richtige angesehen wird. »Fundamentalisten sind keine Buchstaben-Gläubigen oder zumindest keine
konsequenten. Man könnte dagegen sagen, daß das Haupt-
problem für einen fundamentalistischen Exegeten in der Entscheidung liegt, welcher Abschnitt wörtlich zu nehmen ist
und welcher nicht.«[180] Damit ist auch ein wichtiger Hinweis
für die Erklärung des Phänomens gegeben, daß die Ausbreitung christlich-fundamentalistischer Bewegungen Hand in
Hand geht mit ständig neuen Abspaltungen und Denominati-
onsbildungen. Daß gegenwärtig ein Geistfundamentalismus
chancenreicher ist als ein reiner Wortfundamentalismus, liegt
unter anderem darin begründet, daß er an Ausdrucksformen
der religiösen Alternativkultur anknüpfen kann, für die insgesamt charakteristisch ist, daß religiöse Lebensorientierungen
mit Rationalitätsskepsis und einem Hunger nach erlebbarer
Transzendenz gesucht werden. In der sogenannten Zwei-
Drittel-Welt hat der Geistfundamentalismus zusätzliche kulturelle Anknüpfungsmöglichkeiten, die seine Ausbreitung begünstigen.

Fundamentalismus und Moderne

Man muß also die moderne Welt mit ihren »riskanten Freiheiten« (U. Beck) in Augenschein nehmen, wenn man den
Fundamentalismus verstehen will. Bereits der Entstehungszu-
sammenhang der christlich-fundamentalistischen Bewegung
macht deutlich, daß sie ein Kind der Moderne ist. Unter dem
Einfluß rapider Urbanisierung und Pluralisierung entsteht der
christliche Fundamentalismus als Reaktionsbildung auf die
ambivalenten gesellschaftlichen und kirchlichen Folgen von
Modernisierungsprozessen. Diese Prozesse, von Soziologen
vielfach beschrieben unter den Chiffren Individualisierung
und Pluralisierung, bedeuten in vieler Hinsicht Aufhebung
von Sicherheiten. Sie geben dem einzelnen neue Freiheiten

und forcieren Orientierungsbedürfnisse. Christlicher Fundamentalismus antwortet auf diese Situation. Er schafft Eindeu-
tigkeit und setzt der modernen Kultur des Zweifels eine feste
Position entgegen. Er protestiert gegen kirchliche und theologische Kompromisse mit dem Zeitgeist und einem Wirklichkeitsverständnis, das geheimnisleer ist und die Dimension des
Wunderbaren und Übernatürlichen ausschließt. Er bietet Gewißheit und Vergewisserung an: in den Grundfragen des Lebens, aber auch in Fragen der Lebensführung und der Politik.
Als »patriarchalische Protestbewegung«[181] beruft er sich auf
das göttliche Gesetz und begibt sich auf die Bühnen politischer Auseinandersetzung, vor allem auf dem Feld ethischer
Fragen mit den Interessen und Themen Schutz des ungebore-
nen Lebens, Kampf gegen den Feminismus, Engagement für
ein Pornographieverbot, für die Beibehaltung der Todesstrafe
etc.

Fundamentalismus ist immer etwas Zweites, eine Art Gegen-
moderne. Moderne und Fundamentalismus können als globale Gegenkonzepte verstanden werden. Die Moderne mit
ihren Chancen und Ambivalenzen war freilich zuerst da, ihr
nachgeborener Stiefbruder, der Fundamentalismus, antwortet
auf den Abbruch der Tradition und der damit verbundenen
religiösen und kulturellen Identitätsgefährdung. Fundamentalistische Strömungen verkennen zumeist ihre innere Abhängigkeit von der Moderne. Sie verweigern einerseits Modernität, andererseits beschleunigen sie Modernisierungsprozesse. Die Segnungen des Medienzeitalters werden vom Fundamentalismus ganz ungehemmt in Anspruch genommen,
auch wenn das Weltbild, das er vermittelt, antimodern ausgerichtet ist. Insofern ist es zutreffend, vom Fundamentalismus
als »modernem Antimodernismus«[182] zu sprechen.

Fundamentalismus –
das wahre Gesicht des Christentums?

Der antimodernistische Affekt, der dem Fundamentalismus anhaftet, hat zu den Weiterungen beigetragen, die den Begriff in seiner gegenwärtigen Verwendung äußerst unbestimmt gemacht haben. Nicht jede modernitätskritische Bewegung ist eo ipso fundamentalistisch. In der Medienöffentlichkeit wird heute zum Teil jede Form religiöser Hingabe unter Fundamentalismusverdacht gestellt. Darunter leiden insbesondere die Charismatiker und Pfingstler. Je weiter Säkularisierungsprozesse fortschreiten, desto mehr muß offensichtlich abgewehrt werden, was sich nicht nahtlos in den Geist von Modernität einfügt. Insofern gibt es in unserer gegenwärtigen Kultur nicht nur das Phänomen fundamentalistischer Verfestigungen, sondern auch »die Kälte und geheime Gewalttätigkeit der säkularen Welt«[184], die vor allem diejenigen zu spüren bekommen, die sich den geheimen Dogmen gesteigerter Säkularität widersetzen. Fundamentalismuskritik nimmt schnell und manchmal unbemerkt die Gestalt grundsätzlicher Religionskritik an. Es gibt heute eine Reihe von Kirchen- und Religionskritikern, die die These vertreten, daß der Fundamentalismus nicht eine verzerrte Form des Christlichen sei, sondern dessen wahres, nämlich unterdrückerisches Gesicht zeige, ja das wahre Gesicht jeder monotheistischen Religion, zu deren Offenbarungsverständnis Endgültigkeitsansprüche gehören. Aus einer solchen Perspektive müssen alle Formen christlicher Frömmigkeit – von liberal bis evangelikal – auf die Anklagebank gesetzt werden. Der Verdacht wird ausgesprochen, daß alle Anhänger einer (monotheistischen) Religion Wahrheitsansprüche und Traditionen vertreten, die letztlich inhuman sind. Der Fundamentalismus im Kontext einer spezifischen Religion erscheint nur als Folge dessen, was im Grundsatz in dieser Religion bereits angelegt ist.
Solche Zuspitzungen machen deutlich, daß das Thema, das im

Zusammenhang der Fundamentalismusdebatte mit zu behandeln ist, nicht allein dieser selbst sein dürfte, sondern auch »die moderne Welt« in ihren Ambivalenzen und Fragwürdigkeiten und ihrem ungeklärten Verhältnis zu religiösen Wahrheitsansprüchen. Insofern verdeutlicht fundamentalistischer Protest die Dialektik der Aufklärung. »Die Neuzeit setzt mit der Befreiung durch die Religion ein. Die Moderne dagegen versteht sich als Befreiung von der Religion.«[183] Das Aufkommen neuer religiöser Bewegungen und die Zunahme fundamentalistischer Orientierungen zeigen, daß das Projekt Moderne die religiöse Thematik nicht einfach hinter sich lassen kann. Man kann sagen, daß die Moderne gewissermaßen ihr eigenes Gegenteil in Form des Fundamentalismus hervorbringt. Fundamentalistische Tendenzen nehmen in dem Maße zu, in dem ein unverbindlicher und »weicher« Beliebigkeitspluralismus zunimmt. Fundamentalismus einerseits und ein antidogmatischer Relativismus andererseits stehen sich streng gegenüber, bei gleichzeitigen strukturellen Ähnlichkeiten. Die Stärke protestantischer Theologie und Kirche dürfte insbesondere darin liegen, sich auf den Geist der Moderne eingelassen zu haben, wobei diese Stärke zugleich ihre Schwäche ist.

Der Nachweis von Modernitätsverträglichkeit als Zentrum gegenwärtiger christlicher Identitätsbestimmung ist in dem Maße kein zukunftsorientiertes Handeln mehr, in dem Ausdrucksformen der Modernität selbst in die Krise geraten. Aufgabe für eine zukunftsorientierte Theologie und Kirche kann deshalb nur sein, fundamentalistische Ideologisierungen der eigenen Glaubensbasis ebenso zu vermeiden wie eine Kapitulation vor den Dogmen gesteigerter Säkularität, die jeden religiösen Wahrheitsanspruch unter das Fundamentalismusverdikt stellt.

Zum Umgang
und zur kritischen Auseinandersetzung

Das Erstarken fundamentalistischer Strömungen bedeutet zwar nicht die Niederlage der Moderne, zeigt aber ihre Defizite an gemeinschaftsbildender Kraft, ethischer Verbindlichkeit und religiöser Orientierung auf. Bekräftigungsrituale für ein Bündnis mit Aufklärung und Rationalität allein dürften angesichts der Ambivalenzen der Aufklärungskultur und der kirchlichen Arrangements mit ihnen keine überzeugende Antwort darauf sein. Insofern fordert der Fundamentalismus heraus, den Fragen nach eigenen religiösen Grundlagen und Orientierungen nicht auszuweichen. Er mahnt Themen an, die für eine zukunftsorientierte Kirche wichtig sind: missionarische Verantwortung, Deutlichkeit des christlichen Zeugnisses, Glaubensvergewisserung als Aufgabe pastoralen Handelns. Die Antworten, die er anbietet, sind verkürzt, falsch, zum Teil äußerst fragwürdig. Dennoch kann die Sehnsucht, die hinter ihnen steht, nicht dementiert werden. Vor allem die Suche nach Glaubensvergewisserung muß offensichtlich entschieden ernster genommen werden, als dies durchweg in der pastoralen Praxis gegenwärtig geschieht.

Im christlichen Fundamentalismus kommen Aspekte zum Tragen, die den Protestantismus von Anfang an bestimmt haben: die Orientierung am Wort Gottes (sola scriptura), die Konzentration auf das Elementare und Fundamentale, das unbedingte Vertrauen auf den einen Gott, der sich in Christus den Menschen zuwendet. Diese für den Protestantismus überhaupt charakteristischen Anliegen begegnen im Fundamentalismus wieder, allerdings in fragwürdiger Form. Insofern kann man sagen, daß Fundamentalismus eine Bewegung ist, die sich »im Zusammenhang mit Stärken und Schwächen des Protestantismus entwickelt«[185]. Er beantwortet die offenen Fragen protestantischer Lebens- und Glaubensgestaltung, jedoch in einer die Grundanliegen des Protestantismus verzerrenden Weise.

Eine entwicklungsbezogene Betrachtung fundamentalistischer Strömungen wird berücksichtigen müssen, daß es Prozesse gibt, die zu deutlicheren fundamentalistischen Verfestigungen führen, und solche, die auf größere Kommunikations- und Dialogbereitschaft hinauslaufen, also Prozesse von »Fundamentalisierung und Entfundamentalisierung«[186]. Die Frage, ob Gruppen oder Personen als fundamentalistisch zu bezeichnen sind oder nicht, ist oft weniger wichtig als die andere, in welcher Dynamik sich eine Gruppe gerade befindet. Fundamentalistische Orientierungen sind in diesem Umfeld, vor allem bei jungen Menschen, nicht selten eine vorübergehende Erscheinung. Deshalb ist zu fragen: Sind fundamentalistische Tendenzen für eine Gruppe oder eine Person wesentlich oder nur eine Phase der Entwicklung? In modernen Gesellschaften, in denen kontinuierliche Glaubens- und Lebensgeschichten nicht mehr vorausgesetzt werden können, ist es schwierig, Fundamentalist zu bleiben. Was M. Marty im Blick auf Nordamerika sagt, dürfte auch im Blick auf Deutschland gelten: Im Laufe der Zeit werden viele Fundamentalisten zu Evangelikalen oder gehen auf im konservativen Spektrum des Protestantismus. Auch wenn ökumenischer Dialog – oder bescheidener: lernbereite Kontaktaufnahme – mit anderen Glaubens- und Frömmigkeitsformen kein Allheilmittel gegenüber fundamentalistischen Orientierungen und in manchen Situationen auch nicht möglich ist, hilft er doch, über die eigenen Grenzen hinauszuschauen, und ist ein wesentliches Instrument, Tendenzen fundamentalistischer Verfestigung und Selbstabschließung zu begegnen.

Fundamentalistische Strömungen entstammen in geschichtlicher Perspektive dem Traditionsstrang des Erweckungschristentums. Sie unterscheiden sich dadurch von anderen neuen religiösen Bewegungen, daß sie ihr Selbstverständnis im Zusammenhang des christlichen Bekenntnisses artikulieren. Daher ist der Streit mit ihnen immer auch ein Streit über die Frage der Auslegung der biblischen Texte. Christlicher Fundamentalismus – auch in seiner pentekostal-charismatischen Gestalt – hat von Anfang an den Anspruch erhoben, das Erbe der Reformation treu zu bewahren, gerade in seiner Auffassung von der Bibel. Im Mittelpunkt der Auseinandersetzung mit ihm werden deshalb immer auch hermeneutische Fragen stehen. Eine theologische Auseinandersetzung mit dem Fundamentalismus wird deutlich machen müssen, warum seine Denkformen und die ihnen entsprechende Praxis zentrale Anliegen des christlichen Glaubens verkürzen und verfehlen. Bereits die sogenannten fünf »fundamentals«, auf die sich die anfängliche christlich-fundamentalistische Bewegung bezieht, artikulieren in der Themenauswahl das christliche Glaubensverständnis reduktionistisch. Genausowenig eignen sie sich dazu, die Fülle des christlichen Glaubens in seiner trinitarischen Struktur zur Geltung zu bringen.

In der Frage der Begründung der Glaubensgewißheit differieren reformatorisches und fundamentalistisches Bibelverständnis an einem entscheidenden Punkt. Die reformatorische Theologie verzichtete darauf, die Verläßlichkeit des göttlichen Wortes durch ein Verbalinspirationsdogma zu sichern. Ebenso verneinte sie eine prophetische Unmittelbarkeit, die sich vom Wort der Schrift und den »äußeren Mitteln« göttlicher Gnadenmitteilung loslöst, und kritisierte damit einen Geistfundamentalismus, der ihr in Gestalt des »linken Flügels« der Reformation begegnete. Gegenüber einem Wortfundamentalismus hebt die reformatorische Theologie hervor, daß es Gottes heilvolle Nähe in seinem Wort nur in gebrochenen und vorläufigen Formen gibt. Was Paulus als Apostel im Blick auf seinen Dienst sagt, gilt auch für die Bibel: »Wir haben diesen Schatz in irdenen Gefäßen.« Die Bibel ist weder in den zentralen reformatorischen Bekenntnistexten noch in den altkirchlichen Symbolen Gegenstand des Heilsglaubens. In der Bibel läßt sich Gott durch Menschen bezeugen und spricht durch die fehlerhafte Grammatik menschlicher Sprache. Insofern gibt es kein beweisbares, kein sichtbares Wort Gottes.

Das göttliche Wort gibt es nicht pur, es verbirgt sich im unzulänglichen Menschenwort und läßt sich darin zugleich finden. Gegenüber der enthusiastischen Beanspruchung des Geistes besteht die reformatorische Theologie auf der Wortbezogenheit des Geistwirkens und der Ambivalenz religiöser Erfahrungen. Im christlichen Zeugnis wird der Unterschied zur Wahrheit, die es bezeugt, gewahrt.

Der Fundamentalismus, gleich welcher Ausprägungen, leugnet solche Spannungen. Er ersetzt Gewißheit durch Sicherheit und läßt sich von einer Vollkaskomentalität bestimmen, die die Wahrheit des Glaubens an den dreieinigen Gott der Anfechtung zu entziehen versucht. Um es deutlich zu sagen: Jesus selbst und auch Paulus und Johannes waren, was ihren Umgang mit den hebräischen Schriften angeht, keine »urchristlichen« Fundamentalisten, auf die sich der moderne Fundamentalismus mit historischem Recht berufen könnte. Ebensowenig läßt sich vom Neuen Testament her ein charismatischer Fundamentalismus legitimieren, der die Vorläufigkeit christlicher Erfahrung aufhebt.

Man wird sich klar machen müssen, daß die »um sich greifende Bibelschwindsucht der Moderne« (G. Ebeling) nicht nur in zahlreichen aufgeklärten, sondern auch in fundamentalistischen Vorurteilen ihren Grund haben dürfte. Die Bibel wird nicht unbedingt attraktiv, wenn ihr Charakter als Glaubenszeugnis zurücktritt und man in ihr einen Vorrat zeitloser, unfehlbarer Fakten zur Welterschaffung, zum Endzeitablauf, zur Strategie, Krankheiten schnell und wirksam zu heilen, sucht und findet. Sie wird kaum überzeugend ins Gespräch gebracht werden können, wenn in ihr alles gleich gültig sein soll und von der Mitte der Bibel, dem Evangelium, keine Möglichkeit eröffnet wird, »Teile von geringerer und größerer Wichtigkeit« (A. Schlatter) zu unterscheiden, also von einer »Hierarchie der Wahrheiten« auch innerhalb der Bibel auszugehen, um Alles-oder-nichts-Lösungen etwa in Fragen ethischer Urteilsbildung zu vermeiden. Um einen Wort- oder auch Geistfundamentalismus aufzubrechen und zu öffnen, bedürfte es einer tieferen Wahrnehmung des Verhältnisses von Wort und Geist, für die der christliche Fundamentalismus blind ist, mit der Folge, daß die christliche Freiheit von ihm verdrängt, eingeschränkt und geleugnet wird.

Man kann sich bemühen, den Fundamentalismus als Antwortversuch auf die Vergewisserungssehnsucht des Menschen in komplexen, unübersichtlichen Lebenskontexten zu verstehen. Jedoch kann dieser Versuch letztlich nur erfolglos sein, denn Glaubensgewißheit ist immer unverdientes Geschenk und menschlicher Verfügung entzogen. Die Bibel zeigt uns nicht die Wahrheit des Glaubens als festen Besitz, sondern den von der Wahrheit ergriffenen Menschen. Dieser Mensch ist nicht der, der auf alles eine Antwort hätte, dem sich eine nur autoritär überlieferte Wahrheit erschlossen hätte oder der ein Leben frei von Krankheit und Gebrechen führen könnte. Der Glaubende ist vielmehr der Angefochtene, der um seine abgründige Entfremdung von der Wahrheit weiß, sich aber von dieser selbst auf einen Weg gestellt sieht.

Teil 5

KRITERIEN DER GEISTERFAHRUNG IN DER BIBLISCHEN UND KATECHETISCHEN TRADITION

Ekstase und Erfahrung des Geistes im Neuen Testament

Der Anspruch pfingstlich-charismatischer Spiritualität, sich am biblischen Urbild individueller und gemeinschaftlicher Geisterfahrung zu orientieren und gleichsam in urchristliche Verhältnisse zurückzukehren, provoziert den exegetischen und hermeneutischen Rekurs zum Stellenwert ekstatischer Erfahrungen im Neuen Testament. Wie konstitutiv sind außergewöhnliche Erfahrungen wie Glossolalie, Visionen und Offenbarungen des Geistes für das christliche Leben? Mit welchen Bewußtseinszuständen sind sie nach dem Zeugnis des Neuen Testaments verbunden? Wie eng sind ekstatische Verhaltensweisen mit ihnen verknüpft? Inwiefern gehören »übernatürliche« Heilungserwartungen zur christlichen Existenz und exorzistische Praktiken zum seelsorgerlichen und missionarischen Auftrag der Christen?

Über solche und ähnliche Fragen wird heute angesichts der Ausbreitung charismatischer Spiritualität kontrovers diskutiert. Der Toronto-Segen und die Erweckung in Pensacola haben erneut unterstrichen, welche Faszination vor allem von ekstatischen Ergriffenheitserfahrungen ausgeht und wie wesentlich sie für das Selbstverständnis pfingstlich-charismatischer Frömmigkeit in der westlichen Welt sind. Ohne das Angebot ekstatischen Erlebens hätten sich Gemeinden in Toronto und Pensacola nicht zu zentralen Wallfahrtsorten eines charismatischen Massentourismus entwickeln können, wo »übernatürliche« Kraft wirkungsvoll erfahren werden kann. Die Grundstruktur der Erfahrung des Übernatürlichen läßt sich dabei unter das Motto subsumieren: Kontaktgewinn mit göttlicher Kraft durch tranceartigen Kontrollverlust. Auf diesen Kern scheinen zahlreiche, für die gegenwärtige Frömmigkeitspraxis charakteristische Erfahrungen pentekostal-charismatischer Bewegungen zuzulaufen (zum Beispiel Befreiungsdienst, innere Heilung, prophetischer Dienst). Während der charismatisch bestimmte Toronto-Tourismus im wesentlichen der Vergangenheit angehört, versucht gegenwärtig die klassische Pfingstbewegung (Assemblies of God) mit der Erweckung in Pensacola Anschluß an die modernen Ausdrucksformen charismatischer Spiritualität zu gewinnen und kann sich dabei zurückerinnern an ihre eigenen Anfänge.[187]

Nach wie vor gibt es auch heute Pfingstler und Charismatiker, die betonen, daß das von ihnen erlebte wunderbare Erfaßtwerden von der Kraft des Geistes mit Ekstase und Trance nichts zu tun habe und schon gar nichts mit einer gesteigerten Emotionalität. Vor allem im Blick auf die Glossolalie wird häufig behauptet, sie sei eine »biblische« Form religiöser Erfahrung jenseits psychologisch faßbarer Bewußtseinszustände wie Trance und Ekstase. Sollte dies zutreffen, wird man allerdings bezweifeln können und müssen, daß die heutige Praxis der Glossolalie mit dem biblischen Zungenreden gleichzusetzen ist, das eine ekstatische Dimension fraglos enthielt. Jede ritualisierte Form ekstatischer Erfahrung läßt jedoch das dynamische Moment zurücktreten. Wenn Sprachengesang und Sprachengebet heute in eher unekstatischen Formen vorkommen, liegt dies an dem nicht zu vermeidenden Vorgang der Ritualisierung.

Die gegenwärtigen Ausdrucksformen charismatischer Frömmigkeit fordern freilich nicht nur zu einer Diskussion über Glossolalie heraus. Es geht vielmehr in sehr grundsätzlicher Weise um den Erfahrungsbereich des »Übernatürlichen« und

»Wunderbaren«, von dem Charismatiker und Pfingstler annehmen und unterstellen, das westliche Christentum – auch
das evangelikal geprägte – habe ihn weithin verdrängt, vergessen und ausgeschlossen.

Bezugstexte für ekstatische Erfahrungen

Es scheint eine Reihe biblischer Texte zu geben, mit denen
sich die Ausdrucksformen charismatischer Frömmigkeit gut
verbinden lassen. Für die grundsätzliche Ausrichtung ihrer
Glaubenspraxis – das Verständnis von Geistestaufe oder Geisteserfüllung, die Praxis der Charismen und die außergewöhnlichen Erfahrungen mit der Kraft des Heiligen Geistes –
berufen sich Pfingstler und Charismatiker unter anderem auf
das in der Apostelgeschichte berichtete Pfingstgeschehen
(Apg 2,1ff), die innerhalb der Urgemeinde gelebte Liebeseintracht, das charismatische Aufbrechen der Geistesgewißheit
in den Charismen (1. Kor 12–14) und die pneumatische Gestalt des Gottesdienstes in Korinth in der Dynamik von
Hymnus und Gebet, Lehre und Offenbarung, Prophetie und
Zungenrede (1. Kor 14,26). Dabei wird das Urchristentum
insgesamt als charismatisch identifiziert und mit Emphase
hervorgehoben, daß charismatische Spiritualität in geschichtlicher Kontinuität zur Kirche des Anfangs steht.
Im Blick auf einzelne ekstatische Phänomene sieht sich charismatisch-pentekostale Spiritualität ebenso bestätigt und legitimiert durch zahlreiche biblische Hinweise auf »übernatürliches« Geisteswirken, das mit heftigen körperlichen Reaktionen einhergeht. Einzelne biblische Notizen werden dabei in
unmittelbare Parallelität zu dem gesetzt, was sich in der Praxis charismatischer Frömmigkeit heute ereignet. »Wunder,
göttliche Krankenheilung, Dämonenaustreibung, Umfallen,
Zittern, Lachen, Ekstase, spontaner Empfang des Sprachengebets, übernatürlich ausgelöster Lobpreis – all das sind Phänomene, die sich oft und deutlich in der Bibel finden lassen.

Sie sind biblisch.«[188] In John Wimbers Buch »Heilung in der Kraft des Geistes«, das als Klassiker für modernes charismatisches Selbstverständnis gelten kann, heißt es ganz ähnlich: »Die Bibel ist voll von Beispielen, in denen Menschen als Reaktion auf die Kraft des Heiligen Geistes umfallen, zittern, sich wie betrunken verhalten, lachen oder weinen.«[189] An einer Präzisierung und Differenzierung, in welchen Zusammenhängen diese Erfahrungen in der Bibel zur Sprache kommen – ob sie bewußt angestrebt werden, ob es sich um menschliche Reaktionen auf das göttliche Handeln handelt, ob die außergewöhnlichen Manifestationen als Handeln Gottes, Jesu Christi oder des Geistes Gottes zu verstehen sind –, haben solche Hinweise kein weiteres Interesse.

Hinsichtlich der Heilungen und der exorzistischen Praktiken wird auf die Wundererzählungen der Evangelien und der Apostelgeschichte verwiesen und den ausdrücklichen Auftrag Jesu an seine Jünger, das Evangelium zu verkündigen, die Kranken zu heilen und die bösen Geister auszutreiben (vgl. Mk 6,7ff; Mt 10,7f; Lk 9,1ff). Ebenso spielt die Berufung auf Mk 16,17–18 – eine spätere Hinzufügung zum Markusevangelium – eine zentrale Rolle. Beim Ruhen im Geist werden zahlreiche alttestamentliche Beispiele genannt, im Blick auf das Neue Testament weist man unter anderem auf das Zu-Boden-Fallen des Paulus bei seiner Bekehrung hin (Apg 9,3ff), das Niederfallen der Soldaten bei Jesu Gefangennahme (Joh 18,6) und der Wachsoldaten am Grab Jesu (Mt 28,4). Beben und Zittern sieht man vorgezeichnet in den Erfahrungen der Frauen angesichts des leeren Grabes (Mk 16,5f.8) und des Gefängnisaufsehers in Philippi (Apg 16,29). Im Blick auf Verzückung, Ekstase und Trunkenheit beruft man sich auf das mehrfach berichtete In-Verzückung-Geraten von Petrus und Paulus (Apg 10,10f; 22,17f; 2. Kor 5,13). Im Blick auf Entrückungen, Elevationen und Schwebezustände wird unter anderem auf den Entrückungsbericht des Paulus in 2. Kor 12,2ff verwiesen.[190]

Die Struktur der Argumentation ist dabei immer dieselbe. Biblizistische Argumentationsfiguren und eine »Theologie der Wiederherstellung«[191] ermöglichen die Identifikation des gegenwärtig Geschehenden als biblisch und urchristlich und legitimieren es. Wendet man den Blick von den Phänomenen weg und fragt nach ihrer Bedeutung, so wird alles im Rahmen evangelikal geprägter Erweckungstheologie gedeutet. Die Phänomene zeigen die persönliche Zuwendung Gottes zu den Menschen. Sie geben eine Vorahnung von der alles umfassenden Erlösung und der Fülle des Reiches Gottes. Das Austreiben der Dämonen ist ein Zeichen dafür, daß Gott in das Reich des Satans eindringt und die endgültige Zerstörung des Widersachers bevorsteht. Die körperlichen Reaktionen machen den Menschen auf die spürbare Gegenwart Gottes und die Leiblichkeit seiner Zuwendung aufmerksam, sie vergewissern den Glaubenden und verdeutlichen, daß Gott den Menschen auch in seiner Emotionalität berührt und verwandelt. Sie qualifizieren die Gegenwart als Erweckungszeit, deren Merkmal weitreichende Ausgießungen des Heiligen Geistes sind.

Es kann nicht das Ziel der folgenden Überlegungen sein, alle genannten biblischen Zusammenhänge im einzelnen zu untersuchen. Beispielhaft werden einzelne Textzusammenhänge aufgespürt, die zur aufgegebenen Fragestellung etwas sagen. Zugleich soll deutlich werden, welche zentralen Kriterien für das Geistwirken im Neuen Testament entwickelt werden und inwiefern ekstatische Erfahrungen Ausdruck der christlichen Glaubenserfahrung sein können.

Wollte man die neutestamentlichen Schriften in ihrer historischen Reihenfolge ins Spiel bringen, müßte mit den paulinischen Briefen begonnen werden, speziell mit dem ersten Thessalonicherbrief und den Korintherbriefen; denn sie stehen zeitlich am Anfang. Andererseits ist die Geisterfahrung Jesu, sein Leben, Sterben und Auferstehen Voraussetzung für das Wirken und Verständnis des Geistes in den urchristlichen Gemeinden. Wir gehen deshalb zunächst auf diese Geisterfah-

rung Jesu in den Evangelien ein, entwickeln in einem zweiten
Schritt die lukanischen Perspektiven vom Wirken des Geistes
in der frühen Kirche, wie sie uns vor allem in der Apostelgeschichte begegnen, und wenden uns dann den Auseinandersetzungen des Paulus mit dem korinthischen Enthusiasmus zu.
Wenn den paulinischen Perspektiven im folgenden ein besonderer Stellenwert verliehen wird, liegt dies darin begründet,
daß Paulus sich wie kein anderer mit der Frage des Stellen-
werts ekstatischer Erfahrungen in den frühchristlichen Gemeinden auseinandersetzen mußte und sich hier die vergleichsweise ausführlichsten Hinweise für die aufgegebene
Fragestellung finden.

Jesus als Träger des Geistes

In der Grundschicht der synoptischen Evangelien tritt das
Geistwirken auffallend zurück. »Jesus selbst hat kaum je vom
Geist gesprochen.«[192] Er lebt in unmittelbarer Gottesgewißheit, verkündigt die heilvolle Nähe des Reiches Gottes
und ruft die Menschen zur Umkehr und zur Nachfolge.
Punktuell-ekstatische Geisterfahrungen und ein Ergriffenwerden vom Geist mit veränderten, außeralltäglichen Verhal-
tensformen – etwa in Anknüpfung an die teilweise mit erschreckenden Zügen einhergehende Ekstase der wandernden
Prophetenschwärme (vgl. 1. Sam 10 und 19) oder der großen
Rettergestalten im Richterbuch – werden in Jesu Wirken nicht
sichtbar. Als Zungenredner und Ekstatiker tritt er nicht in Erscheinung. Die vereinzelte Notiz in Lukas 10,21, in der es
heißt, daß Jesus sich »freute im heiligen Geist«, kann schwer-
lich als Beleg für Jesu eigene ekstatische Erfahrung ins Feld
geführt werden. In seinem Reden und Handeln ereignet sich
endzeitliches Erfüllungsgeschehen. Der Geist Gottes zeigt
sich dabei vor allem in der Autorität und Vollmacht (Exousia)
Jesu, die in seiner Lehre und Predigt wie auch in den Wundern
und Dämonenaustreibungen zum Vorschein kommen.

In den späteren Schichten unterstreicht die Rede vom Geistwirken die »Herkunft« Jesu von Gott. Matthäus und Lukas
bringen dies nicht erst bei der Taufe, sondern bereits bei der
Geburt Jesu ins Spiel (Mt 1,18.20; Lk 1,35). Die von allen
Evangelien berichtete Taufe Jesu ist die Berufung für seine
messianische Sendung. »In diesem inhaltsschweren, zeichenhaften Geschehen am Jordan tritt Jesus aus der Verborgenheit
in die Öffentlichkeit seines Wirkens und der Geschichte.«[193]
Die Herabkunft des Geistes ist das zentrale Moment seiner
Taufe im Jordan. Der messianischen Erwartung entsprechend
wird Jesus die Gabe des Gottesgeistes als Ausrüstung für seinen Dienst verliehen. Seine Taufe beinhaltet die bleibende Beauftragung und Bevollmächtigung. Als punktuell-ekstatische
Erfahrung wird sie nicht verstanden, als Paradigma für die
charismatische Geistestaufe kann sie nicht in Betracht kommen.[194] »Der Geist ist gerade keine übernatürliche Macht, die
ihn, Jesus, mehr oder weniger ausgeschaltet hätte. Jesus selbst,
sein ganzes Verhalten und Verkünden ist Gottes Gegenwart.«[195] Wenn Johannes der Täufer Jesus als den »Stärkeren«
ankündigt, der »euch mit dem heiligen Geist taufen« wird
(Mk 1,8 par), so ist damit ausgesagt, daß die Zeit des Wirkens
Jesu unter dem Vorzeichen einer neuen Wirksamkeit des Geistes Gottes stehen wird.

Im weiteren akzentuieren die Evangelien Jesu prophetische
Sendung (Lk 4,18), sein endzeitliches Einbrechen in die Herrschaft des Bösen (Mt 12,28; Lk 11,20). Wer die sich offenba-
rende Kraft des Pneumas nicht anerkennt, dem kann nicht vergeben werden (Mk 3,28ff par). Wenn die Synoptiker vom Geist
Gottes reden, wollen sie ihre Leser also vor allem davon über-
zeugen, daß Jesus der erwartete, von Gott gesandte Messias ist.
Er ist Träger des Gottesgeistes in einer geradezu exklusiven
Weise. In seinem Leben kommt das Wirken des Geistes Gottes
ganz ungehindert zum Zuge. Es ist auffallend, daß die Evangelien von der Geistbegabung der Jünger schweigen, obgleich die
Jünger an der Vollmacht Jesu zur Predigt und Krankenheilung

teilhaben dürfen. In Johannes 7,39 heißt es entsprechend »denn der Geist war noch nicht da; denn Jesus war noch nicht verherrlicht« (vgl. auch Apg 1,5.8). Darin stimmen alle Evangelien überein, daß zwischen der Zeit Jesu und der Zeit der dann folgenden Kirche unterschieden werden muß.

Während in den synoptischen Evangelien der Geist vor allem die Brücke zwischen Gott und Jesus schlägt, verbindet er im Johannesevangelium, der Apostelgeschichte und den Paulusbriefen den erhöhten Kyrios mit den Seinen. In der Apostelgeschichte wird dieses Wirken des Geistes an den Jüngern und dann weitergehend an den zum Glauben an Christus kommenden Heiden durchaus auch »apersonal« ekstatisch-charismatisch verstanden. In den johanneischen Abschiedsreden (Joh 14,16.26f; 15,26; 16,8.13) tritt der Geist als »Nachläufer Jesu« (G. Bornkamm) in Erscheinung und gewinnt ein zunehmend personales Gesicht.

Das Geistwirken in der Apostelgeschichte

Die Apostelgeschichte erläutert das Pfingstereignis als ein Erfülltwerden mit dem Heiligen Geist, das sich unter anderem im Reden in »anderen Sprachen« (Apg 2,4) zeigt. Pentekostalcharismatisches Selbstverständnis erkennt in diesem Ereignis die eigene Erfahrung wieder und liest die Pfingstgeschichte als seine eigene Geschichte: Der Geist kommt auf bereits Glaubende herab, äußert sich in der Gabe der Zungenrede und bevollmächtigt zum christlichen Zeugnis. Entsprechend sieht man in Apostelgeschichte 2 eine neue, zweite Stufe christlicher Erfahrung beschrieben, ein der Bekehrung und Taufe folgendes Heilserlebnis (Geistestaufe), das eine gottgewollte Norm für alle Glaubenden ist. Die im Neuen Testament singuläre Bemerkung, daß die Täuflinge des Philippus zwar getauft seien, den Geist aber noch nicht empfangen hätten (vgl. Apg 8,12ff), wird als Bestätigung für diese Sichtweise begriffen.

Die moderne Charismatik ist zwar auf das Geschehen der Glossolalie im Zusammenhang der Geisterfüllung und Geistestaufe nicht so fixiert wie das Pfingstlertum, unterstreicht jedoch auch die Notwendigkeit, die Ebene des »Übernatürlichen« zu erreichen, und bleibt trotz einiger Modifikationen in vielem von der pentekostalen Konzeption abhängig. Man wird sich andererseits hüten müssen, pfingstlich-charismatisches Selbstverständnis allzu pauschal wahrzunehmen. Es differiert durchaus, läßt sich nicht über einen Kamm scheren und hat in unterschiedlichen kulturellen Kontexten eine je verschiedene Wirkung. Allerdings hat die skizzierte Deutung der Pfingstgeschichte insofern eine überaus zentrale Bedeutung, als sie gleichsam den hermeneutischen Schlüssel für das Verständnis weiterer biblischer Texte bildet. Durch die Brille des so und nicht anders zu verstehenden Pfingstwunders werden zahlreiche Aussagen des Neuen Testaments zum Wirken des Geistes interpretiert (zum Beispiel die Taufe Jesu oder 1. Kor 12,13 als Paradigma für die Geistestaufe).[196]

Eine genauere Wahrnehmung der Pfingstgeschichte bestätigt diese Sicht jedoch nicht. In der Pfingsterzählung geht es nicht primär um ein glossolalisches Sprachenwunder, sondern vor allem um ein Hörwunder.[197] Das Wirken des Heiligen Geistes äußert sich im unverständlichen und doch für alle verständlichen Wort. Viele Exegeten gehen davon aus, daß unterschiedliche Traditionen in der Pfingsterzählung zusammengeflossen sind, so daß »eine Erzählung entstand, die eine Reihe von Aspekten der Geisterfahrung der jungen Christenheit aufnahm und dem Leser eine Reihe von theologischen Assoziationen aufdrängt«.[198] So kann man fragen: Waren die Zungen beim Pfingstwunder Fremdsprachen? Hat Lukas unterschiedliche Erinnerungen an das Pfingstereignis nebeneinander stehenlassen? Versteht er unter Glossolalie etwas anderes als Paulus, nämlich nicht »ihrem Wesen nach unverständliche, der nachträglichen Deutung bedürfende Sprache«, sondern die »universale Sprache des Lobpreises und des Gebetes«?[199]

Wie immer man traditionsgeschichtlich hier die Zuordnungen vollzieht und die gestellten Fragen beantwortet, in seiner jetzigen Form zielt das in Apostelgeschichte 2 berichtete Pfingstwunder nicht primär auf den Zusammenhang zwischen Geisterfüllung und Sprachengebet ab, sondern auf die Verständigung und Kommunikation wirkende Kraft des Heiligen Geistes, die kulturelle Schranken und Verstehensbarrieren überwindet und der babylonischen Sprachenverwirrung ein Ende setzt.

In der Schilderung des Pfingstereignisses zeigt sich zugleich das lukanische Geistkonzept in seiner alttestamentlichen Verwurzelung. Es sind drei Aspekte des Geistwirkens, die betont werden: das plötzliche Brausen, die Feuerzungen, die sich auf die Menschen setzen, und das beschlagnahmende Wirken des Geistes. Die alttestamentliche Vorstellung der Ruach Jahwes klingt ebenso an wie die Täuferverheißung. Die Verbindung mit dem Joel-Zitat (Apg 2,17ff) zeigt an, daß das Pfingstgeschehen als endzeitliches Geschehen begriffen wird. Der Geist Gottes und Jesu wird wirksam in der ganzen Welt bis zum Kommen des Herrn. Dies geschieht durch die den Namen Jesu bezeugende Kirche, die das Geschöpf des Geistes ist. In entscheidenden Situationen der Kirche, in denen Gott einen neuen Schritt mit seiner Gemeinde gehen will, berichtet Lukas vom Wirken des Geistes, das sich auch punktuell-dynamisch vollzieht, wie etwa in der Glossolalie. Aus dem Sachverhalt, daß dies in der Apostelgeschichte häufiger geschieht (Apg 2,4; 10,44.46; 11,15.17; 15,8; 19,6), wird verständlich, warum sich pentekostal-charismatische Tradition vorzugsweise auf die Apostelgeschichte beruft. Es entspricht jedoch nicht der Theologie des Lukas, diese Hinweise als paradigmatisch und obligat für die individuelle christliche Geisterfahrung zu betrachten. An Schematisierungen zeigt Lukas kein Interesse. Sein Thema ist die Verknüpfung von Geistwirken, missionierender Kirche und Geschichte. Lukas »beschreibt die Geschichte der Werkzeuge Gottes, Personen und Konstel-

lationen, welche beim Übergang von der ersten zur zweiten
und dritten Generation die Kontinuität der Jesustradition
verbürgen«.[200]

Geistempfang – Umkehr – Taufe – Glossolalie

Das Empfangen des Heiligen Geistes ist auch in der Apostelgeschichte nicht vornehmlich mit der Glossolalie verbunden.
Lukas kennt – wie das gesamte Neue Testament – den engen
Zusammenhang zwischen Geistempfang und Taufe. Bereits
die prophetische Verheißung der Geistausgießung bei Hesekiel verstand den Geist nicht nur als mitreißende Kraft
Gottes, die situationsbezogen und vorübergehend den Menschen ergreift (vgl. die Ruach-Macht in den Rettergestalten
des Richterbuches), sondern als göttliche Gabe, die die bleibende Nähe Gottes verheißt. Von hier aus erschließt sich der
im Neuen Testament vorausgesetzte Zusammenhang zwischen der Taufe der an Jesus Glaubenden und der Geisterfahrung. Denn in der Taufe geschieht nicht nur eine dynamisch-
punktuelle Geisterfahrung. Der Getaufte ist vielmehr bleibend der Herrschaft Christi und seines Geistes unterstellt.
Fragt man in der Apostelgeschichte nach dem Verhältnis zwischen Umkehr, Taufe und Geistempfang, so fällt vor allem ins
Auge, wie vielfältig die Beziehung zwischen ihnen bestimmt
werden kann. Hier ist ein Wissen davon zum Ausdruck gebracht, daß die Vorstellung der bei der Taufe verliehenen Gei-
stesgabe nicht so verstanden werden darf, daß damit die
punktuelle Geisterfahrung, die keineswegs ekstatisch sein
muß, ausgeschlossen wäre.
Die Verhältnisbestimmung zwischen Umkehr, Taufe, Geistempfang und Glossolalie kann überaus vielfältig erfolgen: Am
Ende der Pfingsterzählung wird jedem, der umkehrt und sich
taufen läßt, der Empfang der Gabe des Geistes zugesagt (Apg
2,38). Daneben gibt es den überraschenden Geistempfang,
dem die Taufe folgt (10,47), die Geisterfahrung ohne vorhe-

rige Wassertaufe (2,4), die Umkehr und Taufe auf den Namen
Jesu verbunden mit dem Geistempfang (9,17.18), Umkehr
und Taufe, ohne daß vom Geistempfang die Rede ist (8,26ff),
die der Taufe in zeitlichem Abstand erst folgende Vermittlung
des Geistes durch die Handauflegung der Apostel (8,15;
18,24ff). Die Vielfalt der Verhältnisbestimmungen setzt sich
fort im Blick auf die Frage des Zusammenhangs zwischen
»Erfüllung mit dem Geist« und »Reden in anderen Sprachen«.
Die Herabkunft des Geistes kann mit dem Reden in anderen
Sprachen verbunden sein (Apg 10,45f; 19,6), ist es aber nicht
zwangsläufig, wie andere Beispiele zeigen (4,31; 9,17f u. ö.).
Auch im Zusammenhang des Pfingstwunders ist die Verbindung zwischen Geisterfüllung und Sprachengebet nicht der
zentrale Skopus des Textes, worauf bereits hingewiesen
wurde. Die Vielfalt der Zuordnungen von Taufe, Umkehr und
Geistempfang sowie von Glossolalie und Geistempfang
macht deutlich, daß sich das Reden von der Wirksamkeit des
Geistes in der Apostelgeschichte einer eindeutigen Schematisierung entzieht. Die Vielfalt der Verbindungen und Zusammenhänge hat zugleich Anlaß gegeben, daß sich unterschiedliche konfessionelle Traditionen auf verschiedene Texte in
legitimatorischer Weise beziehen.

Paulus und der urchristliche Enthusiasmus

Paulus war selbst ein pneumatisch hochbegabter urchristlicher Charismatiker. Er vereinigte eine Vielzahl von Geistesgaben auf sich. Wie die korinthischen Enthusiasten weiß der
Apostel, daß Gottes Geist eine über den Menschen hereinbre-
chende Macht ist, die sich auch in Krankenheilungen, Eingebungen des Geistes und Zungenreden zeigen kann. Er kennt
das Geistwirken in außergewöhnlichen Erlebnissen, etwa in
einer Entrückung, und weiß von Erfahrungen des »Außer-
sich-Seins« (2. Kor 5,13). Die paulinische Verkündigung des
Evangeliums erfolgt »nicht allein im Wort, sondern auch in

der Kraft und in dem heiligen Geist« (1. Thess 1,5), seine Missionspredigt geschieht »in der Kraft von Zeichen und Wundern und in der Kraft des Geistes Gottes« (Röm 15,19). Paulus teilt das urchristliche Verständnis des Geistes als eschatologischer Gabe, die Anteil gibt an himmlischen Gaben und die Kräfte der zukünftigen Welt schmecken läßt (vgl. Hebr 6,4f). Er selbst hat die umwandelnde Kraft des Geistes erfahren, dessen Wirken die ganze Person erfaßt und bis in die Tiefenschichten des Menschen reicht. Das Geistwirken weist für Paulus auf Gottes befreiende Gegenwart im Gekreuzigten und Auferstandenen hin. Die Ausgießung des Geistes erfüllt die prophetische Verheißung und läßt Gottes heilvolle Nähe in Christus erfahrbar werden. Der Geist ist »Unterpfand« und »Angeld« der Vollendung (2. Kor 1,22; 5,5; Röm 8,16.23).[201] Mit der Geistverleihung hat die eschatologische Neuschöpfung bereits begonnen.

Aus diesem Verständnis des Geistes und seines Wirkens zieht Paulus jedoch deutlich andere Schlüsse als die korinthischen Enthusiasten. Diese glauben bereits am Ziel zu sein. Der Apostel weiß, daß das christliche Leben sein Ziel allererst noch vor sich hat. Anders als die Pneumatiker in Korinth kennt Paulus keinen ungebrochenen Umschlag von Erwartung in Erfüllung. Wie unter anderem aus 1. Korinther 4,8 hervorgeht, ist die eschatologische Erwartung in Korinth in ein Vollendungsbewußtsein umgeschlagen. »Ihr seid schon satt geworden. Ihr seid schon reich geworden. Ihr herrscht ohne uns. Ja, wollte Gott, ihr würdet schon herrschen, damit auch wir mit euch herrschen könnten!« Das enthusiastische Hochgefühl (wahrscheinlich der Christuspartei in Korinth; vgl. 1. Kor 1,12) wird von Paulus mit ironischen Aussagesätzen beschrieben. Die Korinther glauben, am Ziel bereits angekommen und den Begrenzungen der irdisch-geschichtlichen Welt entronnen zu sein. Sie unterscheiden nicht mehr zwischen Glauben und Schauen (2. Kor 5,7). Eine futurische Eschatologie haben sie hinter sich gelassen, glauben sie doch, bereits (in der Taufe)

auferstanden zu sein, was bei einigen in Korinth zu der Überzeugung geführt hat: »Es gibt keine Auferstehung der Toten«
(1. Kor 15,12). Die Pneumaerfahrung in Glossolalie, Ekstase
und Wunder zusammen mit einem Sakramentsverständnis
(vgl. auch 1. Kor 10,1ff), das in Taufe und Herrenmahl die
Übermittlung einer unverlierbaren Heilsgarantie erblickt, haben zu einem Bewußtsein der »realized eschatology« geführt.
In den Geistesgaben meinen die korinthischen Enthusiasten
den Geist anfechtungsfrei zu besitzen. Auch ihr Freiheitspa-
thos und ihr libertinistisches Ethos sind von diesem Hintergrund her zu verstehen. Das Vollendungsbewußtsein führt
zur Geringschätzung des Leiblichen und zum Ausstieg aus
sozialen Verpflichtungen (vgl. 1. Kor 11,27ff).
Dem hält Paulus entgegen, daß sich das christliche Leben in
einer Hoffnungsperspektive vollzieht, die irdisch bewährt
werden muß. »Was Paulus in Diastase zur leidvollen Gegenwart erst von der Zukunft erwartet, gilt in Korinth bereits als
realisiert. Während sie sich schon in himmlischen Höhen
wähnen, hat er sein Leben in der Tiefe irdischer Leiden zu
führen.«[202] Obgleich es viel Verbindendes zwischen Paulus
und den korinthischen Pneumatikern gab, fand Paulus unter
ihnen keine Akzeptanz. Er selbst kann ihnen nur vorwerfen,
daß sie »noch fleischlich sind« (1. Kor 3,3f), also noch nicht in
der Sphäre des Geistes leben, der von der Selbstsucht befreit
und das Ich des Menschen für Gott und den Nächsten öffnet.
Dies ist der erstaunliche Konflikt, um den es in beiden Korintherbriefen unter anderem geht. Paulus lebt eine charismatische Glaubenspraxis, die von seiten anderer Charismatiker
keine Anerkennung findet und umgekehrt. Der Streit geht im
Kern um die Frage, was geistgewirkte Glaubenspraxis ist,
worin sie ihre Begründung und ihr Ziel hat. Die paulinischen
Hinweise sind nicht nur situationsbedingt, sondern in vielen
Passagen durchaus grundsätzlich orientiert.
Ein erster Themenbereich, anhand dessen die paulinischen
Perspektiven zur Frage ekstatischer Geisterfahrungen exem-

plifiziert werden können, sind seine Ausführungen zur Glossolalie in den Kapiteln 12 bis 14 des 1. Korintherbriefes.

Glossolalie als Charisma

Glossolalie ist eine zentrale Ausdrucksform religiöser Ek-
stase, ein unsemantisches, nicht verstehbares Sprechen oder
Singen, wobei sich das Sprachgeschehen verselbständigt und
Laute geäußert werden, die der Sprechende als durch seine
Sprechorgane unwillkürlich hervorgebracht empfindet.
Grundsätzlich kann zunächst festgehalten werden, daß für
Paulus die Glossolalie ein Randthema, kein Zentralthema ist.
Als Charisma spielt sie nirgends eine Sonderrolle. Themati-
siert wird sie im Kontext seiner Ausführungen zu den Geistesgaben und wird dort als Charisma, Gnadengabe, bezeichnet. Die Übersetzung »Zungenrede« der griechischen Worte
glossais lalein dürfte unpräzise sein. Der sprachliche Charakter dieses Charismas, seine Beziehung zum Charisma der
Übersetzung (vgl. das Nebeneinander von Glossolalie und
Übersetzung, l. Kor 12,10.30; 14,26.27f) sowie die »Engels-
zungen« in 1. Kor 13,1 machen es wahrscheinlich, daß Paulus
das griechische Wort in einem technischen Sinn benutzt. Er
denkt dabei nicht primär an »Zunge«, sondern an Sprache,
weshalb die Worte Sprachenrede oder Sprachengabe eine genauere und weniger mißverständliche Übersetzung sind.
Die ausführlichsten Ausführungen zur Glossolaliethematik
finden sich im l. Korintherbrief. In zwei Charismenkatalogen,
die die Fülle und Vielfalt göttlicher Gnadengaben zum Ausdruck bringen, zählt Paulus auch die Glossolalie auf (vgl. 1.
Kor 12,8–10.28–30), neben der Gabe, sie zu übersetzen. Er
versteht die Glossolalie als von Gottes Gnade eröffnete Möglichkeit zum Gebet und Lobpreis, als Engelssprache (1. Kor
13,1) und Zeichen der Teilhabe an himmlischer Kraft. Zugleich kann er freilich sagen, daß Gottes Geist uns nicht nur
teilhaftig werden läßt an himmlischer Kraft, sondern auch an

»Schwäche« (vgl. Röm 8,26), die zur »Sensibilisierung für das Leiden aller Kreatur führt«.[203] Er selbst praktiziert die Gabe der Glossolalie: »Ich danke Gott, daß ich mehr in Zungen rede als ihr alle« (1. Kor 14,18). Er anerkennt sie als Charisma. Aber er deutet diese Gabe offensichtlich anders als die korinthischen Enthusiasten. Das Kriterium der geistbewegten Korinther für die hohe Wertschätzung der Glossolalie ist das Wunderbare und Außerordentliche ihrer Erscheinung, dasjenige des Paulus ist die Kraft zur Erbauung des anderen. Sein Gedankengang ist deshalb darauf ausgerichtet, die hohe Wertschätzung der Glossolalie in der korinthischen Gemeinde zu korrigieren (vgl. 1. Kor 14). Im Vergleich mit dem Charisma der prophetischen Rede – worunter Paulus die verständliche Auslegung des Evangeliums und Ansage des göttlichen Willens für die Gegenwart versteht – kommt der Glossolalie ein nur untergeordneter Stellenwert zu. Der Apostel wehrt sich entschieden gegen die Überbetonung dieser Gabe, wie er sie bei den geistbewegten und auf außergewöhnliche Erlebnisse fixierten Christen in Korinth vorfand. »Wer in Zungen redet, der erbaut sich selbst, wer aber prophetisch redet, erbaut die Gemeinde« (14,4). Glossolalie ist nach 1. Korinther 14 eine Gabe zur persönlichen Erbauung, die unübersetzt keinen Platz in der Versammlung der Christen hat. Im Gottesdienst soll nicht die enthusiastische Gebetssprache, sondern das verständliche, auch für Nichtglaubende nachvollziehbare Wort Raum haben (1. Kor 14,23ff). Neben der Anerkennung der Gabe steht ihre schroffe Relativierung. »Ich will in der Gemeinde lieber fünf Worte reden mit meinem Verstand, damit ich auch andere unterweise, als zehntausend Worte in Zungen« (1. Kor 14,19). Ekstatische Erfahrungen haben, wie Paulus hier voraussetzt, grundsätzlich vor allem eine Bedeutung für die eigene Erbauung. Ihnen fehlt die kommunikative Dimension.

Erscheinungen und Offenbarungen des Herrn

Ein weiterer Textzusammenhang, an dem der paulinische Umgang mit außergewöhnlichen Geisterfahrungen demonstriert werden kann, findet sich im 2. Korintherbrief. Die Gegner, mit denen Paulus sich hier kritisch auseinandersetzt, begründen die Überlegenheit gegenüber ihm mit ihrer Fähigkeit zu ekstatischen Erlebnissen. Vom Selbstruhm seiner Gegner läßt sich Paulus zu einem »Selbstruhm in Torheit« herausfordern und berichtet ebenso von außergewöhnlichen Erfahrungen Gottes oder Christi, obgleich er es vorzöge, darüber zu schweigen. Er konzentriert sich auf zwei Themenbereiche: die Leiden und Bedrängnisse des apostolischen Dienstes (2. Kor 11,22–33) und die außerordentlichen Offenbarungen des Herrn (12,1–10). Im Zusammenhang unserer Fragestellungen konzentrieren wir uns auf das zuletzt Genannte. Zu den außerordentlichen Gnadenerweisungen des Herrn gehören ein Entrücktwordensein ins Paradies (12,2–6) und eine Offenbarung Christi, die im Zusammenhang einer offensichtlich schmerzhaften und chronischen Erkrankung des Apostels (12,7–10) erfolgte.[204] Durch die Erfahrung des Entrücktwerdens ins Paradies kann sich auch Paulus als Ekstatiker ausweisen.[205] Die Entfremdung des Ich von sich selbst in der ekstatischen Erfahrung nimmt der Apostel auf, wenn er von sich selbst in der dritten Person spricht:

»Ich kenne einen Menschen in Christus;
vor vierzehn Jahren –
ist er im Leib gewesen? ich weiß es nicht; oder ist er außer dem Leib gewesen? ich weiß es auch nicht; Gott weiß es –,
da wurde derselbe entrückt bis in den dritten Himmel. (V 2)
Und ich kenne denselben Menschen –
ob er im Leib oder außer dem Leib gewesen ist, weiß ich nicht; Gott weiß es –,
der wurde entrückt in das Paradies und hörte unaussprechliche Worte, die kein Mensch sagen kann.« (V 3f)

Auf die Art und Weise der Entrückung legt sich Paulus nicht fest. Das Ziel der Entrückung ist der »dritte Himmel«, »das Paradies«. Die Parallelität der Formulierung spricht dafür, daß es in V 2 und in V 3f um dasselbe Ereignis geht. Zwischen beiden Berichtsformen besteht ein Verhältnis der Steigerung. Erst im zweiten wird der Inhalt der Erfahrung genannt: das Hören unaussprechlicher Worte, das Offenbarwerden von bisher Verborgenem.

Das Motiv der Himmelsreise oder des Entrücktwerdens, das Paulus hier aufgreift, hat gleichermaßen im hellenistischen Raum wie auch im jüdischen Kontext seine religionsgeschichtlichen Parallelen.[206] Der hellenistische Kontext und die spätere Gnosis kennen die Himmelsreise der Seele, die im Dienst der Aufhebung ihrer Entfremdung und ihrer Vereinigung mit der Gottheit steht. Im jüdischen Kontext begegnen sowohl die »Entrückung«, die im Leibe erfolgt (vgl. Elia), wie auch Himmelsreisen, bei denen in der Ekstase der Körper verlassen wird. In der Apokalyptik findet sich das Motiv der Entrückung als literarischer Rahmen von Offenbarungen.

Paulus deutet diese Erfahrung als »Vision« und »Offenbarung des Herrn« (12,1). Auch wenn er im Bericht seiner Entrückung ins Paradies den auferstandenen Herrn nicht als Gegenstand der Schauung nennt, dürfte dies vorauszusetzen sein. Das »Oben« des Versetztwerdens war für Paulus als jemanden, der aus der jüdischen Apokalyptik kam, die Vorwegnahme des Zukünftigen. In der visionär-ekstatischen Erfahrung wird das Zukünftige schon Gegenwart. Anders als apokalyptische Seher entnimmt Paulus dem Gehörten und Geschauten kein demonstrationsfähiges höheres Wissen und keine Prophezeiungen oder kosmologische Einsichten, die er an die Gemeinde weitergibt. Er sieht in ihnen auch nicht Beweis oder Hinweis für besondere religiöse Qualität und ein spezielles Erwähltsein. An den anthropologischen Implikationen – in welcher Weise das Doppel-Ich zu verstehen ist – ist er offensichtlich uninteressiert. In der christlichen Predigt hält er

Erfahrungen dieser Art für nicht erwähnenswert. Er weiß, daß sie Anlaß sein können für ein Sich-Rühmen, das den Menschen für Gott nicht öffnet, sondern ihn festhält in seiner Selbstverschlossenheit. Die Selbstsucht, das »Leben nach dem Fleisch« entwertet alle Geschenke Gottes und verhindert, mit besonderen Erfahrungen angemessen umzugehen.

Die paulinische Wertung dieses Ereignisses hat noch andere, weiterreichende Implikationen. Obgleich Paulus auch seine Berufungserfahrung mit der Begrifflichkeit »Offenbarung des Herrn« umschreiben kann, unterscheidet er visionär-ekstatische Erfahrungen offensichtlich eindeutig und sehr grundsätzlich von ihnen. Die Erscheinung des auferstandenen Christus ist für ihn und seinen Dienst von fundamentaler Bedeutung (vgl. Gal 1,12; 1. Kor 9,1; 15,8). Sie ist Berufung zu einem geschichtlichen Auftrag, der sein ganzes weiteres Leben bestimmt. Das Entrücktwerden jedoch gibt ihm keinen Auftrag. Für Paulus gibt es offensichtlich zwei Arten von religiöser Erfahrung, deren Unterscheidung ihn in einen scharfen Kontrast zu den korinthischen Gegnern bringt. Er unterscheidet zwischen privaten religiösen Erfahrungen, denen er für den Aufbau der christlichen Gemeinde keine Relevanz zubilligt, und solchen Erfahrungen, die für das christliche Zeugnis wichtig und für die Kirche zentral und grundlegend sind.[207] Damit aber bewegt sich die paulinische Bewertung der »Erscheinungen und Offenbarungen des Herrn« (12,1) ganz analog zu seinen Ausführungen zur Glossolalie im 1. Korintherbrief.

Zum Umgang mit religiöser Erfahrung

Die Kriterien, von denen ausgehend Paulus zu solchen Einschätzungen ekstatischer Erfahrungen kommt, enthalten für den heutigen Umgang mit ihnen orientierende Perspektiven und haben für ihre Bewertung grundsätzliche Bedeutung. In den Auseinandersetzungen mit dem Enthusiasmus zeigt sich, daß Geisterfülltheit als Kriterium christlichen Zeugnisses weiterer Präzisierung bedarf. Auch der Geist kann verfügbar und manipulierbar gemacht werden. Die bloße Berufung auf ihn ist keine Gewähr für seine tatsächliche Präsenz. Paulus interpretiert den Geist, indem er auf das Christusbekenntnis, den Dienst (diakonia), die Hoffnung und auf das Kreuz Christi verweist.

Im Blick auf die sogenannten außergewöhnlichen Charismen werden die enthusiastisch geprägten Christen in Korinth an die Ambivalenz und Vieldeutigkeit religiöser Erfahrung erinnert. Paulus erkennt eine äußere Verwandtschaft zwischen den außergewöhnlichen Geistesgaben und den religiösen Erfahrungen, die die Korinther in ihrer vorchristlichen Vergangenheit gemacht haben (1. Kor 12,2). Die Erfahrung des Hingerissenseins, des Ergriffenwerdens, des Außer-sich-Seins gibt es auch außerhalb des Von-Christus-ergriffen-Seins. Auch die stummen Götter und Dämonen können ihre Anhängerinnen und Anhänger in den Zustand ekstatischer Ergriffenheit versetzen. Die Erfahrung einer hinreißenden Kraft kann in unterschiedlichen religiösen Kontexten erlebt werden. Ekstatische Erfahrungen sind religionstranszendierend. Alle Erfahrungen göttlichen Wirkens sind in unserer Welt dem Zweifel ausgesetzt, weshalb auch die Glossolalie nicht als zweifelsfreie Gotteserfahrung gelten kann. An den Phänomenen als solchen kann nicht abgelesen werden, ob Gottes Geist in ihnen wirkt oder nicht.

Wie aber kann man wissen, ob die ekstatische Erfahrung ein Ergriffensein vom Geist Christi ist? Die Antwort des Paulus darauf ist von frappierender Einfachheit. »Es ist das schlichte Bekenntnis zu Jesus, dem Herrn, das nach Meinung des Apostels nur in der Kraft des Geistes abgelegt werden kann, wie die Verfluchung Jesu sicherer Erweis dafür ist, daß einer den Geist nicht besitzt. Damit wird eine scharfe Grenzlinie gezogen … Die Ekstase ist nicht das Kriterium, vielmehr bedarf sie eines solchen.«[208]

Für Paulus ist das Wirken des Heiligen Geistes für das christliche Leben überhaupt grundlegend. Das Wunder des Geistes ist in seiner ganzen Fülle geschehen, wenn ein Mensch bekennen darf, daß »Jesus der Herr ist« (1. Kor 12,3). Der Geist öffnet also die Augen für die Erkenntnis Jesu Christi, er ist Ursache für alles Glauben, Hoffen und Lieben.[209] Der Geist Gottes schenkt den Rechtfertigungsglauben und macht die, die auf Christus vertrauen, zu Söhnen und Töchtern Gottes, die in einer neuen Freiheit in der Welt leben können. Glaube ist folglich nicht das Ergebnis menschlicher Leistung, kein religiöser Kraftakt, sondern Wunder der göttlichen Liebe. Für den Apostel ist deshalb selbstverständlich, daß jeder Glaubende von der Erfahrung der heilvollen Nähe Gottes bestimmt und mit dem Heiligen Geist getauft ist (1. Kor 12,13). Die Bitte um das Kommen des Geistes ist damit freilich nicht zum Verstummen gebracht. Sie ist stets neu zu sprechen. Denn das Wirken des göttlichen Geistes reicht weiter als die Begründung der Glaubensgewißheit. Es ruft den Menschen zur Heiligung, zur Bewährung des Glaubens, zu einem Leben und Wandel im Geist (Gal 5,25). Die Heiligung gründet dabei stets in der Rechtfertigung. Sie bedeutet Wachstum, nicht aber Aufstieg zu einem »higher christian life«, sondern Abstieg in den Zusammenhang von Gotteserkenntnis und Selbsterkenntnis. Eine Abstufung der christlichen Erfahrung und eine Konzentration des Geistwirkens auf außergewöhnliche Gaben und Erfahrungen sind demgegenüber eine Eingrenzung. Niemand muß sich deshalb nach Paulus das Bild eines defizitären Christseins aufdrängen lassen, wenn er nicht in Zungen redet oder die »Geistestaufe« als zweite Gnadenerfahrung nicht kennt. Gottes Gaben sind vielfältig. Keiner empfängt alle. »Reden alle in Zungen?« (1. Kor 12,30) Andererseits darf diese Gabe aus den Möglichkeiten göttlichen Wirkens nicht ausgeschlossen werden, sondern ist mit in Betracht zu ziehen.

Das Wirken des göttlichen Geistes zielt auf Verständigung,

auf Kommunikation ab. Wenn im Gottesdienst in einer Sprache geredet wird, die keine Liebe aufbringt, um sich Außen-
stehenden verständlich zu machen – ob nun in enthusiasti-
scher Himmelssprache, abstrakt-theologischer Begriffssprache
che oder in frommen Floskeln –, kann Gottes Geist nicht wirken, denn er zielt darauf ab, das Evangelium zu kommunizieren, damit es Menschen ergreift. Der Geist Gottes wirkt nicht
wie ein Betäubungsmittel, durch das das menschliche Ich in
seiner Wahrnehmungsfähigkeit eingeschränkt wird. Das
Überwältigtwerden von göttlicher Kraft macht das menschliche Ich nicht klein und abhängig, sondern frei zum Dasein für
andere. Söhne und Töchter Gottes sind aufgerufen zu verantwortlichen Entscheidungen, sind befähigt zur Urteilsfähigkeit
im Blick auf das, was gut ist und dem Willen Gottes entspricht. Paulus verbindet das Geistwirken deshalb mit Früch-
ten des Geistes (Gal 5,22f), die das Ethos der Liebe zum
Nächsten enthalten, ebenso mit dem Verstand, also mit kriti-
schem Denken, das er für die Auferbauung der Gemeinde für
unverzichtbar hält. Nirgendwo redet Paulus so oft vom Verstand wie in 1. Korinther 14. Er ruft die Korinther zur Vernunft und tritt ihnen als reflektierender Charismatiker entgegen, der entschieden dafür plädieren kann, daß die christliche
Erfahrung in den Horizont theologischer Rechenschaft gestellt werden muß.

Die Vielfalt der Erfahrung des Geistes

Die Geisterfahrung des Urchristentums konnte sich in sehr
verschiedenen und mannigfaltigen Weisen äußern. Zu diesen
Möglichkeiten gehörte auch das ekstatische Ergriffenwerden
durch den Geist. Es spricht einiges dafür, daß außergewöhnliche Erfahrungen und Begabungen auch in einzelnen frühchristlichen Gemeinden besonders geschätzt wurden. Aber
Geisterfahrung oder Begabung durch den Geist konnte sich
auch ganz unenthusiastisch und unekstatisch äußern. Viel-

stimmigkeit und Verschiedenheit sind deshalb für das neutestamentliche Zeugnis vom Wirken des Heiligen Geistes und
der mit ihm verbundenen Erfahrungen charakteristisch.

Im Markus- und Matthäusevangelium spielen Erfahrungen
und Phänomene, wie sie uns in der korinthischen Gemeinde
begegnen, kaum eine Rolle. Das liegt nicht allein darin begründet, daß die Evangelisten den Weg Jesu vor Ostern und
vor dem pfingstlichen Empfang des Geistes nachzeichnen. In
die Darstellung der vorösterlichen Geschichte ist ja die
nachösterliche Erfahrung der Gemeinde mit dem Auferstandenen miteingeflossen. Im Matthäus- und Markusevangelium
lassen sich deutliche antienthusiastische Motive auffinden (Mt
7,21–23; Mk 3,10–12).[210] Am weitesten geht Johannes, der die
Erfahrung des Geistes von enthusiastischen und ekstatischen
Manifestationen ganz loslöst und alles auf das Wunder des
Glaubens und das verkündigte Wort konzentriert. Dasselbe
gilt auch für die Johannesbriefe. Es ist ein erwähnenswertes
Faktum, daß die Johannesbriefe zwar von der Salbung des
Geistes sprechen und ihr eine zentrale Rolle zuschreiben, je-
doch nie von der Glossolalie oder Heilung.

In gewisser Weise kann darüber hinaus gesagt werden, daß die
Literaturform »Evangelium« oder Evangelienbericht schon
als solche ein Dämpfer für ein Glaubensverständnis ist, das
ganz der gegenwärtigen Erfahrung des Geistes zugewandt ist.
Denn die Evangelienberichte zeigen, daß das Gedächtnis der
Geschichte Jesu bewahrt werden muß gegenüber der Flucht
in die reine Gegenwärtigkeit oder auch Zukünftigkeit der
Geisterfahrung. Jedenfalls zeigt sich bereits im Neuen Testament, daß präsentische Eschatologie ohne den Rückbezug auf
die Vergangenheit des Heils in einem bestimmten, geschichtlichen »Einmal« und ohne Erwartung der zukünftigen Erlösung schutzlos dem Enthusiasmus ausgeliefert ist. Die Verkündigung des lebendigen Christus, der in seinem Geist
wirkt, kommt nicht aus ohne Rückblick und Vorausschau.

Vor allem in den Paulusbriefen fand der urchristliche Enthusiasmus ein überaus kritisches Echo, obgleich Paulus selbst in der enthusiastischen Strömung des Urchristentums lebte. Während zumal die hellenistische Umwelt das Pneuma dahingehend wirken sieht, daß der Pneumatiker aus seiner geschichtlichen Existenz ausbricht, erklärt Paulus die alltägliche Welt zum Wirkungsfeld des Geistes und zum Ort der Bewährung des Glaubens. Was uns gar nicht erstaunt, weil wir uns daran gewöhnt haben, muß in Korinth wie ein Schock gewirkt haben. Paulus kennt nicht nur außergewöhnliche, sondern ganz unauffällige und menschlichem Können zugängliche Tätigkeiten als Gaben des Geistes (Diakonie, Leitung). Er zieht damit das Charismatische ins Profane. Die Geistesgaben versteht er als »Dienste« und Gnadengaben. Die Gaben haben ihr Kriterium am Sein Christi, der nicht für sich selbst lebte. Nie gewinnen außergewöhnliche Erfahrungen des Geistes ein solches Gewicht, daß sie für christliches Leben als konstitutiv angesehen werden. Mit Vehemenz betreibt er das, was man als eschatologische Relativierung der Geistesgaben bezeichnen könnte (1. Kor 13,8–10). Nicht die Zungenrede ist das eigentlich Übernatürliche und Wunderhafte, vielmehr ist nichts größer als das Wunder jener Liebe, die sich selbst an den anderen weggeben kann. Die Geistesgaben, die Paulus als Dienst- und Gnadengaben versteht, werden erst dann richtig eingeordnet, wenn sie in ihrer Vorläufigkeit erkannt werden. Ekstatische Erfahrungen sind ein Nebenschauplatz christlicher Erfahrung. Selbst bei Lukas, der im Neuen Testament am wenigsten Vorbehalte gegenüber ekstatischen Erfahrungen äußert, bleiben sie eingeordnet in den Kontext der zentralen Äußerungen des Geistes im gottesdienstlichen Leben, missionarischen Zeugnis und diakonischen Dienst.

Die Mannigfaltigkeit der Geisterfahrung zeigte sich auch in den unterschiedlichen Lebensformen der Gemeinden. Historisch gesehen weist das Urchristentum eine Vielzahl von Gemeindeformen auf, die auch mit unterschiedlichen theologischen und frömmigkeitsmäßigen Orientierungen verbunden

sind. So ist etwa zu unterscheiden zwischen einem urgemeind-
lichen Typus, der sich an die synagogale Verfassung anlehnt,
und einem charismatischen Gemeindetypus, wie er etwa in
Korinth vorauszusetzen ist. Der charismatische Gemeinde-
und Frömmigkeitstyp ist nicht der einzige und ausschließliche; er ist einer unter anderen. Wie die zahlreichen Ermahnungen zur Einheit und Gemeinschaft im Neuen Testament zeigen, konnte bereits in den Gemeinden des frühen Christentums die Vielfalt der Ausdrucksformen des Glaubens zum
Problem werden. Bereits im Neuen Testament wird zugleich
ein Prozeß sichtbar, der von einer Gemeindestruktur der
primär funktionalen Dienste und Charismen zu einer deutlicheren Ämterstruktur führt, wie sie vor allem in den Pastoral-
briefen deutlich wird. »Charismata drängen in der Regel zu einer gewissen Institutionalisierung, und institutionelle Gemeindeleitung bleibt angewiesen auf das Wirken des Heiligen
Geistes. Wo es zu Gegensätzen kommt, ist dies ein Warnsignal,
und zwar für die eine oder die andere Seite oder für beide.«[211]

Rückkehr ins Urchristentum?

Die Rückfrage nach ekstatischen Implikationen der im Neuen
Testament vorausgesetzten Geisterfahrung muß davon ausgehen, daß jeder Hermeneutik eine Zuordnung von gegenwärtiger Erfahrung und Textwahrnehmung zugrunde liegt. Die ekklesiale und frömmigkeitsbezogene Kontextualität, die jede
Schriftauslegung mitbestimmt, wird auch im Zusammenhang
unserer Thematik unübersehbar deutlich. Es ist vor allem die
bereits erwähnte »Theologie der Wiederherstellung« und die
Unmittelbarkeit der Berufung auf den Geist, die es zahlreichen Ausdrucksformen pentekostal-charismatischer Frömmigkeit schwer macht, ihre eigene Distanz zum Urchristentum wahrzunehmen. Verläßt man dieses Paradigma, dürfte es
schwer werden, die gegenwärtige charismatische Praxis einfach als Rückkehr zur Bibel zu begreifen.

Das gilt keineswegs nur für die heutigen Erfahrungen der Glossolalie und besonderer Offenbarungen. Auch der Heilungs- und Befreiungsdienst sowie die geistliche Kriegführung können nicht einfach als Reaktualisierung der biblischen Welt verstanden werden. Entsprechendes ist auch zum exorzistischen Heilungsdienst zu sagen. Im Blick auf Praxis und Verständnis der Prophetie dürfte die Distanz zwischen Urchristentum und heutigem charismatischen Vollzug besonders drastisch sein. Die theologische Konzeption der »Rückkehr ins Urchristentum« ist nicht geeignet, die konkreten Glaubenserfahrungen angemessen zu verarbeiten. Charismatische Spiritualität, die sich in Berufung auf die Kirche des Anfangs von der allgemein-christlichen Erfahrung absetzt und für sich etwas Besonderes beansprucht, steht in Gefahr, Illusionen zu pflegen. Die Unterschiede zwischen »Charismatikern« und »Nicht-Charismatikern« sind – was die Glaubenserfahrung in der unvollkommenen Welt angeht – weitaus geringer, als Charismatiker anzunehmen und wahrzunehmen bereit sind. Es ist vor allem die »Theologie der Wiederherstellung«, durch die sie sich veranlaßt sehen, ihr Anderssein zu kultivieren und die ökumenische Solidarität mit anderen Christen zu vernachlässigen. Ihre konkrete Glaubens- und Welterfahrung entspricht im wesentlichen dem, was alle Glaubenden erfahren.

Allerdings ist auch kritisch gegenüber einer auf Modernitätsverträglichkeit bedachten Kirche und Theologie anzumahnen, die Dimension des Wunderbaren wahrzunehmen und sie nicht von vornherein auszuschließen. Paulus war sicherlich kein moderner Theologe, der allein auf Rationalität setzte und ekstatische Erfahrungen vor allem oder gar ausschließlich unter dem Thema »Exotisches« abhandelte. Es läßt sich nicht bezweifeln, daß das Neue Testament damit rechnet, daß Gottes Geist sich in außergewöhnlichen Erfahrungen äußern kann. Dies wird in den Evangelien, der Apostelgeschichte des Lukas und auch in der Briefliteratur deutlich. Gleichwohl kann und darf die christliche Erfahrung nicht primär in diesem Bereich angesiedelt werden. Vor allem Paulus hat in seinen Briefen deutlich gemacht, daß die Geisterfahrung kein Hinausgehen aus der geschichtlichen Existenz ist. Die Konzentration der christlichen Erfahrung auf ekstatische Phänomene führt zwangsläufig dazu, daß sie sich auf die Erfahrung des Außergewöhnlichen fixiert. Im Geist aber »manifestiert sich ... der Auferstandene mit seiner Auferstehungsmacht, die mehr ist als nur Kraft der Ekstase und des Wunders, nämlich nach der Welt greift und die neue Schöpfung heraufführt«.[212]

Einer biblisch-theologischen Pneumatologie wird es entsprechend darum gehen müssen, die Weite und Fülle des biblisch bezeugten Geistwirkens in den Blick zu nehmen[213] und gleichzeitig das unterscheidend Christliche festzuhalten durch die Orientierung an der Christusoffenbarung und der Kreuzestheologie, wie sie sich im Neuen Testament etwa bei dem »Charismatiker« Paulus und im Markusevangelium findet. Der heutige Streit über den Stellenwert ekstatischer Erfahrungen zielt im Kern auf die Frage ab, wo der Ort der Antreffbarkeit Gottes in der Welt und der menschlichen Erfahrung ist. Er kann in dem Maße fruchtbar und weiterführend sein, in dem er Anlaß gibt, neu die biblischen Perspektiven für die Erfahrung des Geistes wahrzunehmen und sich von ihnen etwas sagen zu lassen.

Das Wirken des Heiligen Geistes in trinitarischer Perspektive

Erlebnisorientierte Formen charismatischer Frömmigkeit, wie sie unter anderem im Toronto-Segen und der Pensacola-Erweckung begegnen, fordern zur Klärung des Verständnisses des Heiligen Geistes und seines Wirkens heraus und nötigen zur kritischen Auseinandersetzung. Perspektiven und

Unterscheidungskriterien im Blick auf das Wirken des Heiligen Geistes kommen aus biblisch-theologischen und theologiegeschichtlichen Aussagezusammenhängen wie auch aus der katechetischen und bekenntnismäßigen Tradition der Kirche. Fraglos gibt es heute einen großen Bedarf nach authentischer christlicher Glaubenserfahrung und Spiritualität. Das mit Recht beklagte Erfahrungsdefizit in theologischer Ausbildung und kirchlicher Praxis kann jedoch nicht so beseitigt werden, daß sich das individuelle und gemeinschaftliche christliche Leben kopflos der religiösen Erfahrung ausliefert. Dies würde nichts anderes als eine subjektivistische Verflüchtigung der christlichen Erfahrung nach sich ziehen. Das andere gilt freilich auch: Ohne die Praxis geistlichen Lebens erstarrt das theologische Nachdenken objektivistisch. Theologische Reflexion und lebendige Spiritualität gehören zusammen.

Erinnerung an die Katechismusantwort

Die katechetische Tradition der Kirchen unterstreicht: Vom Heiligen Geist reden heißt von der Nähe Gottes reden. Der Heilige Geist ist kein anderer als Gott, insofern er in Christus dem Menschen nahekommt, ihm die Sünden vergibt und zur Hoffnung des Glaubens beruft. Daß sich dieses Nahekommen Gottes auf den ganzen Menschen bezieht, auf die Tiefenschichten seiner Seele wie auch auf seine sozialen und welthaft-leiblichen Bezüge, dürfte im Grundsatz kaum strittig sein. Mit dem Stichwort »trinitätstheologisch« ist ausgesprochen, daß vom Heiligen Geist nicht isoliert gesprochen werden kann. Der Geist, von dem wir reden, ist »der Geist Gottes, des Schöpfers«, der zugleich »der Geist Christi«, »der Geist des Herrn«, »der Geist des Sohnes« genannt wird. Ganz unspekulativ und erfahrungsbezogen heißt es im Großen Katechismus im Anschluß an die drei Glaubensartikel: »Denn hier, in allen drei Artikeln, hat er (Gott) den tief-

sten Abgrund seines ... Herzens und seiner ganz unaus-
sprechlichen Liebe selbst offenbart und aufgetan. Denn er hat
uns eben dazu erschaffen, um uns zu erlösen und zu heiligen,
und außer dem, was er uns alles gegeben und eingeräumt
hatte, was im Himmel und auf Erden ist, hat er uns auch noch
seinen Sohn und seinen Heiligen Geist gegeben, um uns durch
sie zu sich zu bringen« (750, S. 660).[214] Entsprechend zielt das
Wirken des Heiligen Geistes auf die Zueignung und Aneignung der in Jesus Christus erschienenen Liebe Gottes: »Damit dieser Schatz der Erlösung ... nicht vergraben bleibe, sondern (nutzbringend) angelegt und genossen werde, hat Gott
das Wort ausgehen lassen und verkündigen lassen und darin
uns den Heiligen Geist gegeben, um uns diesen Schatz ... zu-
zueignen« (741, S. 654).
Die enge Verbindung zwischen der trinitarischen Struktur des
Glaubensbekenntnisses und dem auf Zueignung und Gewißheit des Heils zielenden Wirken des Geistes findet sich
auch in der reformierten katechetischen Tradition: »Was
glaubst du vom Heiligen Geist«? (Heidelberger Katechismus
Frage 53) Die Antwort, die die Verfasser des Heidelberger
Katechismus darauf gaben, lautete: »Erstlich, daß er gleich
ewiger Gott mit dem Vater und dem Sohn ist, zum andern,
daß er auch mir gegeben ist, mich durch einen wahren Glauben Christi und aller seiner Wohltaten teilhaftig macht, mich
tröstet und bei mir bleiben wird in Ewigkeit.«[215]

Das Wirken des Geistes am Glaubenden und in der Kirche

Es sind vor allem zwei Zusammenhänge und Aussageakzente,
in denen die katechetische Tradition der Kirche das Wirken
des Heiligen Geistes bezeugt und reflektiert hat:
Der Heilige Geist schenkt den lebenverändernden Glauben,
der sich an die Verheißung des Evangeliums hält und den
Menschen dazu ermächtigt, Gottes sich in Christus selbst

mitteilende Liebe als solche zu erkennen und sich ihrer zu erfreuen. Die Bibel und die theologische Tradition kennen eine Reihe von Begriffen, die das Geschehen des Glaubens oder des Zum-Glauben-Kommens und der Glaubensvergewisserung beschreiben: Rechtfertigung, Versöhnung, Vergebung, Leben, Neuschöpfung, Wiedergeburt … Immer geht es um eines: das Ankommen Gottes bei uns, sein den Menschen verwandelndes und neuschaffendes Wirken, das diesen für die Liebe Gottes und die Liebe zum anderen öffnet. Die klassische Dogmatik thematisierte diesen Bereich der Pneumatologie im Zusammenhang der Rechtfertigungs- und Gnadenlehre. Der Heilige Geist schenkt den Rechtfertigungsglauben.[216] Glaube ist folglich nicht das Ergebnis menschlicher Leistung, kein religiöser Kraftakt, sondern ein Wunder der göttlichen Liebe. »Der Geist erweist sich als Heiliger Geist, also als Geist Gottes dadurch, daß er Jesus Christus als Sohn, das heißt als Offenbarer Gottes zu sehen, zu verstehen und anzuerkennen lehrt.«[217] In diesem Sinne spricht Paulus davon, daß niemand Jesus einen Herrn nennen kann, außer durch den Heiligen Geist (1. Kor 12,3).

Das Wirken des Heiligen Geistes geht jedoch über die Begründung der Glaubensgewißheit hinaus. Für eine evangelische Theologie ist in diesem Zusammenhang grundlegend, die unumkehrbare Zuordnung von Rechtfertigung und Heiligung und den Wegcharakter der Glaubensexistenz hervorzuheben. Die Heiligung gründet in der Rechtfertigung und mutet dem Menschen einen nie endenden Transformationsprozeß zu. In dem Maße, in dem wir Gottes zuvorkommende Gnade in Christus erkennen, erkennen wir auch unsere eigenen schuldhaften Verstrickungen (Spiritualität von unten).

Der zweite Zusammenhang des Geistwirkens, auf den die katechetische Tradition verweist, ist die Ekklesiologie. Der Heilige Geist ist der Grund der Kirche. Nach Apostelgeschichte 2 ist die Ausgießung des Heiligen Geistes die Geburtsstunde der Kirche. Gottes Geist ist Existenzgrundlage, Gestaltungs-

und Lebensprinzip von Kirche und Gemeinde. Die Kirche, verstanden als Gemeinschaft der Glaubenden, verdankt sich in ihrem Ursprung und ihrem Dasein der neuschaffenden Macht des Geistes. So wie Wort und Geist oder Wort/Sakrament und Geist in einem unauflöslichen Zusammenhang stehen, ist die Kirche gleichermaßen Geschöpf des Wortes Gottes wie des Geistes.

Der weite Horizont
des biblischen Redens vom Geist Gottes

Das Bekenntnis zum Wirken des Heiligen Geistes kann nicht losgelöst vom Wirken Gottes in seiner Schöpfung und in der Geschichte Israels betrachtet werden. Wenn es darum geht, die Rede vom Heiligen Geist inhaltlich zu füllen, ist dieser weite Horizont des biblischen Redens vom Geist Gottes zu berücksichtigen. Dabei ist unter anderem ein Blick darauf unerläßlich, wie Israel in seiner Glaubensgeschichte den Geist Gottes erfahren und beschrieben hat:

Der Geist Jahwes wird als Sturm, als Atem, als Leben verstanden. Er schenkt alles Leben, auch die biologisch verstandene menschliche Lebenskraft. Er umfängt die wachsende Lebenswirklichkeit des Menschen. Er begrenzt das Leben: »Verbirgst du dein Angesicht, so erschrecken sie; nimmst du weg ihren Odem, so vergehen sie und werden wieder zu Staub. Du sendest aus deinen Odem, so werden sie geschaffen, und du machst neu die Gestalt der Erde« (Ps 104,29f).

In frühen biblischen Texten bezeichnet der Geistbegriff ekstatisch-charismatische Phänomene und wird als mitreißende Kraft Gottes beschrieben, die situationsbezogen, punktuell und damit vorübergehend den Menschen ergreift und für eine besondere Aufgabe befähigt (vgl. etwa die Rettergestalten des Richterbuches).

Wenn schließlich die Propheten die Verheißung einer neuen Geistausgießung und eines neuen, vom Geist Gottes geleiteten Herzens, eines Herzens von Fleisch aussprechen (vgl. Hes 36,24–28), so wird hiermit nicht nur eine gelegentliche und vorübergehende Gabe Gottes beschrieben, sondern Gottes bleibende Nähe zu seinem Volk zugesagt. Gottes Geist wird dem Volk Gottes quasi zu eigen gegeben, so daß er als göttliche Gabe zur Lebensmitte der Menschen und des Volkes werden kann. Vor allem von diesem letzteren Zusammenhang aus ergibt sich ein Weg zum neutestamentlichen Geistverständnis.

Absichten trinitätstheologischer Orientierungen

Mit einer trinitätstheologischen Perspektive sind vor allem zwei Absichten verbunden. Einmal zielt diese Perspektive auf Wahrnehmungserweiterung. Das Wirken des Geistes soll nicht isoliert, fixiert und auf einzelne Zusammenhänge reduziert verstanden werden, vielmehr geht es darum, die Fülle des göttlichen Geistwirkens in Schöpfung, Erlösung und Neuschöpfung in den Blick zu nehmen. Das Handeln Gottes wird in trinitarischer Perspektive als Schöpfungshandeln, als offenbarendes Handeln und als vergewisserndes und neuschaffendes Handeln Gottes wahrnehmbar. Das Wirken des spiritus sanctificator bleibt umgriffen vom Wirken des spiritus creator. Versteht man das Geistwirken in trinitätstheologischer Perspektive, können dualistische Verständnismuster, die zum Beispiel ekstatische Erfahrungen entweder als Wirkung des göttlichen Geistes oder als Manifestation von Dämonen begreifen und auf umfassende Erklärungssysteme hinauslaufen, vermieden werden.

Zum andern hat das trinitarische Bekenntnis auch eine Unterscheidungsfunktion inmitten vielfältiger, teilweise auch problematischer Beanspruchungen des Heiligen Geistes. Bereits der Sachverhalt, daß Gott nicht nur als Geist, sondern als Heiliger Geist bezeichnet wird, enthält die Aufgabe, ihn von anderen Geistwirkungen zu unterscheiden. Im Blick auf beide Absichten werden im folgenden aufzählend einige Hinweise genannt:

– Der Heilige Geist ist der Geist des Schöpfers. An Gott als den Schöpfer glauben aber heißt, sich als Geschöpf zu verstehen. Das Wirken des Heiligen Geistes entläßt nicht aus den Begrenzungen geschöpflichen Lebens, es hebt die Unterschiedenheit zwischen Gott und Mensch nicht auf, sondern befreit dazu, Mensch sein zu können und nicht wie Gott sein zu müssen. Deshalb kann das Wirken des Heiligen Geistes auch nicht als ein Wirken in »unmittelbarer Unmittelbarkeit« begriffen werden, worauf mit Recht Heribert Mühlen in kritischer Bezugnahme auf bestimmte Ausprägungen charismatischer Frömmigkeit hingewiesen hat. Weder in den Charismen des Geistes noch in ekstatischen Ergriffenheitserfahrungen existiert eine solche Unmittelbarkeit. Wo sie behauptet wird, geschieht dies im Horizont eines »unreflektierten, anthropomorphen Personbegriffes, in welchem vorausgesetzt ist, daß Gott als Person ohne äußere Vermittlung durch andere Menschen am einzelnen handelt – oder auch der Satan als Person«.[218]

– Der Heilige Geist ist der Geist Jesu Christi. Kriterium für alles, was Geisterfahrung genannt zu werden verdient, ist das Leben, Sterben und Auferstehen Jesu Christi. Christsein heißt Leben im Geist, Leben im Geist aber heißt nichts anderes als Bestimmtsein durch Christus, den Gekreuzigten und Auferstandenen. Der Geist »ist kein anderer, er bringt nicht einfach neue Erkenntnis, er sagt nichts anderes«[219], er gibt Zeugnis von dem Jesus, der nicht für sich selbst lebte. Der Heilige Geist öffnet den in sich selbst verkrümmten Menschen für Gott und für den anderen, für das Bekenntnis zu Christus und den Dienst der Liebe.

– Der Heilige Geist führt den Menschen zu den Orten der heilvollen Nähe Gottes. Zwar ist Gott überall in der Welt da. Aber es ist ein Unterschied, »wenn Gott da ist und wenn er dir da ist. Dann aber ist er dir da, wenn er sein Wort dazu tut und bindet sich ... und spricht: hier sollst du mich finden.«[220] Gottes heilvolle Nähe kann nicht abgesehen von seiner Ver-

heißung gefunden und entdeckt werden. Zwischen der Welt-
gegenwart und Heilsgegenwart des göttlichen Geistes ist deshalb zu unterscheiden. Gottes Nähe ist dort zu suchen, wo sie
verheißen ist.

– Das Wirken des Heiligen Geistes muß in eschatologischer
Perspektive verstanden werden, in der Spannung des Jetzt-
Schon und Noch-Nicht. Der Heilige Geist öffnet die Augen
für die Gegenwart Gottes und seines Heils. Er macht aber
auch sensibel für den Schrei der ganzen Schöpfung nach Erlösung. Er macht wahrnehmungsfähig für die Gebrochenheit
und Vorläufigkeit der individuellen und gemeinschaftlichen
Glaubensexistenz. Er erlaubt nicht, uns mitleidlos abzuwen-
den von der Leidensgeschichte der Menschheit.

– Das Geistwirken muß schließlich in der Dialektik von Offenbarung und Verbergung Gottes gedeutet werden. Der Heilige Geist hebt die Situation des Glaubens nicht auf. Wenn
Gott sich offenbart, geschieht dies im Zeichen des Kreuzes.

Der Geist als Gabe und Geber

Von dem Kirchenvater Augustinus wird in seiner Schrift »De
Trinitate« gesagt, daß der Heilige Geist in solcher Weise Gott
ist, »daß man ihn zugleich Gottes Gabe nennen kann« (En-
chiridion XII, 40). Er ist Gabe und Geber dieser Gabe. Damit
ist eine Dialektik umschrieben, die im Zusammenhang von
enthusiastischen Beanspruchungen des Heiligen Geistes
leicht außer acht gerät. Pneuma ist einerseits die Wirkgestalt
des erhöhten Christus (2. Kor 3,17). In dieser Perspektive erscheint der Heilige Geist als Subjekt mit personalem Gesicht:
Er lehrt, er überführt, er verkündigt, er ist Anwalt, er ist Fürsprecher … Zugleich redet die Bibel davon, daß der Geist uns
»gegeben wird«, daß er »empfangen wird«, daß er »in uns
wohnt«. Hier tritt der Charakter des Geistes Gottes als göttlicher Gabe hervor. Beide Aspekte sind wichtig. Der Heilige
Geist ist Subjekt: damit wird seine Unverfügbarkeit unterstri-

chen. Der Heilige Geist ist Gabe: damit wird die Selbsternied-
rigung Gottes im Geist beschrieben. Im Heiligen Geist gibt
sich Gott uns ganz und ist zugleich der für uns unverfügbare
Herr. So ist der Geist Gottes beides zugleich: wahrer, ewiger
Gott und die Gabe der Gottesgewißheit.

Die Pfingstlieder des evangelischen Kirchengesangbuches
sind fast ausnahmslos Bittlieder: »O komm, du Geist der
Wahrheit, und kehre bei uns ein ...« – »Komm, Gott Schöpfer, Heiliger Geist, besuch das Herz der Menschen dein ...« –
»Nun bitten wir den Heiligen Geist um den rechten Glauben
allermeist ...« – »Komm, o komm, du Geist des Lebens, wahrer Gott von Ewigkeit ...« In der Bitte gesteht der Mensch
seine Armut ein. In der Bitte macht er Ernst damit, daß er
über Gottes Geist nicht verfügen und mit keinem Konzept in
der Hand halten kann. »Du wertes Licht, gibt uns deinen
Schein, lehr uns Jesum Christ kennen allein. Lehr uns den Vater kennen wohl, dazu Jesum Christ, seinen Sohn.« Der Geist
führt den glaubenden Menschen zum Sohn, der Sohn zum Vater, vor dem der Lobpreis des dreieinigen Gottes ist. Jeder
Mensch soll und darf sich in seinem Tonfall, mit seinem Charisma an diesem Lobpreis beteiligen. Jedes Ich, das nicht mit-
singen oder nicht mitsprechen würde, wäre ein Verlust.

Teil 6

NEUE CHARISMATISCHE GEMEINDEN ALS HERAUSFORDERUNG FÜR KIRCHLICHES HANDELN

Zum vielgestaltigen Erscheinungsbild der sich als transkonfessionell darstellenden Charismatischen Bewegung gehört das Phänomen neuer Gemeinden oder neuer Gemeindegründungen, das kein ausschließlich charismatisches Phänomen ist und als Gesamtphänomen sich mit den Stichworten »Verselbständigung aktiver Glaubenskreise« (H.-D. Reimer) oder in soziologischer Perspektive als Pluralisierung und Partikularisierung christlicher Frömmigkeit beschreiben läßt. In den USA ist es nichts Neues, wenn neue Bewegungen neue Gemeinden gründen. Im Kontext flächendeckender parochialer Kirchenstrukturen wirkt jede Gemeindeneubildung als Fremdkörper.

Zum Phänomen

Seit den siebziger Jahren sind in Deutschland einige hundert freie charismatische Gemeinden entstanden, die teils klein und fast unbemerkt blieben, sich teils aber auch zu großen Zentren charismatischer Frömmigkeit mit weit ausstrahlender Wirkung entwickelten. Vor allem junge Erwachsene (20–40 Jahre) und junge Familien suchen und finden hier einen Ort, wo sie ihrem Glauben Ausdruck verleihen und ein Frommsein mit Begeisterung leben können, das bestimmt ist durch die Suche nach erfahrungsbezogener Glaubensvergewisserung und einer evangelistischen Praxis in der Kraft des Heiligen Geistes. Ein geographischer Schwerpunkt neuer Gemeinden liegt insbesondere in (groß)städtischen Kontexten, wo die Lockerung der Kirchenbindung und der Abbruch christlicher Tradition am weitesten fortgeschritten sind. Ein zweiter Schwerpunkt liegt in Gebieten, die durch den Pietismus und erweckliche Frömmigkeitsformen geprägt sind, wo vor allem junge Menschen die traditionell pietistische Frömmigkeit verlassen und charismatische Ausdrucksformen des Glaubens aufgreifen.

Auch innerkirchliche Ausprägungen der Charismatischen Bewegung, wie die Geistliche Gemeinde-Erneuerung in der Evangelischen Kirche in Deutschland, haben Gemeindegründungsperspektiven entwickelt, unter anderem angesichts der bei ihr eingetretenen Ernüchterung im Blick auf den Versuch, den charismatischen Impuls allein auf bestehende Strukturen auszurichten. Dieser Versuch gilt weithin als mißlungen. Zunehmend wird deshalb der Ruf nach neuen ergänzenden Strukturen laut, die etwa als Richtungs-, Personal- oder Milieugemeinden etabliert werden sollen, wobei eine konkrete Gestalt innerkirchlicher Neubildungen bis jetzt nur vereinzelt gefunden wurde. Im Bereich der katholischen Kirche sind »neue geistliche Bewegungen« etwa in der Gestalt missionierender Gemeinschaften und Personalgemeinden in ihren Anliegen und ihrer Bedeutsamkeit für die Gesamtkirche entdeckt und als Herausforderung intensiv wahrgenommen worden. Die Freikirchen haben schon von ihrer Geschichte her einen unproblematischeren Zugang zu Gemeindegründungsperspektiven und verstehen diese vor allem im Zusammenhang ihres missionarischen Auftrags. In den neuen Bundesländern stellt sich die Frage nach neuen Gemeinden oder Ergänzungen des Parochialprinzips angesichts einer Situation, in der eine Minderheitskirche strukturell als Volkskirche existiert. Trotz nicht zu übersehender Situationsverschiedenheit im Blick auf die alten und neuen Bundesländer, die ihren Ausdruck in unterschiedlichen Gesichtern von Säkularität und neuer Religiosität findet, stellt sich die Aufgabe einer neuen Evangelisierung im Kontext westlicher Kultur hier wie da.

Blickt man über den deutschen Kontext hinaus, zum Beispiel nach England, wird deutlich: Immer mehr Kirchen gehen davon aus, daß die Bildung neuer, zum Beispiel zielgruppenorientierter Gemeinden in gesamtkirchlicher Einbindung ein Weg sein kann, sich neuen missionarischen und pastoralen Herausforderungen zu stellen.

Ein anderer Bereich, in dem Gemeindeneugründungen charismatischer Prägung eine eigene spezifische Gestalt angenommen haben und der bisher zu wenig kirchliche und theologische Aufmerksamkeit gefunden hat, sind die ausländischen Gemeinden in Deutschland. Seit den siebziger Jahren ist die Zahl christlicher Gemeinden sowohl aus dem europäischen Ausland wie auch von Menschen asiatischer und afrikanischer Herkunft vor allem in den größeren Städten Deutschlands kontinuierlich gewachsen. Arbeitsmigration, Flüchtlingsbewegung sowie Handel und Wirtschaft sind einige der unterschiedlichen Entstehungsfaktoren. In vielen Städten gehören inzwischen koreanische, indonesische, afrikanische oder lateinamerikanische Gemeinden zum Erscheinungsbild einer zunehmenden innerchristlichen Pluralisierung, die sich darüber hinaus auch in zahlreichen eigenständigen Aussiedlergemeinden verdeutlicht.

Die skizzierten Entwicklungen verdienen Aufmerksamkeit. Sie sind Signale für Wandlungsprozesse innerhalb der christlichen Landschaft und fordern kirchliche und gemeindliche Praxis wie auch das theologische Nachdenken heraus.

Anlässe und Rahmenbedingungen
neuer Gemeindegründungen

In theologischer, pastoraler und ekklesialer Hinsicht sind neue Gemeindegründungen ein sehr komplexes Phänomen, das nicht ohne weiteres einer geschlossenen Beurteilung zugeordnet werden kann. Neue Gemeinden werden unter anderem gegründet, weil lang andauernde Konflikte, etwa zwischen einer Gruppe, die bestimmt ist vom Drängen auf eine deutliche Glaubensgestalt, und der Gesamtgemeinde, nicht länger durchgestanden werden können; weil durch Evangelisationsarbeit Angesprochene und Erweckte in landeskirchlichen und freikirchlichen Strukturen kein Zuhause finden können; weil – wie oft gesagt wird – »neuer Wein in neue Schläuche« gehört. Die subjektiven und objektiven Gründe zur Gemeindegründung sind überaus vielfältig. Ein Motiv sei hier noch gesondert hervorgehoben: Neue Gemeindegründungen gelten als effektive Missionsstrategie. Während es um die Diskussion über Gemeindeaufbau, die in den achtziger Jahren noch bedeutsam war, erstaunlich still geworden ist, ist die Missionspraxis innerhalb der Charismatischen Bewegung, jedenfalls in Teilen, zur Gemeindegründungspraxis geworden, was unter anderem auf intensive Einflüsse aus der amerikanischen Gemeinde-Wachstums-Bewegung (Church Growth) zurückzuführen ist.

Da die Mitglieder neuer Gemeinden zu einem erheblichen Teil aus einer aktiven und nicht selten missionarisch engagierten Kirchenmitgliedschaft kommen, wird vieles, was von der einen Seite als neuer Aufbruch erlebt wird, von der anderen Seite als schmerzhafter Ausbruch empfunden (Transfer-Wachstum), so daß neue Gemeindegründungen ein erhebliches Konfliktfeld zwischen Charismatischer Bewegung und Landes- und Freikirchen bilden können. Klassisches Beispiel dafür ist die Entstehung der Anskar-Kirche, die durch den früheren evangelisch-lutherischen Pfarrer Wolfram Kopfermann ins Leben gerufen wurde und zu der inzwischen mehrere Gemeinden und ein Ausbildungskolleg für Pastoren gehören. Die weitreichenden Visionen und Prognosen Kopfermanns im Blick auf neu zu gründende Gemeinden erwiesen sich jedoch als nicht realistisch und mußten korrigiert werden.[221] Inzwischen ist die Anskar-Kirche selbst auch von Abspaltungsprozessen betroffen.

Gemeindeneugründungen entstehen jedoch nicht nur aus
zum Teil schmerzlichen Abspaltungsprozessen von Teilen einer Gemeinde. Zu einer differenzierten Wahrnehmung gehört
es, die unterschiedlichen Anlässe und Rahmenbedingungen
von Gemeindeneugründungen zu registrieren.
Es gibt Gemeindeneugründungen, die sich keiner gezielten
Neugründungsprogrammatik verdanken, sondern aus einem
Verselbständigungsprozeß charismatischer Hauskreise heraus
entstehen (Gemeindeneugründung als Binnendynamik einer
Verselbständigung von Gruppen).
Andere Gemeindeneugründungen verdanken sich einer gezielten Initiative überwiegend einzelner Leitungspersönlichkeiten, die eigene Richtungsgemeinden außerhalb einer beste-
henden kirchlichen Gemeinschaftsstruktur gründen wollen
(Gemeindeneugründung als gezieltes Programm einzelner
Leitungspersönlichkeiten).
Es gibt ferner Gemeindeneugründungen in kirchlich un-
erschlossenen Gebieten oder missionarischen »Nullpunktsituationen«, die ökumenisch abgesprochen, aber von einer
charismatisch bestimmten Initiativgruppe getragen werden
(Gemeindeneugründung als interkonfessionelles Koopera-
tionsprojekt in missionarischen Nullpunktsituationen).
Schließlich existieren Gemeindeneugründungen, die aus Ge-
meindebildungsprozessen von Christen aus ethnischen Mino-
ritäten in Deutschland erwachsen, die – teils mit und teils
ohne landeskirchliche Unterstützung – eine eigene Form von
Kirche gemäß ihren kulturellen und liturgischen Traditionen
aufbauen wollen (Gemeindegründung als Ergebnis von Ein-
wanderung und ethnisch-kultureller Verselbständigung).

Deutungsperspektiven

Im Ökumene-Lexikon bemerkt W. Hollenweger zur charismatischen Bewegung: »Die Anhänger der charismatischen

Bewegung sehen in ihrer Bewegung eine Erweckung des Heiligen Geistes, ihre Gegner eine Irritation des normalen Kirchentums. Ich selber bezeichne sie als eine christliche Variation gegenwärtigen religiösen Aufwachens in allen Religionen und Kulturen.«[222] Das konkrete Erscheinungsbild der charismatischen Bewegung liefert Argumente für jede der genannten Interpretationen und kann unterschiedlich gedeutet werden: als Erneuerung der Kirchen, als Protestbewegung gegen erstarrte Kirchlichkeit, als (christliche) Variante neuer Religiosität, als Ausdruck des Pluralisierungsprozesses christlicher Frömmigkeit.

Zwischen Erneuerungsbewegung und neuer Konfession

Geht man vom Selbstverständnis der Charismatischen Bewegung aus, muß sie im Kontext eines evangelikal geprägten Protestantismus in der Tradition geistlicher Erneuerungs- und Erweckungsbewegungen verstanden werden. Lautete die erweckliche Dynamik der Reformation »Wiederentdeckung der Rechtfertigung durch den Glauben«, konzentrierte sich die erweckliche Dynamik im Pietismus und der Heiligungsbewegung auf die »Wiedergewinnung einer konkreten Gestalt des neuen Lebens«, so geht es der charismatisch-pfingstlerischen Bewegung um die »Wiederherstellung der vollen Kraft des Heiligen Geistes«. Man begreift sich selbst gewissermaßen in Kontinuität und als Höhepunkt in einer Reihe von Erneuerungsbewegungen. Die große Anzahl neuer Gemeindegründungen zeigt nun freilich auch, daß die in Anspruch genommene Erneuerung den »alten« Landeskirchen nur begrenzt zugute kommt. Ist die Charismatische Bewegung primär Erneuerungsbewegung, oder befindet sie sich in der Entwicklung zu einer weiteren Konfession? Dies dürfte eine der entscheidenden offenen Fragen sein. Das »Überkonfessionelle« drängt offensichtlich auf institutionelle Ausformung in neuen Konfessionsbildungen. Im Aufbau charismatischer Allianzen zeichnet sich möglicherweise das Netzwerk einer neuen charismatischen Konfession ab. Jedenfalls tritt der Charakter einer Erneuerungsbewegung, die in ökumenischer Perspektive allen Kirchen dienen will, zurück zugunsten einer eigenen »Konsolidierung« und Institutionalisierung in lokale Gemeinden.

(Christliche) Variante neuer Religiosität

Begreift man die Charismatische Bewegung als christliche Variante neuer Religiosität im Kontext des Aufkommens neuer religiöser Bewegungen, so tritt ihr gegenkultureller Akzent hervor. Die Krise rationaler Weltbewältigung provoziert den Protest gegen das geheimnisleere Wirklichkeitsverständnis der Aufklärung. Allerdings hat dieser Interpretationsrahmen für die Charismatische Bewegung nur unter bestimmten Gesichtspunkten Gültigkeit. Denn zunächst muß festgestellt werden, daß sich charismatische Gruppen und Gemeinden gegenüber einem unorganisierten, individualisierenden und synkretistischen Religionsvollzug, wie er sich beispielsweise in der breiten Aufnahme esoterischer Anschauungen und Praktiken in westlichen Kulturen entwickelt hat, deutlich abgrenzen und von ihrem Bekenntnis- und Glaubensvollzug her zur großen Familie christlicher Gemeinden und Gemeinschaften gehören. Andererseits gibt es zahlreiche Berührungen mit dem, was man unter der Chiffre »neue Religiosität« zusammenfaßt. Sie sind teils als legitime Inkulturation, teils als Verzerrung christlichen Glaubensvollzugs anzusehen. Hier wie dort geht es um den Protest gegen ein verkürztes Wirklichkeitsverständnis. Hier wie dort geht es um die Erfahrbarkeit des Wunderhaften und Außergewöhnlichen, um die siegreiche Auseinandersetzung mit den Mächten des Bösen, um die Rückkehr zu einem Weltbild, in dem böse Geister und territoriale Mächte den Menschen bestimmen. Hier wie dort überläßt man den Bereich von Krankheit und Heilung nicht den Ärzten allein und macht entsprechende Erfahrungen mit Geistheilung und Kraftübertragung, wobei der Erfolgsdruck fragwürdige Vorgehensweisen und Interpretationen hervorrufen kann.

Pluralisierungsprozeß christlicher Frömmigkeit

Die Ausbreitung charismatischer Frömmigkeit kann als Pluralisierungsprozeß christlicher Frömmigkeit verstanden werden, in dem sich vielfältige Gemeindeformen und konkurrierende Frömmigkeitsstile verdeutlichen. Zur kirchlichen Frömmigkeit entwickeln sich Alternativen, wobei vor allem das erwecklich und evangelikal geprägte Frömmigkeitsspektrum weiter ausdifferenziert wird. Trotz antimodernistischer theologischer Orientierungen ist die Charismatische Bewegung in vielen ihrer Ausprägungen Modernitätsbeschleuniger. So treiben neue charismatische Gemeinden die Modernisierung und Pluralisierung christlicher Orientierungen weiter voran und forcieren dadurch zugleich den Zersplitterungsprozeß des Protestantismus.

Daß sich diese Frömmigkeitsprägung – jedenfalls teilweise – mit christlich-fundamentalistischen Orientierungen verbindet, mag andeuten, daß die Suche nach einer neuen Erfahrungsreligiosität einerseits und fundamentalistische Orientierungen andererseits als Reaktion auf die Krise der Moderne interpretierbar sind. Die Volkskirche gerät somit gleichsam von zwei Seiten unter Druck. Einerseits hat sie ihr Monopol in Sachen Religion verloren. Neben eine christliche Inanspruchnahme menschlicher Religiosität treten andere Möglichkeiten. Zugleich gibt es Abwanderungstendenzen aus den Landeskirchen mit neuen Gemeindebildungen von missionarisch engagierten Christen, so daß sich auch hier immer deutlichere Alternativen zur kirchlichen Frömmigkeit entwickeln.

Die Mission kehrt zurück

In der Begegnung mit Einwandererkirchen erfahren die historischen Kirchen: Die Mission kehrt zurück, die Dynamik der weltweiten Missions- und Evangelisationsbewegung berührt gerade auch in der Gestalt der ausländischen christlichen Gemeinden und Einwandererkirchen das Selbstverständnis und Leben der traditionellen Großkirchen und Freikirchen.
Gemeindeneugründungen im Spektrum von Christen ausländischer Herkunft haben vor allem in den letzten fünfzehn Jahren verstärkt auch unter charismatisch-pentekostalen Einflüssen gestanden. Dabei sind sehr unterschiedliche Einflüsse wirksam: Neben den klassischen Pfingstkirchen, besonders in ihrer nicht-weißen Prägung, sind Einflüsse von Afrikanisch-Unabhängigen Kirchen charismatischer Prägung in Deutschland ebenso feststellbar wie charismatische Einflüsse in bestimmten Mutterkirchen im Heimatland (zum Beispiel Presbyterianisch-Koreanische Kirche) oder Einflüsse neo-pentekostaler Gruppierungen aus den USA. Gemeinden, die sich einem hohen und direkten Einfluß und einer gezielten Missionsstrategie von außen verdanken, haben häufig eine andere Organisationsstruktur als Einwandererkirchen, die sich in Deutschland relativ selbstbestimmt oder in Kooperation mit bestehenden Landeskirchen entwickeln und entfalten. Zum Teil haben Einflüsse charismatisch-pentekostaler Prediger in ausländischen Kirchen zu schmerzhaften Spaltungsprozessen geführt (zum Beispiel koreanische Gemeinden). Zum Teil herrscht auf Grund eines starken Profilierungsinteresses einzelner religiöser Führungsgestalten ein ausgesprochener Partikularismus vor, und es bestehen große Schwierigkeiten bei der Entwicklung eines konkurrenzfreien Stils der Kooperation und der gemeinsamen Mission. Einige ausländische christliche Gemeinden haben unter Aufnahme charismatisch-pentekostaler Elemente bewußt eine Strategie missionarischer Offenheit und breiterer ökumenischer Kooperation gewählt und ent-

wickeln dadurch ein integratives Profil und eine auch verschiedene ethnische Zugehörigkeiten umfassende Anziehungskraft.

Allgemeine Perspektiven
zum Verhältnis
Kirchen und charismatische Gemeinden

Pauschale Orientierungen wird es für den Umgang mit neuen Gemeinden nicht geben können. Die Fragen, die die Charismatische Bewegung an unsere Kirchen stellt, müssen freilich ernstgenommen werden. Die religiösen Bedürfnisse und Fragen, auf die sie eingeht, deuten auf Vernachlässigtes hin. Das christliche Zeugnis, das von charismatischen Gruppen und Initiativen ausgeht, verdient Anerkennung und ist als Ruf zur Erneuerung ernstzunehmen. Die charismatische Frömmigkeit stellt alle Kirchen vor die Frage ihrer eigenen Erneuerungsfähigkeit und Offenheit gegenüber einer heutigen »Reformation« aus dem Geist Christi. Die Gestalt und Verfassung des gemeindlichen und kirchlichen Lebens ist dabei mehr denn je angefragt. Die Kirche darf ihren heutigen Auftrag nicht mit der dogmatischen Festschreibung ihrer Lebensform von gestern verwechseln.[223] Die Suche nach einer zeitgemäßen Gestalt und Verfassung ist eine Dimension ihres missionarischen Auftrags. Sie wird dies nicht tun können ohne »Erinnerungsarbeit« im Blick auf das ihr anvertraute biblische und reformatorische Erbe.

Die Frage, ob Gruppen, Initiativen und neue Gemeinden im Kontext evangelischer Landeskirchen arbeiten und landeskirchlich »integriert« werden können, kann nicht allgemein beantwortet werden. Einzelne charismatische Gruppen sind gegenüber der organisierten Ökumene ausgesprochen distanziert eingestellt. In der Begegnung mit ausländischen Gemeindeneugründungen werden andere Fragen relevant als etwa im Blick auf das Verhältnis »evangelische Kirchengemeinde und

neue Gemeindegründung«. Für ausländische Gemeinden gibt
es in den protestantischen Landeskirchen bisher wenige oder
jedenfalls unzureichende Voraussetzungen dafür, sie ekklesiologisch angemessen zu verstehen. Hier müßten Modelle der
Partnerschaft zwischen Gemeindeneugründungen und existierenden Gemeinden weiterentwickelt werden, damit gleich
zu Beginn eines entsprechenden Prozesses der Eindruck und
die Tendenz eines Gegeneinanders vermieden wird.

In der Geschichte der Kirchen sind verschiedene Modelle der
Verhältnisbestimmung zwischen Kirchen und neuen Bewegungen mit ihren Gemeinschaftsbildungen wirksam geworden.[224] Was hinsichtlich des Verhältnisses Kirche und Erneuerungsgruppe gilt, hat auch für den kirchlichen und ökumenischen Umgang mit neuen Gemeinden Relevanz, obgleich
beide Bereiche und die mit ihnen verbundenen Fragestellungen zu unterscheiden sind.

– Das Modell »Ausschluß oder Trennung« zielt auf eine klare
  Abgrenzung zwischen Kirchen einerseits und charismatischen Gruppen und Gemeinden andererseits. Dies ist nur
  dann als gerechtfertigt anzusehen, wenn eindeutige häretische Tendenzen vorliegen, was generalisierend nicht vom
  Phänomen neuer Gemeindegründungen gesagt werden
  kann. Die zweifellos notwendige kritische Auseinandersetzung mit ihnen sollte deshalb nicht einseitig unter Verwendung des Sektenbegriffs erfolgen, wie dies teilweise in der
  deutschen Medienöffentlichkeit geschehen ist und geschieht.

– Das Modell »distanzierte Toleranz« bietet lediglich eine for-
  male Lösung im Umgang mit neuen Gemeinden. Es leugnet
  die ekklesiologischen Differenzen, verbirgt die eigene Rat-
  losigkeit hinsichtlich einer begründeten Verhältnisbestimmung und verhindert eine kritische Auseinandersetzung.

– Das Modell »Integration im Sinne einer Domestizierung«
  verweigert den Freiraum und verkennt die Lebendigkeit
  und Dynamik charismatischer Frömmigkeit.

– Das Modell einer »konziliar und dialogisch orientierten Pluralität« sieht vor, daß es in den Grenzen einer kirchlichen Tradition eine legitime Vielfalt von theologischen Überzeugungen und Formen der Frömmigkeit geben darf, die freilich um die Einheit im Glauben, im Bekenntnis, in der Taufe, in der Berufung und im Zeugnis weiß und sich darin von einem schrankenlosen Pluralismus unterscheidet.

Diese zunächst im Verhältnis »Kirche und Erneuerungsbewegung« gewonnenen Modelle bieten auch im Blick auf das Verhältnis zwischen Ökumene und Erneuerungsbewegung oder neuen Gemeinden wichtige Orientierungsperspektiven. Die ökumenische Bewegung ist per definitionem durch konfessionelle Vielfalt und regional sehr verschieden geprägte kirchliche und theologische Profile bestimmt. Es sollte darüber nachgedacht werden, ob und inwiefern Gemeindeneugründungen in ein Netzwerk ökumenischer Verbindlichkeit mit einbezogen werden können. Der Lernprozeß, sich als Teil einer größeren, durch Vielfalt gekennzeichneten Ökumene zu verstehen, steht vielen neuen charismatischen Gemeinden noch bevor. Andererseits gilt freilich auch: Insofern von neuen Gemeinden ein authentisches christliches Zeugnis ausgeht, müßten andere Christen daran interessiert sein, von ihnen zu lernen und sie in das ökumenische Gespräch einzubeziehen.

Neue Gemeindeformen: Ja!
Neue Kirchengründungen: Nein!

1. Hinter dem Phänomen der Gemeindeneugründungen stehen wichtige Anfragen an die Großkirchen und Freikirchen, die Gehör finden sollten. Neue Gemeindegründungen sind ein Protestphänomen, das sich gegen die »emotionale Häresie« (E. Biser) traditioneller Frömmigkeit richtet. Sie sind Ausdruck der Unzufriedenheit mit der gemeindlichen und kirchlichen Situation – erstarrte Formen, Erlebnisarmut man-

cher Gottesdienste, kulturelle Fremdheit ... – und halten den Kirchen ihre Defizite vor Augen: in ihrer Suche nach Gestaltwerdung des christlichen Lebens, in ihrer Offenheit für das Wirken des Geistes, in ihrem missionarischen Engagement, in einer Gottesdienstpraxis, die viele beteiligt und Raum für Spontaneität schafft ... Häufig entstehen Gemeindeneugründungen aus dem Gefühl, daß charismatische Frömmigkeit, Lobpreisgottesdienste und neueres Liedgut in den landeskirchlichen oder freikirchlichen Gemeinden keinen ausreichenden Platz finden oder daß Pfarrer, Pfarrerinnen und Laien, die sich der charismatischen Erneuerung verbunden fühlen, leicht in unguter Weise stigmatisiert werden.

Demgegenüber muß festgehalten werden, daß es in den historischen Kirchen genügend Raum für neuere Frömmigkeitsformen geben muß und geben kann, daß die charismatisch-pentekostale Frömmigkeit einen sowohl in ökumenischer wie in kirchengeschichtlicher Hinsicht wichtigen Teil der Gesamtkirche bildet. Sie enthält Erneuerungsimpulse im Blick auf Gottesdienst, Seelsorge und missionarische Praxis, auf die nicht verzichtet werden darf. Da fast alle Gemeindeneugründungen im Zusammenhang mit intensiven missionarischen Aktivitäten stehen und der Gottesdienst ihr Ausgangs- und Kristallisationspunkt ist, werfen sie vor allem die Frage nach der missionarischen Kompetenz der Kirche und der Erneuerung des gottesdienstlichen Lebens auf. Sie unterstreichen die allen Kirchen gestellte Aufgabe einer neuen Evangelisierung im Kontext westlicher Kultur.

2. Hinter dem Phänomen der Gemeindeneugründungen stehen andererseits zahlreiche Konflikte und klärungsbedürftige theologische Voraussetzungen, die als Anfragen innerhalb der Charismatischen Bewegung gehört werden sollten. Neue Gemeinden, die sich einseitig auf die begrenzte Basis charismatischer Erfahrungen gründen und sich Reibungsflächen mit traditionsreichen Kirchen und ihren geschichtlichen Erfahrungen ersparen, geraten schnell in spezifische Gefährdungen

wie: lehrmäßige Engführungen etwa durch ein charismatisches »Unmittelbarkeitspathos«, ein elitäres Verständnis des Christseins, ein pädagogisch und theologisch problematisches Verständnis von geistlicher Leiterschaft oder Verzerrungen des christlichen Zeugnisses im »Wohlstands-Evangelium« und in bestimmten Formen des Befreiungsdienstes und der »geistlichen Kampfführung«. Durch die in neuen Gemeinden häufig anzutreffende Praxis der Erwachsenentaufe bei oft dezidierter Ablehnung der Taufpraxis der Großkirchen wird Anerkennung verweigert.

Bei Abspaltungsprozessen von existierenden Gemeinden werden häufig Bilder von der »Mutterkirche« aufgebaut, die ausschließlich eine Negativfolie darstellen. Landeskirchliche Gemeinden werden zum Teil als Ort geistlicher Erneuerung vorschnell abgeschrieben. Pauschalisierende Beurteilungen der geistlichen Kraft der Kirchen verhindern eine differenzierte Wahrnehmung der Bemühungen um pastorale Begleitung und Evangelisierung auch der sogenannten »Fernstehenden« in den Landeskirchen sowie der komplexen religionssoziologischen Rahmenbedingungen kirchlicher Arbeit in unserer Gesellschaft, von denen auch charismatische Richtungsgemeinden nicht grundsätzlich ausgenommen sind. Kirchliche oder christliche Identität wird in zahlreichen Gemeindeneugründungen einseitig nach dem Muster einer »Identität durch Abgrenzung« entwickelt, statt eine »Identität in Beziehung« und eine ökumenisch-konziliare Öffnung zur Gemeinschaft zu fördern. Es fehlt ein ausgebildetes Bewußtsein für die Überzeugung: Kirche sind nicht nur wir, Kirche sind auch die anderen. Kirche sind wir nur gemeinsam. Die Charismatische Bewegung ist eine Erneuerungskraft unter anderen. Sie kann kein Monopol auf die Erneuerung der Kirchen für sich beanspruchen.

3. Gemeindeneugründungen sind weder pauschal abzulehnen, da sie angesichts von Entkirchlichungsprozessen ein sinnvolles Mittel einer missionarisch-ökumenischen Verle-

bendigung christlicher Präsenz sein können, noch sind sie ekklesiologisch so unproblematisch, daß man sie pauschal und
in jeder Situation befürworten könnte. Es muß vielmehr unterschieden werden zwischen neuen Gemeinschaftsbildun-
gen/Gemeindegründungen einerseits und neuen Kirchengründungen andererseits. Eine auf Dauer gestellte Gründung
einer separaten Kirche oder Bildung einer neuen Freikirche ist
weder ekklesiologisch zu verantworten, weil dadurch der
Zersplitterungsprozeß des Protestantismus nur verstärkt sowie die äußere Glaubwürdigkeit der Kirche und ihrer Einheit
weiter beeinträchtigt wird, noch ökumenisch sinnvoll. Wo die
Charismatische Bewegung zu neuen Kirchengründungen
führt, verliert sie ihren Charakter einer transkonfessionellen
Erneuerungsbewegung und konfessionalisiert sich, wie dies in
den Pfingstbewegungen immer wieder geschehen ist. Wer die
Einheit der Kirche in Frage stellt, hat selbst die Beweispflicht,
daß es unter keinen Umständen anders geht. Keine charismatische Richtungsgemeinde oder Gemeindeneugründung kann
langfristig außerhalb der Gemeinschaft mit der Gesamtkirche
selber Kirche sein. Eine rechtlich-finanzielle Zersplitterung
des Protestantismus läuft auf die Schwächung seiner missionarischen Präsenz in der Gesellschaft und auf eine Verstär-
kung des Trends zu einer partikularisierten und individualisierten Erlebnisreligion in unserer Gesellschaft hinaus.
In bestimmten Bereichen und Regionen, wo es besondere
pastorale, missionarische und kirchliche Herausforderungen
nahelegen, können charismatische Gemeindeneugründungen
(Personalgemeinden, Richtungs- und Zielgruppengemeinden)
sinnvoll und nötig sein, sofern sie in möglichst weitgehender
ökumenischer Absprache mit den bestehenden Kirchen vorgenommen werden. Sie sollten in ihrer Gründungsphase ökumenisch begleitet werden und gegenseitiger pastoraler und
theologischer Korrektur zugänglich bleiben.
4. Wo sich Verselbständigungsprozesse bereits vollzogen haben, sollte aktiv nach Wegen einer Einbindung in Kooperati-

onsstrukturen gesucht werden, die eine Zuordnung zu einer
der vorhandenen Freikirchen, zur Deutschen Evangelischen
Allianz, zur katholischen Kirche oder zu evangelisch-landeskirchlichen Gemeinden ermöglicht und dann eine separate
Kirchenbildung ausschließt. Kooperationsstrukturen dürfen
nicht auf den charismatischen Freundeskreis beschränkt bleiben. Darüber hinaus sollte auch die Zusammenarbeit mit Gemeinden anderer konfessioneller Zugehörigkeit vor Ort und
in der Region gesucht werden, so daß der Anschluß einer charismatischen Richtungsgemeinde an das gesamtkirchliche
Erbe und den gesamtkirchlichen Dienst und eine gegenseitige
Erneuerungs- und Korrekturfähigkeit zwischen traditionellen Gemeinden und charismatischen Gemeindeneubildungen
gewahrt bleibt.

5. Gemeindeneugründungen können nicht als das alleinige
Heilmittel für eine geistlich müde gewordene Kirche angesehen werden. In der differenzierten und individualisierten Gesellschaft der Moderne braucht die Kirche eine Vielzahl von
Sozialgestalten. Die ortsgemeindliche Sammlung ist nur eine
davon, die zwar eine konstitutive und notwendige Bedeutung
für die Kirche behält, die aber zugleich der Ergänzung durch
andere Sozialgestalten von Kirche bedarf. Charismatische
Richtungsgemeinden und Gemeindeneugründungen bleiben
auf die Kommunikation mit anderen Gestalten von Kirche
und deren Zeugnis angewiesen. Es darf keine Abkoppelung
charismatischer Frömmigkeit von der Lerngeschichte der gesellschaftsbezogenen und diakonischen Dienste, Werke und
Einrichtungen der Gesamtkirche stattfinden. Andererseits be-
dürfen auch die gesellschaftsbezogenen Dienste und die ge-
samtkirchlich-ökumenischen Aufgaben der Kirche einer
Mitträgerschaft, Unterstützung und inhaltlichen Begleitung
auch durch die Charismatische Bewegung.

6. Wo die Tendenz zu Isolation und gegenseitiger Abschot-
tung wächst, wird zugleich auch die Gefahr einer theologischen oder pastoralen Einseitigkeit größer. Gleichzeitig soll-

ten gewisse Einseitigkeiten oder extreme Tendenzen nicht zu
vorschnellen Verurteilungen führen, da sie immer ein Merkmal von noch jungen Erneuerungsbewegungen gewesen sind.
Nötig sind Mechanismen und Verfahren einer ermutigenden
und ökumenisch solidarischen Begleitung von neuen Ge-
meindeexperimenten oder charismatischen Richtungsgemeinden. Erst ein Vertrauensraum öffnet die Fähigkeit, auch auf
theologische Kritik oder Ratschläge gegenseitig zu hören.
Auch die Geistliche Gemeinde-Erneuerung darf sich der Aufgabe, zur theologischen Klärung von Extremformen gegebe-
nenfalls auch durch klare Abgrenzungen beizutragen, nicht
entziehen.

Im Spannungsfeld
zwischen Institution und Charisma

Durch die Ausbreitung neuer charismatischer Gemeinden
und Gruppen stellt sich die Frage nach dem Verhältnis von
Institution und Charisma, die leicht Assoziationen weckt und
Gegenüberstellungen nahe legt, die ein schiefes Bild entstehen
lassen können. Dann wird mit Charisma etwa die Charismatische Bewegung assoziiert und mit Institution die etablierten
Kirchen. Oder mit Charisma wird das Flexible, Bewegliche,
Dynamische verbunden und mit Institution das Starre, Fest-
gefahrene. Die Verbindung beider scheint offen oder heimlich
eine Reihe polemischer Gegensätze zu enthalten: institutions-
loses Charisma gegen geistlose Institution, geisterfüllte Erfahrung gegen herzloses und erlebnisarmes Kopfchristentum, ge-
zähmte und kirchlich kanalisierte Vermittlung göttlichen
Heils gegen charismatisch-prophetische Unmittelbarkeit. Zugleich sind die beiden Stichworte auch geeignet, das scheinbar
Gegensätzliche und Auseinanderlaufende zusammenzuhalten
und in seiner Angewiesenheit aufeinander zu bedenken, und
dies aus theologischen wie anthropologischen Erwägungen.

Ist es doch ein soziologisches Faktum, daß alles geschichtlich Wirksame Gestalt und Form gewinnen muß, sich also auch auf den Prozeß von Institutionalisierung einzulassen hat. Insofern stellt sich die Frage nach dem Verhältnis von beiden in jedem nur denkbaren ekklesialen Kontext.

Im Neuen Testament sind Charisma und Institution keine prinzipiellen Gegensätze, sowenig wie der Heilige Geist gegen die christliche Überlieferung ausgespielt werden darf. Daß ein rechtlicher und institutioneller Charakter zum Wesen der Kirche in Widerspruch stehe und die Christenheit demnach nur eine charismatische Struktur haben könne, übersieht die Unerläßlichkeit der Institutionalisierung, die sich aus dem Sachverhalt ergibt, daß das christliche Zeugnis wie auch die christliche Glaubensgemeinschaft auf Kontinuität und Dauer angelegt sind. Überlieferungsprozesse gehen konform mit Institutionalisierungsprozessen in Predigt, Katechese, Bekenntnis. Der Apostel Paulus ist Zeuge des Auferstandenen, der ihm vor Damaskus begegnet ist. Dies, daß er den Auferstandenen gesehen hat, ist der Ursprung der apostolischen Überlieferung, die die heilvolle Nähe Gottes in dem Gekreuzigten und Auferstandenen bezeugt und dem Apostel und der Gemeinde bleibend vorgeordnet ist. Die apostolische Lehre ist freilich nicht nur protokollarisch feststellbarer Bericht, sondern durch den Heiligen Geist von Gott selbst beglaubigtes Zeugnis, in dem das Heil den Menschen gewißmachend zugesagt wird.

Paulus erläuterte die Geistesgaben (pneumatika) mit den Begriffen Dienste (diakoniai) und Gnadengaben (charismata) und wirkte darin sprachbildend. Der zuletzt genannte Begriff setzt die Geistesgaben mit der Gnadentat Gottes in dem gekreuzigten Jesus in Beziehung und stellt die Verbindung zwischen Charismenlehre und paulinischer Rechtfertigungstheologie her. Gottes Gnade ist beschenkend und verpflichtend zugleich, auferbauend und beschlagnahmend. Die Charismen haben ihr Kriterium am Sein Christi, der nicht für sich selbst lebte (2. Kor 5,15). Sie sind, wie Ernst Käsemann mit Recht betont hat, »Konkretion« und »Individuation« der Charis.[226] Die Vielfalt und die Einheit der Gaben werden dabei in trinitarischer Perspektive gesehen (1. Kor 12,4–6), nicht nur in pneumatischer.

Vielfalt gibt es im Neuen Testament nicht nur im Blick auf die Charismen. Es läßt sich keine durchgehende, einheitliche Gestalt von Gemeinde aus den Überlieferungen erheben. Zwar gab es im Neuen Testament keinen grenzenlosen Pluralismus, aber eine legitime Pluralität, die nicht selten – wie die zahlreichen Ermahnungen zur Einheit und Gemeinschaft zeigen – zum Problem wurde. Einheit der Kirche kann deshalb nicht primär die Einheitlichkeit der Kirchenstrukturen bedeuten, sondern Vielgestaltigkeit, die freilich um die Gemeinschaft im Glauben, im Bekenntnis, in der Taufe, in der Berufung und im Zeugnis weiß. Die Confessio Augustana nimmt diesen Sachverhalt auf, indem sie im Artikel VII zwischen dem Konstitutionsgeschehen von Kirche und den »menschlichen Ordnungen, Riten und Zeremonien« unterscheidet. Im Spannungsfeld zwischen Charisma und Institution muß es insofern immer um beides gehen, um die Anerkennung der Vielfalt und gleichzeitig die Betonung der einheitstiftenden Kraft des Glaubens an den dreieinigen Gott.

Es gibt eine Reihe von Gesichtspunkten, unter denen gleichermaßen Charisma und Institution betrachtet werden können. Zwei seien zum Schluß genannt:

1. Für das Charisma wie für die Institution gilt die Notwendigkeit, die Geister zu unterscheiden. Kriterien dafür sind das Christusbekenntnis und der Dienst der Liebe, die den anderen höher achtet als sich selbst.

2. Beide, Charisma wie Institution, stehen im Neuen Testament unter einem eschatologischen Vorbehalt. Im Blick auf die Charismen gilt, daß sie aufhören werden (vgl. 1. Kor 13,8–10). Einzig die Liebe ist nach Paulus das Bleibende. Die eschatologische Erwartung der kommenden Herrlichkeit

Gottes hat den Apostel davor bewahrt, zum Schwärmer zu werden. Er betont die Gegenwart des Heils und der Gnade und weiß zugleich etwas von der Gebrochenheit, in der sich von Gott erneuertes Leben vollzieht. Die Ekklesia kann auf Erden deshalb keine Ewigkeitsgestalt haben, sondern nur eine Werdegestalt. Sie existiert im Vorletzten.

In der gegenwärtigen Situation ist es eine wichtige Aufgabe, gleichsam beides zurückzugewinnen: den Geist und die Institution. Denn das Miteinander beider ist für den christlichen Glauben unaufgebbar. Der Apostel Paulus bindet das Charismatische an die Auferbauung des Leibes Christi, die Charismen an die Gemeinschaft und mißt jede Gestaltwerdung des Glaubens daran, ob sie dem Ganzen dient. Der heute erlebte Konflikt zwischen Institution und Charisma erfordert somit einen doppelten Lernprozeß: In neuen Situationen und Herausforderungen wird die Werdegestalt der Institution deutlicher hervortreten müssen. Zugleich ist Gottes Geist kein traditionsloses Erneuerungspinzip, und neu aufbrechende Erfahrungen des Geistes sind an geschichtlicher Kontinuität zu verifizieren.[225]

ANHANG

Glaubensrichtlinien
des »Bundes Freikirchlicher Pfingstgemeinden«

I. Präambel der Verfassung
vom 5. Mai 1982

Die im Bund Freikirchlicher Pfingstgemeinden zusammengeschlossenen Gemeinden ... wissen sich durch ihr Bekenntnis
zum dreieinigen Gott verbunden, der sich durch das inspirierte Wort der Heiligen Schrift offenbart.

Sie glauben an Jesus Christus, den Sohn Gottes und Erlöser
der Welt, der Seine Gemeinde beauftragt hat, das Evangelium
allen Menschen zu bezeugen und die zu taufen, die an Ihn
gläubig geworden sind.

Sie lehren die Wiedergeburt durch den Heiligen Geist und die
Geistestaufe als Bevollmächtigung zum Zeugnis. Auch bekennen sie sich zur Gemeinde der Gläubigen nach urchristli-
chem Vorbild, in der sich der Heilige Geist durch Gnadengaben, Dienste und Wirkungen kundtut.

Sie warten auf die Wiederkunft Jesu Christi zur Entrückung
Seiner Gemeinde, Auferstehung der Toten, das Errichten Seines Reiches, ein ewiges Leben und ein ewiges Gericht.

Sie vertreten Glaubens-, Gewissens- und Versammlungsfrei-
heit, die Trennung von Kirche und Staat, das Prinzip der
Selbständigkeit der lokalen Gemeinde sowie ihren verbind-
lichen Zusammenschluß zu einer Glaubensgemeinschaft
(Bund) als Verwirklichung des biblischen Zeugnisses von der
neutestamentlichen Gemeinde.

II. Richtlinien vom Mai 1982,
Abschnitt A »Was wir glauben und lehren«

Bibel: Wir glauben, daß die Bibel das von Gott inspirierte und allein unfehlbare Wort Gottes ist.

Gott: Wir glauben an das Dasein des einen Gottes, der in Ewigkeit in drei Personen war, ist und bleibt: den Vater, den Sohn und den Heiligen Geist.

Jesus: Wir glauben an die jungfräuliche Geburt, den stellvertretenden Versöhnungstod, die leibliche Auferstehung, triumphale Himmelfahrt und beständige Fürsprache des Herrn Jesus Christus und daß ER wiederkommt zur Entrückung Seiner Gemeinde und zur Vollendung aller Dinge.

Erlösung: Wir glauben an den Sündenfall des Menschen und an die Erlösung durch das Blut Christi als einzigem Mittel zur Erlangung des persönlichen Heiles. Dieses als Bekehrung und Wiedergeburt bekannte Erlebnis ist ein Werk des Heiligen Geistes und erfolgt auf Grund von Buße und Glauben an den Herrn Jesus.

Taufe: Wir glauben, daß die Taufe durch Untertauchen im Namen des Vaters, des Sohnes und des Heiligen Geistes an allen vollzogen werden soll, die rechte Buße getan haben und von ganzem Herzen an Christus als ihren Heiland und Herrn glauben. (Markus 16,16)

Gemeinde: Wir glauben, daß zur Gemeinde Jesu Christi alle wahrhaft Gläubigen gehören. Wir glauben, daß jeder wiedergeborene und getaufte Christ Glied einer lokalen biblischen Gemeinde sein soll. (Apg. 2,41.42 und 47)

Geistestaufe: Wir glauben an die Taufe in den Heiligen Geist nach Apostelgeschichte 2,4.

Frucht: Wir glauben, daß ein wahrer Christ bestrebt ist, durch die Kraft der Erlösung ein geheiligtes Leben zu führen, und daß er an der Frucht des Geistes nach Gal. 5,22 erkennbar ist.

Geistesgaben: Wir glauben, daß Gott durch die Gaben des Geistes (1. Kor. 12,4–10) und durch die Ämter (Eph. 4,11–14) in der Gemeinde wirkt zum Nutzen der Gläubigen, zur Ausrüstung zum Dienst und zur Erbauung und Zubereitung der Gemeinde.

Heilung: Wir glauben, daß die Erlösung die Heilung von Krankheit durch göttliches Eingreifen einschließt. (Markus 16,17–18; Jak. 5,14–15)

Auferstehung: Wir glauben an die Auferstehung: An eine ewige Herrlichkeit für alle, die das göttliche Heil in Jesus Christus durch Glauben annehmen, und an eine ewige Verdammnis für alle, die gleichgültig an Christus vorübergehen. (Matth. 7,13–14; Offb. 20,12–15)

Was verbindet die Charismatiker?

Eine Stellungnahme
des Kreises Charismatischer Leiter (KCL) in Deutschland
(1995)

*(Der »Kreis Charismatischer Leiter in Deutschland« hat ein
Grundlagenpapier verabschiedet, das die Basis der verschiedenen Richtungen bildet. Zum Leiterkreis gehören 35 Repräsentanten aus den beiden Volkskirchen, Freikirchen und unabhängigen Gemeinden. In Deutschland wird die Zahl der
Charismatiker auf rund 150 000 geschätzt.)*

Der Kreis Charismatischer Leiter in Deutschland (KCL) hat
sich 1993 zusammengeschlossen und besteht aus Frauen und
Männern, die in leitender Verantwortung in der charismatischen Bewegung in Deutschland stehen. Dem Wesen nach ist
der KCL keine Delegiertenversammlung einzelner Kirchen,
sondern eine Gemeinschaft von Verantwortungsträgern, die
landesweit die charismatische Bewegung mitgestalten. Der
KCL trifft sich jährlich zu zwei Klausurtagungen, um die gemeinsamen Anliegen zu bewegen. Dieses geschieht vorrangig
durch persönliche Begegnung, Gebet und Informationsaus-
tausch. Zudem werden bundesweite Aktionen weitestgehend
miteinander abgestimmt und spezifische theologische Fragestellungen aufgenommen und miteinander bedacht. Vorlie-
gende Stellungnahme soll eine Hilfe zur Orientierung für den
innerkirchlichen und außerkirchlichen Dialog bieten.

1. Die charismatische Erneuerungsbewegung –
ein weltweiter Aufbruch

Die charismatische Bewegung in Deutschland versteht sich als
Teil des weltweiten pfingstlerisch-charismatischen Aufbruchs
unserer Zeit. Zu diesem geistlichen Aufbruch zählen gegenwärtig ca. 460 Millionen Christen aus allen Konfessionen (D.
Barrett, 1995). Ein Großteil der charismatischen Bewegung ist
als eine Erneuerungsbewegung innerhalb der klassischen Kirchen und Freikirchen anzusehen (katholische, lutherische, orthodoxe, episkopale Kirchen, Anglikaner, Baptisten, Methodisten und andere). Ebenso verstehen sich viele Pfingstkirchen als der charismatischen Bewegung zugehörig. Weiterhin
gibt es einen breiten Flügel von unabhängigen charismatischen Gemeinden und Werken, die sich zum Teil zu Arbeitsgemeinschaften (Netzwerken) zusammengeschlossen haben.
Nachdem sich die klassischen Pfingstkirchen seit Anfang des
20. Jahrhunderts immer mehr ausbreiteten, gab es auch in anderen Kirchen eine zunehmende Offenheit für einen charismatischen Aufbruch. Zu den Anfängen der gegenwärtigen
charismatischen Erneuerungsbewegung zählen unter anderem auch Gruppierungen wie die Oxford-Gruppenbewe-
gung, die Darmstädter Marienschwestern, die baptistisch geprägte »Rufer-Bewegung« oder auch die 1953 gegründete Laienbewegung der »Geschäftsleute des vollen Evangeliums«. In
den Anfängen der sechziger Jahre breiteten sich die Impulse
der charismatischen Bewegung innerhalb der protestantischen Kirchen und Freikirchen aus. Ab 1967 brach die »charismatische Erneuerungsbewegung« auch in der römisch-katholischen Kirche auf. In Deutschland wurden die anfänglichen Impulse zum Teil in volksmissionarischen Diensten
(z. B. Pfälzische Landeskirche; Volksmissionskreis Sachsen)
sowie von Tagungszentren (z. B. Schniewindhaus, Lebenszentrum Craheim) aufgenommen. 1976 wurde in der Bundesrepublik Deutschland der »Koordinierungsausschuß für

charismatische Gemeindeerneuerung« und in der DDR der
»Arbeitskreis für geistliche Gemeindeerneuerung« innerhalb
der evangelischen Landeskirche gegründet. Parallel dazu entstand eine Koordinierungsgruppe in der katholischen Kirche
und Arbeitskreise in verschiedenen Freikirchen Deutschlands. Seit 1993 besteht der »Kreis Charismatischer Leiter in
Deutschland«, der sich als eine Gemeinschaft von leitenden
Persönlichkeiten aus den wesentlichen charismatischen Zusammenschlüssen innerhalb und außerhalb der großen Konfessionen versteht.

2. Kennzeichen der charismatischen
Erneuerungsbewegung

Der Name »charismatische Bewegung« steht nicht für einen
organisatorischen Zusammenschluß (eine Art »Überkirche«),
sondern will betonen, daß in allen Kirchen und kirchlichen
Gemeinschaften ein ähnliches Wirken des Heiligen Geistes
wahrgenommen wird, das man als »pfingstlerisch-charisma-
tisch« bezeichnen kann. Die Christen, die sich der charismatischen Bewegung zugehörig wissen, verstehen sich auch als
Glieder ihrer jeweiligen Kirche oder Gemeinde. Aufgrund dieser unterschiedlichen konfessionellen Prägung gibt es in der
charismatischen Bewegung gegenwärtig in einigen theologischen Fragen und auch in der Spiritualität unterschiedliche Positionen und Akzente. Dennoch lassen sich deutlich gemeinsame Merkmale herausstellen, die für das Anliegen und die
Spiritualität der Erneuerungsbewegung kennzeichnend sind.
(1) Basis des Glaubens und der Frömmigkeit ist die Heilige
Schrift und das Bekenntnis zu Gott dem Vater, dem Sohn Jesus Christus und dem Heiligen Geist. In diesem Sinne versteht sich die charismatische Bewegung als evangelikal.
(2) Am Anfang der bewußten Nachfolge Jesu Christi steht
eine geistliche Grunderfahrung, die den neutestamentlichen

Zusammenhang von Buße, Glaube, Taufe und Geistempfang (Geistestaufe) betont.

(3) Der Heilige Geist führt und leitet den Gläubigen in die Nachfolge Jesu (Jüngerschaft), zur Heiligung (Frucht des Geistes), zur Indienstnahme (Aufgaben des Heiligen Geistes), zur Freude und Gehorsam am Wort Gottes und am Gebet sowie in die Gemeinschaft mit anderen Christen.

(4) Der Heilige Geist weckt im Gläubigen verschiedene Gnadengaben (Charismen), die zur Auferbauung der Gemeinde Jesu und zur Ausbreitung des Reiches Gottes dienen. Hierbei kann es zu einer Vielzahl von unterschiedlichen Ausprägungen von Gaben kommen, die der Heilige Geist entsprechend den Anforderungen und Nöten unserer Zeit gibt. Alle in der Bibel beschriebenen Charismen sind auch gegenwärtig in der Gemeinde Jesu Christi lebendig (vgl. 1. Korinther 12,8–10; Römer 12,1–13; Epheser 4,11).

(5) Die Erfahrungen der verschiedenen Wirkungsweisen des Heiligen Geistes im Wort Gottes, im Sakrament, im christlichen Leben, in geistlicher Leitung und in den Charismen usw. führen zur Gemeinschaft der Glaubenden. In der Einheit gemeindlicher Existenz kommt zugleich die Verschiedenheit der Gaben und Dienste zum Tragen. Dabei ist jeder eingebunden in das Gemeindeverständnis seiner Kirche oder kirchlichen Gemeinschaft.

(6) Die Tatsache, über nationale und konfessionelle Grenzen hinweg mit anderen Christen glauben, Gott bekennen und zu ihm beten zu können, macht neu bewußt, daß das Wirken des Heiligen Geistes alle Christen umgreift und daß er alles unter Christus als dem Haupt zusammenfassen möchte (Epheser 1,10; Apostelgeschichte 11,17; Johannes 17,21).

(7) Die Glaubenden wissen sich hineingestellt in den Auftrag, das Evangelium von Jesus Christus in Wort und Tat zu bezeugen (Evangelisation und Diakonie). Die Verkündigung vom Reich Gottes verbindet sich mit der Erwartung von mitfolgenden Zeichen der Kraft Gottes. Vielfach ist damit die Er-

wartung eines umfassenden geistlichen Wirkens (Erweckung)
verknüpft, durch das Völker neu für ein Leben unter der
Herrschaft Jesu Christi gewonnen werden könnten.

(8) Die charismatische Spiritualität ist geprägt von dem Bewußtsein der lebendigen Beziehung zum Dreifaltigen Gott.
Kennzeichnend sind u. a. die Betonung von Lobpreis und Anbetung Gottes (vor allem auch durch neues gemeinsames
Liedgut); die Praxis von Segnungen und die Einbeziehung der
Geistesgaben in gottesdienstlichen Zusammenkünften (unter
anderem auch die Praxis prophetischer Gaben, Sprachenrede
und Auslegung derselben sowie Gaben der Heilungen).

3. Zur Praxis charismatischer Frömmigkeit

Die Begegnung von charismatischer Frömmigkeit mit kirchlich traditionellem Frömmigkeitsstil oder auch mit modernem
Lebensstil hat nach den Erfahrungen der letzten Jahre immer
wieder zu Anfragen und Konfrontationen geführt, die zum
Teil aus Mangel an Kenntnis von Glaubensüberzeugungen erwachsen sind, die der charismatischen Spiritualität zugrunde
liegen.

(1) Gottesdienst
Charismatische Gottesdienste orientieren sich an dem biblischen Verständnis, daß jeder Gläubige sich seinen Gaben
gemäß einbringen kann (1. Korinther 14,26). Die Redeweise
vom »allgemeinen Priestertum aller Gläubigen« wird darin
ernst genommen und in die Praxis umgesetzt. In charismatisch geprägten Zusammenkünften soll unter Einbeziehung
des Amtes der Leitung auch Raum für das spontane Wirken
des Heiligen Geistes sein. Anbetung, Freude, Lob und Dank
zu Gott werden vielfach auch durch körperliche Gesten zum
Ausdruck gebracht (Erheben der Hände, Klatschen, Tanzen
etc.). Menschen spüren, daß sie nicht nur mit ihrem Verstand,

sondern auch mit ihrer Seele und ihrem Leib Impulse des Heiligen Geistes empfangen und darauf reagieren können. Hierbei kann es auch zu Begleitphänomenen (Fallen, Lachen, Weinen, Zittern etc.) kommen. Hinsichtlich der biblischen Einordnung dieser Begleitphänomene besteht die Notwendigkeit des weiteren Gesprächs. Jedoch nicht die körperlichen und seelischen Begleiterscheinungen, sondern das verkündigte Evangelium von Jesus Christus und die erfahrene Gegenwart Gottes sollen im Mittelpunkt eines jeden charismatischen Gottesdienstes stehen.

(2) Gemeindliches Leben

Ein Großteil der Christen, die sich der charismatischen Erneuerung zugehörig zählen, leben in ihren Kirchen und kirchlichen Gemeinschaften. Vielfach sind Basisgruppen und charismatische Bibel- und Gebetskreise entstanden, die zur Belebung der einzelnen kirchlichen Gruppen beitragen.

Eine Anzahl von charismatisch geprägten Christen sehen ihre gemeindliche Zuordnung auch in einer der vielen unabhängigen Gemeinden. Fast alle diese unabhängigen Gruppen und Gemeinden charismatischer Prägung sind organisiert als selbständige Vereine. Untereinander sind sie netzwerkartig zum Teil sehr eng miteinander verbunden. Es ist nicht hinzunehmen, wenn diese unabhängigen Gemeinden immer wieder als Sekten diffamiert werden, nur weil sie nicht zu einer der klassischen Kirchen oder Freikirchen im Land gehören. Es ist an der Zeit, zur Kenntnis zu nehmen, daß sich biblisch orientiertes, gemeindliches Leben nicht ausschließlich unter dem Dach der klassischen Kirchen und Freikirchen abspielt, sondern auch in der zunehmenden Zahl von freien, unabhängigen Gemeinden. Diese Tatsache kommt gegenwärtig sowohl in kirchlichen als auch in säkularen Veröffentlichungen und Aktionen zu wenig zum Tragen. Es ist jedoch zu betonen, daß alle Formen gemeindlicher Existenz sich einer Beurteilung anhand der biblischen Aussagen stellen müssen. Der Respekt voreinander und vor dem Wirken Gottes in anderen Kirchen und kirchlichen Gemeinschaften schließt ein, daß im Kirchenverständnis jeder in seiner Gemeinde und deren theologischen Überzeugungen verankert bleibt.

(3) Das Gebet um Heilung

Weltweit gehört das Gebet für Kranke zu den charakteristischen Merkmalen charismatischer Frömmigkeit. Gemäß dem Vorbild Jesu geschieht dieses Gebet häufig auch öffentlich, zumeist im Rahmen eines Gottesdienstes. Die Begründung erfolgt aufgrund des biblischen Gesamtzeugnisses: Die einen weisen stärker darauf hin, daß dieses im Heilungsauftrag Jesu (vgl. Matthäus 10,1ff; Markus 16,15–20; Lukas 10,3+9) begründet ist. Andere wiederum betonen die Verankerung in dem umfassenden Geschehen des Todes und der Auferstehung Jesu Christi (vgl. Jesaja 53). Das Heilungsgeschehen hat missionarische Kraft und wird im Sinne von Markus 16 als mitfolgendes Zeichen zur Verkündigung verstanden; es hat aber auch innergemeindlich seine Bedeutung (Jakobus 5). Die Auswirkungen des Heilungsdienstes werden unterschiedlich erfahren: Neben eindeutigen Heilungen steht die Erfahrung bleibender Krankheitsnot, in der aber die tröstende Nähe Gottes und die Kraft zur Annahme erfahren wird. Dennoch bleibt der eindeutige Auftrag des Gebetes um Heilung bestehen. – Es sei nicht verschwiegen, daß sich auf diesem Gebiet immer wieder auch Anspruch und Wirklichkeit vermengen und vereinzelt bewußt Mißbrauch mit Heilungserfahrungen geschieht, die einer Überprüfung nicht standhalten können. Diese unreife Handhabung des Heilungsdienstes hebt aber den Auftrag der Gemeinde Jesu nicht auf, diesen Dienst in Demut und Glauben erwartungsvoll zu praktizieren. In dem Gesamtgeschehen von Krankheit und Heilung ist auch die seelsorgerliche Begleitung in Krankheitsnot von großer Bedeutung.

(4) Der Dienst der Befreiung

Der Dienst Jesu und der Dienst der Gemeinde Jesu geschieht als eine Proklamation der Herrschaft Gottes. Dabei ist davon auszugehen, daß die Welt und mit ihr einzelne Menschen und Systeme unter der bedrohlichen Herrschaft Satans und der Realität des Dämonischen stehen. Nach den Worten des Apostels Paulus »kämpfen wir nicht gegen Fleisch und Blut, sondern gegen Mächte und Gewalten der Finsternis« (Epheser 6,12). Diese Mächte führen zur Zerstörung und führen von Gott weg. Der Kampf, von dem der Apostel Paulus spricht, kommt in dem wirksamen Bekenntnis zu Jesus Christus zum Tragen, dem alle finsteren Mächte unterlegen sind (Matthäus 28,18; Galater 4,8+9; Epheser 2,1–3). Gerade in der Evangelisationspraxis gilt es, den Sieg Jesu über die Mächte der Finsternis zu bekennen. Dieser geistliche Kampf findet in Inhalt und Form in der Praxis charismatischer Gruppierungen unterschiedliche Ausprägungen. Auch der Dienst der Befreiung an Einzelpersonen von dem bedrohlichen Einfluß der Realität des Dämonischen geschieht – je nach Ausmaß und je nach konfessioneller Praxis – innerhalb der charismatischen Bewegung in unterschiedlicher Weise. Die Praxis des Befreiungsdienstes bedarf besonderer seelsorgerlicher Sorgfalt. Leider ist es gelegentlich zu Formen des Befreiungsdienstes gekommen, welche die Würde des Menschen und auch die biblischen Maßstäbe seelsorgerlichen Handelns nicht eindeutig genug berücksichtigt haben. Berechtigte Kritik wollen wir ernstnehmen und in der Praxis des Befreiungsdienstes dazulernen. Mit der Übernahme des biblischen Ansatzes wird nicht gesagt, daß jede psychische und somatische Krankheit dämonischen Ursprungs sei. In der Seelsorge wird vielmehr diagnostisch jede andere mögliche Krankheitsursache zuerst beleuchtet, bevor die Möglichkeit dämonischer Belastung in Ansatz gebracht wird.

4. Anliegen der charismatischen Erneuerung

In den unterschiedlichen charismatischen Gruppierungen wird die Möglichkeit einer umfassenden geistlichen Erneuerung betont. Hierbei ist sowohl die Einzelperson als auch die Gemeinde Jesu Christi im Blick. Erneuerung findet dort Raum, wo es zur Buße (Umkehr) kommt und wo konkrete geistliche Schritte getan werden. Impulse der Erneuerung gehen vom Wort Gottes (Bibel) und dem Geist Gottes aus. Die Aufgabe geistlicher Unterscheidung und Prüfung der Impulse gehört zur Grundlage charismatischer Frömmigkeit.

Ein weiteres Anliegen in der charismatischen Erneuerung ist die Evangelisation, die vielfach im umfassenden Sinne auch mit dem Stichwort »Erweckung« betont wird. So gesehen ist die charismatische Erneuerung auch eine Missionsbewegung innerhalb der Kirchen. In diesem Zusammenhang kommt es zunehmend zu einer stärkeren Zusammenarbeit mit anderen missionsorientierten Bewegungen. Das Einstehen für die Einheit all derer, die zum Leib Jesu gehören, ist prägend für die charismatische Erneuerung. In diesem Sinne versteht sich die charismatische Bewegung auch als eine ökumenische Bewegung.

*

Zum Kreis Charismatischer Leiter gehören gegenwärtig:
Christoph von Abendroth, Geistliche Gemeinde-Erneuerung (GGE);
Friedrich Aschoff, GGE;
Dr. Norbert Baumert, Katholische Charismatische Erneuerung (CE);
Gerhard Bially, Zeitschrift »Charisma«;
Wolfgang Breithaupt, GGE;
Mike Chance, Glaubenszentrum Bad Gandersheim;
Reiner Dauner, Evangelisch-methodistische Kirche (EmK);

Peter Dippl, Christliches Zentrum Berlin;
Astrid Eichler, GGE;
Ingolf Ellßel, Bund Freikirchlicher Pfingstgemeinden (BFP);
Dr. Peter Fischer, CE;
Rolf Gürich, GGE;
Wolf-Dieter Hartmann, Ignis, Kitzingen;
Walter Heidenreich, Freie Christliche Jugendgemeinschaft, Lüdenscheid;
Mechthild Humpert, CE;
Christoph Häselbarth, Josua Dienst;
Matthias Jordan, BFP;
Reiner Lorenz, Gemeinde & Charisma, Bund Evangelisch-Freikirchlicher Gemeinden;
Herbert Lüdtke, kath. Gemeinschaft Immanuel;
John McFarlane, Nehemia-Team, Fürth;
Dr. Wolfhard Margies, Gemeinde auf dem Weg;
Dr. Wolfgang Meissner, Gemeinschaftsverband Mülheim/Ruhr;
Ute Minor, EmK;
Eckhard Neumann, Christliches Missionswerk Josua;
Helmut Nicklas, CVJM München;
Rudi Pinke, Christliches Zentrum Frankfurt (CZF);
Hermann Riefle, Jugend-, Missions- und Sozialwerk, Altensteig;
Dr. Heinrich Christian Rust, Bund Evangelisch-Freikirchlicher Gemeinden;
Ulrich von Schnurbein, Geschäftsleute des vollen Evangeliums/Christen im Beruf;
Ortwin Schweitzer, Adoramus-Gemeinschaft;
Wolfgang Simson, Discipling A Whole Nation (DAWN);
Horst Stricker, Bund Evangelisch-Freikirchlicher Gemeinden;
Paul Toaspern, GGE;
Keith Warrington, Jugend mit einer Mission (JmeM);
Peter Wenz, Biblische Glaubens-Gemeinde, Stuttgart.

Anmerkungen

Einführung

1 Vgl. dazu K. Gabriel, Christentum zwischen Tradition und Postmoderne, QD 141, Freiburg 1988, 157ff.

2 Vgl. ebd., 188ff.

3 Daniéle Hervieu-Léger, »Kritik nur von innen heraus«, in: HK 5/1998, 235–240, hier 238.

4 L. Newbigin, The Household of God, London 1953. In deutscher Übersetzung erschienen unter dem Titel »Von der Spaltung zur Einheit«, Stuttgart 1956, vgl. bes. 116ff.

5 Ebd., 96; die Seitenangabe bezieht sich auf die englische Ausgabe.

6 Ebd., 109.

7 Ebd., 116.

8 Johannes Wallmann, Geisterfahrung und Kirche im frühen Pietismus, in: Charisma und Institution, hg. von T. Rendtorff, Gütersloh 1985, 132–144, hier 132.

9 Ebd., 132ff.

10 Vgl. Religionen, Religiosität und christlicher Glaube: eine Studie, hg. im Auftrag der VELKD und AKf, Gütersloh 1991, 108–117.

11 Ebd., 113.

Teil 1: Geisterfahrung in der Pfingstbewegung

12 Vgl. Consultation with Pentecostal Churches (Lima, Peru, 14–19 November 1994), WCC, Geneva; Consultation with Pentecostals in the Americas (San José, 4–6 June 1996), ed. by Hubert van Beek, WCC, Geneva.

13 Vgl. H.-D. Reimer, Art. Pfingstbewegung, in: Lexikon der Spiritualität, 961–963.

14 Vgl. D. W. Dayton, Theological Roots of Pentecostalism, Grand Rapids, Michigan 1987, 21ff.

15 K. Kendrick bemerkt dazu, daß das Ergebnis der Bibelstudien zum Thema Zungenrede die »einmütige Schlußfolgerung (war), daß das Zungenreden der biblische Beweis für die Taufe des Heiligen Geistes sei«. Vgl. ders., Vereinigte Staaten von Amerika, in: Die Kirchen der Welt Bd. 7, Die Pfingstkirchen, hg. von W. J. Hollenweger, Stuttgart 1971, 29.

16 Belege bei P. Fleisch, Die Pfingstbewegung in Deutschland, Hannover 1957, 9ff.

17 Ebd., 18.

18 Vinson Synan, The Holiness-Pentecostal Tradition. Charismatic Movements in The Twentieth Century, Second Edition, Grand Rapids, MI, 1997, 167ff.

19 W. J. Hollenweger, Priorities in Pentecostal Research: Historiographie, Missiologie, Hermeneutics and Pneumatology, in: A. B. Jongeneel, Experiences of Spirit, Frankfurt 1991, 8–12. Ders., Charismatisch-pfingstliches Christentum, Göttingen 1997, 33ff.

20 M. Welker, Gottes Geist. Theologie des Heiligen Geistes, Neukirchen-Vluyn 1992, 21.

21 Vgl. D. B. Barrett, Annual Statistical Table on Global Mission, in: International Bulletin of Missionary Research, Vol. 14, No. 1, 26f.

22 Ebd., Vol. 21, No. 1, 24f.

23 90 Jahre Pfingstbewegung in Deutschland, hg. vom Forum Freikirchlicher Pfingstgemeinden, Freudenstadt 1997.

24 Paul Schmidgall, 90 Jahre Pfingstbewegung, Erzhausen 1997.

25 In der »Zeitung zum Kirchenjubiläum«, Mai 1997, 1f.

26 So R. Ulonska, ebd., 1.

27 So heißt es in einem neueren Text, der das veränderte Selbstverständnis des Mülheimer Verbandes ausspricht: »Selbstverständnis des Mülheimer Verbandes freikirchlich-evangelischer Gemeinden«, Mülheim 1998, 7.

28 Ebd., 15, heißt es: »Der Heilige Geist ermöglicht den Glauben, das Christsein. Jeder Christ hat bei seiner Wiedergeburt den Heiligen Geist empfangen und ist damit geistgetauft.« Zugleich wird auch gesagt: »Der MV anerkennt dankbar die vielfältigen Gaben Gottes in seinen Menschen, seien es die ›praktischen‹ Gaben oder die ›transrationalen‹ Gaben der neutestamentlichen Gabenlisten nach Römer 12 und 1. Korinther 12.« Auf der lehrmäßigen Ebene dürfte hier eine Konvergenz mit evangelisch-landeskirchlichen Charismatikern vorliegen.

29 Chr. H. Krust, 50 Jahre Pfingstbewegung, Altdorf/Nürnberg, 37f.

30 Ebd., 38.

31 R. H. Hughes, Was ist Pfingsten?, Urbach 1992, 37.

32 Ebd., 19.

33 R. Ulonska, in: Wort und Geist 6/1992, 3. Vgl. auch ders., Geistesgaben in Lehre und Praxis, Erzhausen 1983.

34 Lehre – Bekenntnis – Aufbau der Freikirche Gemeinde Gottes, hg. von der Gemeinde Gottes e. V., Urbach 1989, Das Glaubensbekenntnis, 2.

35 MD der EZW 5/1983, 140.

36 Missionarisch in die Zukunft. 50 Jahre Volksmission entschiedener Christen, Stuttgart 1995, 152.

37 Vgl. MD der EZW 4/1983, 120f.

38 W. J. Hollenweger, Verheißung und Verhängnis der Pfingstbewegung, in: EvTh 53 (1993), 284.

39 K. Hutten, Hintergründe und Bedeutung der modernen Zungenbewegung, in: M. T. Kelsey, Zungenreden, Konstanz 1970, 16.

40 W. J. Hollenweger, Enthusiastisches Christentum, Wuppertal/Zürich 1969, 519.

41 G. Theißen, Psychologische Aspekte paulinischer Theologie, Göttingen 1983, 291, im Anschluß an W. J. Samarin, Glossolalia as Learned Behavior, CJT 15 (1969), 60–64, formuliert.

42 A. Bittlinger, in: MD der EZW 1973, 277, im Anschluß an die Arbeit von M. T. Kelsey, Zungenreden, a. a. O., formuliert.

43 Vgl. G. Theißen, Psychologische Aspekte, 303ff.

44 Ebd., 320ff.

45 Ebd., 325f.

Teil 2: Das pfingstlerische Umfeld

46 Paula Gassner, In des Töpfers Hand, Autobiographie, Biblische Glaubensgemeinde, Stuttgart 1977.

47 Die Zitate beziehen sich vor allem auf den zur Aktion herausgegebenen Prospekt »40 Millionen erhalten im September 1995 in Deutschland, der Schweiz und Österreich per Post das evangelistische Büchlein, Reinhard Bonnke«. Zugleich wurde auch die Vorstellung des Projektes auf einem Video und in Heften der »Missionsreportage/CfaN« mit berücksichtigt. Der Berufungsbericht für diese Aktion wird von Bonnke bei Veranstaltungen, in denen das Projekt vorgestellt wird, erzählt. Wesentliche Aussagen davon finden sich in: R. Bonnke, Der zentrale Brennpunkt. Rückblick und Ausblick, Missionsreportage/CfaN S/94 D, 14ff. – Literatur: R. Bonnke, Mighty Manifestations, Kingsway Publications LTD, Eastburne 1994; ders., Heilsgewißheit, Wiesbaden 1993; ders., Die Taufe im Heiligen Geist, Wiesbaden 1993; ders., Die Macht des Blutes Jesu, Wiesbaden 1993; ders., Wie empfange ich ein Wunder, Wiesbaden 1993; Ron Steele, Die Hölle plündern. Reinhard Bonnke – Vom Missionar zum Weltevangelisten, Erzhausen 1985; Frank Kürschner-Pelkmann, Die globale Medieninvasion, in: Weltmission heute

Nr. 13: Christlicher Fundamentalismus in Afrika und Amerika, hg. vom EMW, 88–100.

48 Vgl. Reinhard Bonnke, Wenn das Feuer fällt. Auslöser für Erweckung. Vorwort von Peter Wagner, Erzhausen, 2. Auflage 1991.

49 John Arnott wie auch Randy Clark, die Pastoren und Schlüsselpersonen der Airport Vineyard Gemeinde in Toronto, dem zentralen Wallfahrtsort zum Empfang des Toronto-Segens, gerieten unter den Einfluß des Pfingstevangelisten Rodney Howard-Browne und empfingen dort besondere Segnungen und »Salbungen«. Vgl. dazu D. Roberts, The Toronto Blessing, Kingsway Publications, Eastburne 1994, 83ff; vgl. auch G. Chevreau, Der Toronto-Segen. Erlebte Erneuerung und Erweckung, Wiesbaden 1994, 29ff.

50 Rodney Howard-Browne, Salbung – Berührt von Gott, Frankfurt 1995, 124.

51 Ders., Die kommende Erweckung, Frankfurt 1995, 24. Vgl. dazu auch: ders., Im Strom des Heiligen Geistes, Frankfurt 1995 (Übersetzung der englischsprachig erschienenen Originalausgabe »Flowing in the Spirit«, Tampa, FL, USA, 1991).

52 Ders., Salbung, 24.

53 Ebd., Vorwort.

54 Ebd.

55 Kurt Hutten, Seher, Grübler, Enthusiasten, Stuttgart [12]1982, 365ff.

Teil 3: Charismatische Bewegung – Kontinuität und Wandel

56 Zum Verständnis transkonfessioneller Bewegungen vgl. die Studie des Straßburger Instituts: Neue transkonfessionelle Bewegungen. Dokumente aus der evangelikalen, der aktionszentrierten und der charismatischen Bewegung, hg. von G. Gaßmann und H. Meyer, Frankfurt 1976.

57 Larry Christensen, Komm Heiliger Geist, Metzingen/Neukirchen-Vluyn 1989, 29.

58 Einen guten Überblick über die geschichtliche Entwicklung gibt H.-D. Reimer, Wenn der Geist in der Kirche wirken will. Ein Vierteljahrhundert charismatische Bewegung, Stuttgart 1987. Vgl. ebenso die zahlreichen Artikel von Reimer im Materialdienst (MD) der EZW. Einen kritischen Blick aus der Perspektive progressiver Volkskirchlichkeit auf die charismatische Bewegung wirft U. Birnstein, Neuer Geist in alter Kirche? Die charismatische Bewegung in der Offensive, Stuttgart 1988; ders. (Hg.), »Gottes einzige Ant-

wort ...«. Christliche Fundamentalisten auf dem Vormarsch, Wuppertal 1990.

59 Vgl. A. Bittlinger, Im Kraftfeld des Heiligen Geistes. Gnadengaben und Dienstordnungen im Neuen Testament, Marburg 1971; ders., Charismatische Bewegung in Deutschland, Wetzhausen 1973; ders., Glossolalia. Wert und Problematik des Sprachenredens, Wetzhausen 1969. Die Publikationen Großmanns vgl. Anm. 69.

60 Gemeinde Erneuerung Nr. 65, 3/1997, 3.

61 D. Müller, Glaubenslehre. Eine Handvoll Theologie für Charismatiker, ebd., 8.

62 P. Toaspern, In der Schule des Heiligen Geistes. Biblische Aussagen und heutige Erfahrungen, Metzingen 1994.

63 Charismatische Erneuerung und Kirche, hg. von H. Kirchner u. a., Berlin (Ost) 1983 / Neukirchen 1984. Die Studie ist die erste wissenschaftliche Untersuchung im deutschsprachigen Raum. Auszüge daraus wurden veröffentlicht in: Die Charismatische Bewegung in der DDR, EZW-Orientierungen und Berichte Nr. 10/1980. Die ausführlichste und inhaltreichste Arbeit zur charismatischen Bewegung liegt vor in Oskar Föllers Dissertation. Vgl. ders., Charisma und Unterscheidung. Systematische und pastorale Aspekte der Einordnung und Beurteilung enthusiastisch-charismatischer Frömmigkeit im katholischen und evangelischen Bereich, Wuppertal/Zürich 1994.

64 Abgedruckt ist der Text in: EZW-Orientierungen und Berichte Nr. 14/1987.

65 Vgl. L. Christenson, Komm Heiliger Geist! Informationen, Leitlinien, Perspektiven zur Geistlichen Gemeinde-Erneuerung, Metzingen/Neukirchen-Vluyn 1989.

66 Vgl. MD der EZW 10/1988, 302ff.

67 Vgl. dazu Hans-Diether Reimer, Wenn der Geist in der Kirche wirken will. Ein Vierteljahrhundert charismatische Bewegung, Stuttgart 1987; ders., Für eine Erneuerung der Kirche. Aufsätze – Berichte – Fragmente, Gießen 1996.

68 Vgl. Reinhard Hempelmann (Hg.), Ökumenisches Forum Volkskirche und charismatische Bewegungen, EZW-Orientierungen und Berichte Nr. 21, V/1995; ders., Neue Gemeinden in Deutschland, EZW-Orientierungen und Berichte Nr. 23, XI/1996.

69 Vgl. dazu die kenntnisreichen Bücher des Baptisten S. Großmann, der den Weg der charismatischen Erneuerung von Anfang an begleitet hat: Ders., Haushalter der Gnade Gottes. Von der charismatischen Bewegung zur charismatischen Erneuerung der Gemeinde, Wuppertal/Kassel ²1978; ders., Der Geist ist Leben. Hoffnung und Wagnis

der charismatischen Erneuerung, Wuppertal/Kassel 1990; ders.,
Weht der Geist, wo wir wollen? »Der Toronto-Segen« und der Weg
der charismatischen Bewegung, Wuppertal/Kassel 1995.

70 Aus: Charismatische Erneuerung im Bund Evangelisch Freikirchlicher Gemeinden in Deutschland. Eine Stellungnahme des Arbeits-
kreises »Charisma und Gemeinde«, 8.

71 Vgl. dazu: »Viele Gaben – ein Geist«. Eine Arbeits- und Orientierungshilfe zur Begegnung mit der charismatischen Bewegung. EmK
heute, Heft 76/1992.

72 Eine kritische, aber durchaus differenzierte Sicht bietet: Chr. Morg-
ner, Herausgefordert. Wie begegnen wir den charismatischen und
pfingstlerischen Bewegungen? Ein Wort an die Mitarbeiterinnen und
Mitarbeiter in der Gemeinschaftsbewegung, Dillenburg 1992. Deutlich abgrenzend und kritisch, zum Teil in Kontinuität zur Berliner
Erklärung von 1909, in den grundsätzlichen Überlegungen zu einer
biblischen Pneumatologie wichtig, ist das Votum des 4. Internationalen Bekenntnis-Kongresses: Theologischer Konvent der Konferenz
Bekennender Gemeinschaften in den evangelischen Kirchen
Deutschlands e. V. (Hg.), Das neue Fragen nach dem Heiligen Geist.
Biblische Orientierungshilfe, Diakrisis 14. Jg., 1/1993. Zur gegenwärtigen Beurteilung der Berliner Erklärung (1909) und zur Verhältnisbestimmung zwischen Charismatikern und Evangelikalen vgl.:
Idea-Dokumentation 1/1992, Pietisten, Charismatiker, Pfingstler,
und Idea-Dokumentation 1/1993, Möglichkeiten, Grenzen und
Schwierigkeiten in der Zusammenarbeit zwischen der evangelikalen
und charismatischen Bewegung in Deutschland. Intensiv wurde innerhalb der Württembergischen Evangelischen Landeskirche über
die Schrift der charismatischen Adoramus-Gemeinschaft diskutiert:
Macht Bahn! Thesen zur Erweckung der Kirche, Walddorfhäslach
1991. Vgl. dazu auch die Stellungnahme von R. Scheffbuch, Müssen
Pietisten charismatisch sein? Sonderdruck Lebendige Gemeinde
1/1992, und Macht Bahn! Dokumentation der Synodaldebatte über
Thesen des Plieninger Kreises und der Adoramus-Gemeinschaft.
Vgl. auch: Ist zwischen Pietisten und Charismatikern Einheit möglich? Idea-Dokumentation 5/1998.

73 K. McDonnell, Die theologische Basis der katholischen charismatischen Erneuerungsbewegung, in: Wiederentdeckung des Heiligen
Geistes. Der Heilige Geist in der charismatischen Erfahrung und
theologischen Reflexion, hg. von M. Lienhard und H. Meyer, Frank-
furt/Main 1974, 43.

74 Ebd., 46.

75 Kilian McDonnell/George T. Montague (Hg.), Die Flamme neu ent-
fachen, Münsterschwarzach 1993, 21; vgl. dazu auch dies., Christian
Initiation and Baptism in The Holy Spirit, Second, Revised Edition,
Collegeville, Minnesota 1994.

76 So der Text des Beiwortes zum Teilnehmerheft des Leben im Geist
Seminars, 4.

77 Kilian McDonnell/George T. Montague; Florian Kuntner, Josef
Stimpfle, Otto Wüst, Erneuerung aus dem Geist Gottes. Ermutigung
und Weisung. Mit einem Kommentar von Heribert Mühlen, Mainz
1987; F. A. Sullivan, Die Charismatische Erneuerung. Die biblischen
und theologischen Grundlagen, Graz/Wien/Köln ²1986; Jesus ist der
Herr. Kirchliche Texte zur Katholischen Charismatischen Erneuerung, hg. von Norbert Baumert, Münsterschwarzach 1987; Peter
Hocken, Ein Herr, ein Geist, ein Leib. Die Gnade der Charismatischen Bewegung für die Ökumene, Münsterschwarzach 1993.

78 Hans Gasper, in: EZW-Orientierungen und Berichte 21, 49.

79 Peter L. Berger, Der Zwang zur Häresie. Religion in der pluralistischen Gesellschaft, Frankfurt/Main 1980, 43f.

80 Ebd., 24.

81 Vgl. P. M. Zulehner, Auswahlchristen, in: Volkskirche – Gemeinde-
kirche – Parakirche, Theologische Berichte 10, Zürich/Einsiedeln/
Köln 1981, 109–137, hier 118.

82 Vgl. dazu André Corten, The Growth of the Literature on Afro-
American, Latin American and African Pentecostalism, in: Journal of
Contemporary Religion, Vol. 12, No. 3, 1997, 311–334.

83 So der Titel eines Buches von Charles H. Kraft, Lörrach 1991.

84 C. Peter Wagner, Der gesunde Aufbruch, Lörrach 1989, 140.

85 Vgl. etwa C. P. Wagner u. a., Der Kampf mit satanischen Engeln, So-
lingen 1993; ders., Das offensive Gebet, Wiesbaden 1992.

86 Jack Deere, Überrascht von der Kraft des Heilgen Geistes, Wiesbaden 1995.

87 Beispielhaft wird hier das Buch genannt: John Wimber/Kevin Springer, Heilung in der Kraft des Geistes, Hochheim ²1988.

88 So Wolfhard Margies, Heilung durch sein Wort 1, Urbach ⁴1985, 41.

89 Ebd., 46ff, hier 51.

90 Ebd., 42.

91 H. Henkel und W. Margies, Der Aufstand der Beter, Berlin 1992,
18ff, hier 20.

92 W. Margies, Glaube, der Wunder wirkt, Berlin ²1992, 106.

93 Ebd., 109.

94 D. R. McConnell, Ein anderes Evangelium? Eine historische und

biblische Analyse der modernen Glaubensbewegung, Hamburg
1990; L. Lovett, Positive Confession Theology, in: Dictionary of
Pentecostal and Charismatic Movements, ed. by St. M. Burgess and
G. B. McGee, Grand Rapids, Michigan 1987, 718–720.
95 Martin Percy, Power and Fundamentalism, in: Journal of Contemporary Religion, Vol. 10, No. 3, 1995, 273–282.
96 Gemeinde-Erneuerung (Zeitschrift der GGE in der ev. Kirche)
1/1994, 23.
97 S. Großmann, Weht der Geist wo wir wollen?, Wuppertal/Kassel
1995.
98 Ansätze zu solchen Unterscheidungsprozessen zeichnen sich z. B.
bei W. Kopfermann mit seiner kritischen Auseinandersetzung mit
Theorie und Praxis geistlicher Kampfführung ab. Vgl. ders., Macht
ohne Auftrag. Warum ich mich nicht an der »geistlichen Kriegführung« beteilige, Emmelsbüll 1994. Ebenso hat die GGE mit einer
Reihe begonnen: Theologische Texte der GGE. Klärungen – Wege –
Positionen 1ff, Hamburg 1994ff.

Teil 4: Einzelthemen

Der Segen von Toronto

99 Vgl. dazu J. Gordon Melton, Encyclopedia of American Religions,
5th Edition, Detroit MI, 1996, 82.
100 Der mißverständliche Begriff »Toronto-Segen« wird im folgenden
als Bezeichnung der entsprechenden Phänomene und Erfahrungen
verwendet. Zur Thematik vgl. Guy Chevreau, Catch The Fire. The
Toronto Blessing – An Experience of Renewal and Revival, North-
hampton, England, 1994. Deutsche Übersetzung: Ders., Der
Toronto-Segen, Wiesbaden 1994. Weitere Bücher, die sich speziell
der Thematik des Toronto-Segens zuwenden, sind u. a.: Patrick
Dixon, Signs of Revival, Kingsway Publications, Eastbourne 1994;
Dave Roberts, The ›Toronto‹ Blessing, Kingsway Publications, Eastbourne 1994; Martin Benz, Wenn der Geist fällt. Das ungewöhnliche
Wirken des Heiligen Geistes – einst und jetzt, Metzingen 1995. Auch
das Buch von Wolfhard Margies, Die einzigartige Gemeinschaft mit
dem Heiligen Geist, Berlin 1995, bezieht sich auf die »neuen« Erfahrungen mit dem Heiligen Geist und knüpft inhaltlich unter anderem
an das Buch Benny Hinns, Guten Morgen Heiliger Geist, Wiesbaden
1993, an. Beschreibend und kritisch zum Thema s. a. Stephen Hunt,

The ›Toronto Blessing‹: A Rumour of Angels?, in: Journal of Contemporary Religion, Vol. 10, No. 3, 1995, 257–271, dort auch weitere Literatur aus dem englischsprachigen Kontext.

101 Eine nahezu vollständige Aufzählung der Toronto-Phänomene findet sich in dem Buch John Wimbers, Heilung in der Kraft des Geistes, Hochheim ²1988, 203–215. Vgl. dazu auch das Buch von John White, When The Spirit Comes With Power. Signs and Wonders Among God´s People, London 1988.

102 Ausführliche Berichte zu den Pänomenen des Toronto-Segens finden sich in den Büchern von G. Chevreau, D. Roberts und P. Dixon.

103 Am Ende dieses Berichts heißt es: »Egal wo ich mich befinde, … ich spüre etwas Helles in mir, als habe Gott ein Licht angezündet. … Oftmals schüttelt Gott meinen Kopf durch, als wolle er dort Ordnung schaffen. Er ist für mich ein Gott zum Anfassen geworden, der mich mehrmals täglich daran erinnert, wie wichtig ich ihm bin.« Aus: C-Magazin 2/1995, 6.

104 Vgl. die monatlich erscheinende Basilea Zeitung »ufgstellt«, die in zahlreichen Ausgaben ausführlich über die Phänomene berichtete. Vgl. ebenso die Materialien im Zusammenhang der zwei Kongresse. So z. B. M. Bühlmann u. a., Lehrunterlagen Feuer und Glut 95, Bern 1995.

105 Über die näheren Beziehungen J. Wimbers zum Toronto-Segen und seiner Vorgeschichte berichtet D. Roberts, The Toronto-Blessing, a. a. O., 20f.

106 Vgl. die Berichte in der von G. Bially herausgegebenen Zeitschrift Charisma 89 (1994) und 90 (1994).

107 Die Diskussion innerhalb der deutschen evangelikalen Bewegung ist u. a. in zwei Idea-Dokumentationen nachzulesen: »Umstrittener Toronto-Segen«, Nr. 27/1994, und »Gottes Geist oder Gotteslästerung?«, Nr. 10/1995. Dort finden sich auch landes- und freikirchliche Stellungnahmen. Nicht ganz so hart wie in Deutschland stehen sich Befürworter und Gegner des »Toronto-Segens« in der Schweiz gegenüber. Vgl. die Idea-Dokumentation (Schweiz) »Darf Gott Außerordentliches tun?«, 149/1995. – Peter Beyerhaus meint zum Diskussionsprozeß über dieses Thema: »Was bestürzender ist als das Auftreten solcher bizarren Phänomene in der Christenheit überhaupt, ist die Beobachtung, wie leidenschaftlich unter namhaften Vertretern der charismatischen und der evangelikalen Bewegung die Legitimität des Toronto-Phänomens diskutiert werden kann.« Diakrisis 2/1995, 53.

108 Die Schweizer Stellungnahme erfolgte in enger Anlehnung an eine

Erklärung der Evangelischen Allianz in England vom Dezember 1994, in der es heißt, daß zwischen »primären und sekundären Überzeugungen« unterschieden werden muß. »Darum bekräftigen wir erneut das überwältigende Maß an Übereinstimmung unter uns Evangelikalen, auch wenn wir uns in unserer Beurteilung dieser Erfahrungen unterscheiden.« Die Stellungnahme der Schweizerischen Evangelischen Allianz findet sich in der Idea-Schweiz-Dokumentation, 79f. Die Stellungnahme der Evangelischen Allianz in England ist abgedruckt in: »Toronto-Segen«, hg. von Campus für Christus Schweiz, Mai 1995. Vorausgesetzt ist in diesen Texten ein weiter Begriff von evangelikaler Bewegung, wie er im internationalen Bereich weitgehend üblich ist.

109 Die Undeutlichkeit der Sprachformen spiegelt die Unklarheit im Blick auf Einordnung und Umgang mit den Phänomenen wider. Die Erfahrungen einerseits und die theologische Verarbeitung andererseits stehen noch ungleichgewichtig nebeneinander.

110 Differenzierte Deutungsmuster und praktische Hilfen finden sich vor allem in folgender Orientierungshilfe: Theologischer Ausschuß der Charismatischen Erneuerung in der Katholischen Kirche, Zu auffallenden körperlichen Phänomenen im Zusammenhang mit geistlichen Vorgängen. Theologische Orientierung, Karlsruhe o. J. Eine Zusammenfassung dieser vorsichtig kritischen Sicht findet sich im Rundbrief für Charismatische Erneuerung in der Katholischen Kirche, September 1995, 32f. Auch einzelne Beiträge aus dem Bereich der GGE sind um Klärungen und Unterscheidungen bemüht. Vgl. Gemeinde-Erneuerung 3/1995, 3 und 24ff. Dies sind jedoch Statements von Minderheiten, die aufs Ganze gesehen innerhalb der Charismatischen Bewegung gegenwärtig nicht den Ton angeben.

111 Auch in Toronto selbst wurden die Toronto-Phänomene im Zusammenhang mit der Prophetenbewegung gesehen und als deren Fortsetzung betrachtet. Auf eine deutliche Unterscheidung zwischen Erweckung und Erneuerung drängen u. a. Theologen aus der Charismatischen Erneuerung im Bereich der Katholischen Kirche. So z. B. P. Hocken, Erweckung und Erneuerung, in: C-Magazin 1/1985, 16–18.

112 Nicht alle charismatisch orientierten Christen folgen dieser Geschichtsdeutung. Sie wird jedoch im Zusammenhang mit dem Toronto-Segen vermittelt.

113 John Arnott, der Leiter der Gemeinde in Toronto, schreibt im Juni 1995 im Blick auf die weitere Entwicklung: »Es wird eine größere Kraft und Salbung kommen.« Im Anschluß an ein prophetisches

Wort geht er davon aus, »daß wir gerade in einer Zeit sind, die mit dem Dienst von Johannes dem Täufer vergleichbar ist, die den Weg bereitet. Bald wird in ähnlicher Weise der Dienst Jesu wieder mit mächtigen Zeichen und Wundern stattfinden.« So in der Ausgabe von »Spread the Fire« Juni 1995. Im weiteren heißt es dort: »Wir sind enorm aufgeregt. Wir fangen an, spontane Heilungen zu sehen, die während der Versammlung geschehen, ohne daß jemand für die Leute gebetet hat. Es scheint gerade so, als ob der Herr uns in größere Höhen und genauso größere Salbungen hineinnimmt.«

114 G. Chevreau, Der Toronto-Segen, a. a. O., 29.

115 Vgl. ebd., 29ff. Über die Geschichte des Toronto-Segens berichtet ausführlich vor allem D. Roberts, The ›Toronto‹ Blessing, a. a. O., 15ff., ebenso P. Dixon, a. a. O., 15ff. Er stellt die Toronto-Phänomene in größere Zusammenhänge und konzentriert sich auf die Situation in England.

116 Vgl. B. Hinn, Guten Morgen, Heiliger Geist, Wiesbaden 1993; ders., Herr, ich brauche ein Wunder, Wiesbaden 1993; Steh auf und sei geheilt. Gottes Verheißung und Heilung, dt. Übersetzung, Utrecht 1993; ders., Gottes Salbung für Sie, Utrecht 1993; ders., Das Blut Jesu Christi, Wuppertal 1994.

117 Vgl. dazu D. Roberts, The ›Toronto‹ Blessing, a. a. O., 15ff, und G. Chevreau, Der Toronto-Segen, a. a. O., 29ff.

118 Vgl. das Buch von Ch. Colson, J. I. Packer u. a., M. S. Horton (Ed.), Power Religion. The Selling Out of the Evangelical Church, Chicago 1992.

119 Vgl. Chevreau, a. a. O., 11. Daß bei der Vermittlung der neuen Erfahrungen mit dem Heiligen Geist auch andere Perspektiven wirksam werden können, zeigt das Beispiel von Colin Urquhart, der davon ausgeht, von dem argentinischen Pastor H. Gimenez eine Salbung empfangen zu haben, »die nur er selbst und direkt weitergeben könne«. Vgl. C-Report April 1995, 10.

120 So bei Chevreau und Dixon. Im Zusammenhang mit der Vineyard-Bewegung und dem Wirken John Wimbers weisen auch John White und Jack Deere auf diese Sachverhalte hin. John White, When the Spirit comes …, a. a. O.; J. Deere, Überrascht von der Kraft des Heiligen Geistes, Wiesbaden 1995, engl. Originalausgabe 1993.

121 Martin Bühlmann scheint diese Differenz zu registrieren, wenn er sagt: »Das Erleben von körperlichen Manifestationen in so breiter Weise in der Christenheit ist allerdings neu.« So im Anhang des Buches von M. Benz, a. a. O., 184.

122 Darauf weist auch Oskar Föller in seiner überaus inhaltsreichen Ar-

beit im Anschluß an Ernst Benz hin. Vgl. O. Föller, Charisma und Unterscheidung, Wuppertal/Zürich 1994, 10f.

123 Die veränderte Situation wird etwa deutlich im Vergleich mit den Anliegen der Charismatischen Bewegung in ihren Anfängen. Vgl. dazu den Aufsatz A. Bittlingers, der den charismatischen Impuls nach Deutschland brachte: Die charismatische Erneuerung der Kirchen: Aufbruch urchristlicher Geisterfahrung, in: C. Heitmann/H. Mühlen (Hg.), Erfahrung und Theologie des Heiligen Geistes, Hamburg 1974, 19–35.

124 Abgedruckt findet sich der Text etwa in: P. Fleisch, Die Pfingstbewegung in Deutschland. Ihr Wesen und ihre Geschichte in 50 Jahren, Hannover 1957, 112–115; Chr. Krust, 50 Jahre deutsche Pfingstbewegung, Altdorf 1958, 67–71.

125 Abgedruckt in: MD der EZW 2/1995, 42.

126 Auf die Parallelität zwischen neuer Religiosität und charismatischer Frömmigkeit hat mit Recht B. Wolf hingewiesen. Vgl. das Vorwort der Neuauflage des Buches von M. Kelsey, Trance, Ekstase und Dämonen. Zur Unterscheidung der Geister, München 1994, 15f.

127 Darin unterscheidet sich die Charismatische Bewegung von der Pfingstbewegung am Anfang dieses Jahrhunderts. Durch die Lehre von der Geistestaufe mit dem anfänglichen Zeichen der Glossolalie erfolgte eine starke Konzentration und Fixierung der Geisterfahrung.

128 Vgl. G. Schulze, Die Erlebnisgesellschaft. Kultursoziologie der Gegenwart, Frankfurt/New York 1992.

129 Vgl. dazu F. Pfister, Art. Ekstase, in: RAC, Bd. IV, Stuttgart 1959, 944–987; H. Wißmann, Art. Ekstase, in: TRE 9 (1982), 488–491; H. Zinser, Art. Ekstase, in: H. Cancik, B. Gladigow, M. Laubscher (Hg.), Handbuch religionswissenschaftlicher Grundbegriffe, Bd. II, Stuttgart/Berlin/Köln 1990, 253–258; F. D. Goodman, Ekstase, Besessenheit, Dämonen, Gütersloh 1991.

130 P. Dixon, a. a. O., 258.

131 Ebd., 270.

132 Darauf wird in einem Interview über den Toronto-Segen in der Zeitschrift Gemeinde Erneuerung 4/1994, 31f hingewiesen.

133 Abgedruckt in: M. Benz, a. a. O., 196.

134 W. Margies lehnt Tierlaute und Tiergehabe ab. »So fangen in manchen Gemeinden und Konferenzen die Beteiligten an zu meckern, zu bellen, zu zischen und zu grunzen. Hier liegt Betrug in Reinkultur vor.« A. a. O., 169. Auch »Hustensalbung« und »Schreisalbung« werden ausdrücklich abgelehnt, da sie »Synonyme für dämonische Aktivität« sind. A. a. O., 170.

135 Vgl. Chevreau, a. a. O., 42ff. In Bezugnahme auf die Sakramentsthematik wäre gegen Chevreau darauf hinzuweisen, daß es im Blick auf die Präsenz der heilvollen Nähe Gottes in ekstatischen Erfahrungen keine »Einsetzungsworte« gibt.

136 Vgl. W. J. Hollenwegers Anmerkungen zur Hermeneutik der Pfingstbewegung. Ders., Verheißung und Verhängnis der Pfingstbewegung, in: EvTh 53 (1993), 265–288, hier bes. 280f.

137 Auf die Problematik des Redens vom Geist im Sinn einer unvermittelten Unmittelbarkeit weist etwa hin H. Mühlen, Der gegenwärtige Aufbruch der Geisterfahrung und die Unterscheidung der Geister, in: Gegenwart des Geistes, QD 85, Freiburg 1979, 24–53, hier 49ff.

138 E. Biser, Glaubensprognose. Orientierung in postsäkularistischer Zeit, Graz/Wien/Köln 1992, 9ff. Biser bemerkt in diesem Zusammenhang: »Denn der Glaube wird nicht nur durch dogmatische Fehlinterpretation und moralisches Fehlverhalten gefährdet, sondern nach aller Erfahrung weit mehr noch durch einen religiösen Defätismus, der ihm keine lebens- und zukunftsgestaltende Energie zutraut und im Sinn einer Vertrauenskrise an ihm irre wird.« Ebd., 13.

139 Vgl. J. Roloff, Persönliche religiöse Erfahrung und Theologie des Kreuzes. Bibelarbeit über 2. Kor 12,1–10, in: H. Reller und M. Seitz (Hg.), Herausforderung Religiöse Erfahrung. Vom Verhältnis evangelischer Frömmigkeit zu Meditation und Mystik, Göttingen 1980, 143–168.

140 Vgl. dazu MD der EZW 4/1996, 113ff.

141 Gerhard Bially, Wenn Warten sich lohnt. Erweckung in Pensacola, Düsseldorf 1997, 34f. Bially zitiert hier aus dem Buch von John Kilpatrick, Feast of Fire. The Father's Day Outpouring. Pensacola/Florida 1995, 20–26. Weitere deutschsprachige Publikationen zur Pensacola-Erweckung sind: Walter Heidenreich, Erweckung in Pensacola, Wiesbaden 1997; Stephen Hill, Tränen entzünden ein Feuer. Die Quelle der Erweckung, Fürth 1997.

142 Pressestimme aus: G. Bially, Wenn Warten sich lohnt, a.a.O., 172f.

143 Ebd., 125.

Erweckungschristentum und Endzeiterwartung

144 Vgl. W. Thiede, Die Johannes-Apokalypse in der Deutung christlicher Sekten, EZW-Texte, Informationen Nr. 130 (1/1996), v. a. S. 4ff.

145 Lausanner Verpflichtung abgedruckt unter anderem in: H. Marquart/U. Parzany, Evangelisation mit Leidenschaft, Neukirchen-Vluyn 1990, 320ff.

146 Vgl. P. Beyerhaus, Er sandte sein Wort. Theologie der christlichen Mission, Bd. 1, Wuppertal/Bad Liebenzell 1996, 703ff.

147 Das Manila-Manifest ist abgedruckt in: H. Marquart/U. Parzany, Evangelisation mit Leidenschaft, 329ff, hier 347.

148 Vgl. dazu auch: F. Laubach/H. Stadelmann (Hg.), Was Evangelikale glauben. Die Glaubensbasis der Evangelischen Allianz erklärt, Wuppertal/Zürich 1989, 77ff.; Deutsche Evangelische Allianz (Hg.), Zwischenbilanz. Evangelikale unterwegs zum Jahr 2000, Stuttgart 1991.

149 J. D. Pentecost, Bibel und Zukunft. Untersuchung endzeitlicher Aussagen der Heiligen Schrift, Dillenburg 1993.

150 Vgl. das Heft Nr. 9/1996 der Zeitschrift »dran« zum Thema Endzeit. Vgl. ebenso: F. Stuhlhofer, »Das Ende naht!« Die Irrtümer der Endzeitspezialisten, Gießen/Basel 1992.

151 H. Lindsey/C. Carlson, Alter Planet Erde wohin? Im Vorfeld des Dritten Weltkriegs, Wetzlar, ⁵1972. Carlson wird im Text nicht erwähnt, da seine Rolle als der Lindseys zugeordnet zu verstehen ist.

152 H. Lindsey/C. Carlson, Alter Planet Erde wohin?, 94.

153 A. a. O., 103.

154 A. a. O., 7.

155 Vgl. F. Stuhlhofer, »Das Ende naht!«, a. a. O. R. Chandler, Der Tag X. Werden wir das nächste Jahrtausend noch erleben?, Neuhausen-Stuttgart 1996. – Stuhlhofers Buch informiert über zahlreiche Autoren im deutschsprachigen Bereich. Der amerikanische Kontext wird in dem Buch von Chandler dargestellt. Beide Publikationen kommen aus evangelikalen Verlagen.

156 Einen umfassenden Einblick in alle nur denkbaren Fragen und Themen der Endzeit, jedoch ohne kritische Distanz, gibt J. D. Pentecost, Bibel und Zukunft, a. a. O.

157 Vgl. das Buch von David Chilton, Die große Trübsal, Hamburg 1996, zu dem Thomas Schirrmacher das Vorwort geschrieben hat.

158 Vgl. M. Baar, Frieden für Jerusalem – um jeden Preis?, Lahr 1994, 175ff.

159 Vgl. D. Hunt, Die Frau und das Tier. Geschichte, Gegenwart und Zukunft der Römischen Kirche, Bielefeld 1995.

160 D. Prince, Biblische Prophetie und der Nahe Osten. Israel – Gottes Zeiger an der Weltuhr, Erzhausen ⁴1994, 19.

161 Vgl. M. Kloke, Gestörte Einheit. Das Israel-Engagement christlicher Fundamentalisten, in: EvKom 11/1995, 234–236.

162 P. Cain/R. T. Kendall, Wort und Geist. Die Wiederherstellung einer starken Einheit, Fürth 1997, 74ff.

163 Das Zitat bezieht sich auf den Prospekt, mit dem die Aktion im Vorfeld vorgestellt wurde.

164 Prophetic Vision, Ausgabe 4, Winter 1996/97, 2.

165 Ebd., 2f.

166 Ebd., 3.

167 Vgl. dazu K. Teschner, Lausanne II, in: Evangelisation mit Leidenschaft, a. a. O., 24f.

168 K. Hutten, Seher, Grübler, Enthusiasten, Stuttgart ¹⁴1989, 18.

169 Unsere Hoffnung. Ein Beschluß der gemeinsamen Synode der Bistümer in der Bundesrepublik Deutschland, Heftreihe Synodenbeschlüsse 18, 1975, 43.

170 Die Bedeutung der Reich-Gottes-Erwartung für das Zeugnis der christlichen Gemeinde, Votum des Theol. Ausschusses der EKU, Neukirchen-Vluyn 1986, 107.

Marschieren für Jesus

171 Vgl. dazu etwa Roger Forster/Fred Ritzhaupt, Marsch für Jesus. Vision – Geschichte – Hintergründe, Wiesbaden o. J. (London 1990); Graham Kendrick/John Houghton, Spazierengehen und Beten. Wegweiser zum Beten an der frischen Luft, Wiesbaden 1991; Los Jetzt. Ein Handbuch für die Mission, hg. vom Marsch für Jesus e. V., Lüdenscheid 1994; Graham Kendrick, Gerald Coates u. a., Marsch für Jesus – weltweit. Ein historischer Aufbruch unter den Christen aller Kirchen, Wiesbaden 1994; Steve Hawthorne/Graham Kendrick, Awaking our Cities for God. A Guide to Prayer-Walking, Milton Keynes, UK, 1994.

172 Mehr Vollmacht auf der Straße. Gebetsexpedition Berlin – Moskau, hg. vom Marsch für Jesus e. V. Lüdenscheid und Aufbruch-Verlag, Berlin 1994.

173 Vgl. G. Kendrick u. a., Marsch für Jesus – weltweit, Wiesbaden 1994, 110.

174 Vgl. W. Kopfermann, Macht ohne Auftrag. Warum ich mich nicht an der »geistlichen Kriegführung« beteilige, Emmelsbüll 1994.

Fundamentalismus – der Schatten des Erweckungschristentums

175 M. Marty, R. S. Appleby, Herausforderung Fundamentalismus. Radikale Christen, Moslems und Juden im Kampf gegen die Moderne, Frankfurt 1996, 23.

176 Lukas Vischer, Wachsende Gemeinschaft – die ökumenische Bewegung zwischen Illusion und Hoffnung, in: EvTh 53 (1993), 186f.

177 TRE, Bd. 11, 732.

178 Martin Marty, a. a. O., 214.

179 W. Gitt, Das biblische Zeugnis der Schöpfung, Neuhausen-Stuttgart 1983, 41.

180 J. Barr, Fundamentalismus, München 1981, 77.

181 M. Riesebroth, Fundamentalismus als patriarchalische Protestbewegung, Tübingen 1990.

182 G. Küenzlen, Feste Burgen, MD der EZW 11/1992, 318.

183 K. Lehmann, Glauben bezeugen, Gesellschaft gestalten, Freiburg i. Br. 1993, 616.

184 W. Huber, Der Protestantismus und die Ambivalenz der Moderne, in: Religion der Freiheit, München 1990, 29–65, hier 32.

185 J. Track, Fundamentalismus im Christentum, Pastoraltheologie 81 (1992), 138–155.

186 R. Hummel, Religiöser Pluralismus oder christliches Abendland, Darmstadt 1995, 103.

Teil 5: Kriterien der Geisterfahrung

187 Vgl. P. Fleisch, Die Pfingstbewegung in Deutschland. Ihr Wesen und ihre Geschichte in 50 Jahren, Hannover 1957, 112–115; Chr. H. Krust, 50 Jahre deutsche Pfingstbewegung, Altdorf 1958, 67–71.

188 M. Benz, Wenn der Geist fällt. Das ungewöhnliche Wirken des Heiligen Geistes – einst und jetzt, Metzingen 1995, 49.

189 J. Wimber/K. Springer, Heilung in der Kraft des Geistes, Hochheim 1987, 206.

190 Belege für diese Berufungen finden sich in zahlreichen Publikationen aus dem pentekostal-charismatischen Bereich. Vgl. u. a. J. Wimber/K. Springer, Heilung in der Kraft des Geistes, a. a. O., 204ff; M. Benz, a. a. O., 17ff.

191 Vgl. dazu J. I. Packer, Auf den Spuren des Heiligen Geistes. Im Spannungsfeld zwischen Orthodoxie und Charismatik, Basel 1989, 226ff.

192 E. Schweizer, Heiliger Geist. Themen der Theologie Ergänzungsband, Stuttgart 1978, 69.

193 Th. Schneider, Was wir glauben. Eine Auslegung des Glaubensbekenntnisses, Düsseldorf ²1986, 339.

194 Vgl. auch M. Turner, The Holy Spirit and Spiritual Gifts Then and Now, Carlisle, Cumbria 1996, 19ff.

195 E. Schweizer, Heiliger Geist, 81.

196 Bemerkenswert ist, daß der pfingstliche Theologe G. Fee in um-

fangreichen Studien zum Geistverständnis bei Paulus der klassischen pfingstlichen Sicht der Geistestaufe eine Absage erteilt und ein Verständnis vom Wirken des Heiligen Geistes expliziert, das jenseits eines charismatischen und »nichtcharismatischen« Paradigmas liegt. Vgl. G. D. Fee, God´s Empowering Presence. The Holy Spirit in the Letters of Paul, Peabody/Mass. 1994, u. a. 178ff, 863ff; ders., Paul, the Spirit, and the People of God, Peabody/Mass., 1996, 193ff.

197 Vgl. R. Pesch, Die Apostelgeschichte, 1. u. 2. Teilband, EKK V/1 u. V/2, Zürich/Neukirchen-Vluyn 1986ff, 104.

198 J. Roloff, Die Apostelgeschichte, NTD 5, Göttingen 1981, 38.

199 Ebd., 43.

200 R. Pesch, Die Apostelgeschichte, Bd. V/2, 316.

201 Vgl. dazu F. W. Horn, Das Angeld des Geistes (FRLANT 154), Göttingen 1992.

202 W. Schrage, Der erste Brief an die Korinther, EKK VII/1, Zürich/Neukirchen-Vluyn 1991ff, 339.

203 G. Theißen, Psychologische Aspekte paulinischer Theologie, Göttingen 1983, 338.

204 Schon durch die Zusammenstellung beider Erfahrungsberichte insistiert Paulus darauf, daß die Geisterfahrung den Menschen nicht der geschichtlichen Existenz entreißt. Der Geist ist vielmehr die Kraft Gottes in der Schwachheit.

205 Vgl. zur Stelle die Auslegungen von Fr. Lang, Die Briefe an die Korinther, NTD 7, Göttingen 1986, 346ff, und J. Roloff, Persönliche religiöse Erfahrung und Theologie des Kreuzes. Bibelarbeit über 2. Kor 12,1–10, in: H. Reller und M. Seitz (Hg.), Herausforderung Religiöse Erfahrung. Vom Verhältnis evangelischer Frömmigkeit zu Meditation und Mystik, Göttingen 1980, 143–168.

206 Zum Näheren vgl. J. Roloff, ebd., 143ff.

207 Vgl. ebd., 157. Inspirierend für einzelne Passagen der folgenden Überlegungen war für mich ein unveröffentlichter Vortrag des Tübinger Neutestamentlers Christian Dietzfelbinger, den er im Zusammenhang einer Veranstaltung des Evangelischen Bundes/Württemberg 1993 hielt.

208 J. Gnilka, Theologie des Neuen Testaments, Freiburg/Basel/Wien 1994, 103.

209 Auf der Linie dieser Einsichten des Paulus liegt Luthers Erklärung zum dritten Glaubensartikel, wo es heißt: »Ich glaube, daß ich nicht aus eigener Vernunft noch Kraft an meinen Herrn Jesus Christus glauben oder zu ihm kommen kann, sondern der Heilige Geist hat

mich durch das Evangelium berufen, mit seinen Gaben erleuchtet, im rechten Glauben geheiligt und erhalten.«

210 Das Messiasgeheimnis, das in den zahlreichen Schweigegeboten des Markusevangeliums zum Ausdruck kommt, enthält eindeutig ein antienthusiastisches Motiv. Denn es unterstreicht, daß die Frage, wer Jesus ist, nicht anhand der Wunder Jesu beantwortet werden kann, sondern allein im Licht von Kreuz und Auferstehung.

211 F. Hahn, Grundfragen von Charisma und Amt in der gegenwärtigen neutestamentlichen Forschung. Fragestellungen aus evangelischer Sicht, in: Charisma und Institution, hg. von T. Rendtorff, Gütersloh 1985, 336.

212 E. Käsemann, Art. Geist, in: RGG3 II, Sp. 1274.

213 Vgl. dazu K. Berger, Theologiegeschichte des Urchristentums. Theologie des Neuen Testaments, 2. Auflage, Tübingen/Basel 1995; Y. Congar, Heiliger Geist, Freiburg 1982; C. Heitmann/H. Mühlen (Hg.), Erfahrung und Theologie des Heiligen Geistes, Hamburg/München 1974; J. Moltmann, Der Geist des Lebens. Eine ganzheitliche Pneumatologie, München 1991; M. Welker, Gottes Geist, Neukirchen-Vluyn 1992.

214 Die in Klammern angegebenen Nummern mit folgender Seitenzahl beziehen sich auf die Gemeindeausgabe der Bekenntnisschriften der evangelisch-lutherischen Kirche: Unser Glaube, hg. vom Lutherischen Kirchenamt, bearbeitet von Horst Georg Pöhlmann, Gütersloh [2]1987.

215 Der Heidelberger Katechismus, Marburg [10]1959.

216 Vgl. CA V: »Solchen Glauben zu erlangen, hat Gott das Predigtamt eingesetzt, Evangelium und Sakrament gegeben, dadurch er als durch Mittel den heiligen Geist gibt, welcher den Glauben, wo und wenn er will, in denen, so das Evangelium hören, wirket …« (BSLK 58,2–7).

217 W. Härle, Dogmatik, Berlin/New York 1995, 371.

218 Vgl. H. Mühlen, Der gegenwärtige Aufbruch der Geisterfahrung und die Unterscheidung der Geister, in: Gegenwart des Geistes. Aspekte der Pneumatologie, Freiburg i. Br. 1979, 24–53, hier 49.

219 Th. Schneider, Was wir glauben, Düsseldorf 1985, 362.

220 M. Luther, Daß diese Worte Christi ›Das ist mein Leib‹ noch feststehen, 1527, WA 23, 150.

Teil 6: Neue charismatische Gemeinden als Herausforderung für kirchliches Handeln

Abschnitte dieses Teils, vor allem auf den Seiten 256–261m wurden in einer auswertenden Zusammenfassung des Ökumenischen Forums »Kirchen und Charismatische Bewegungen« (1995) von Dietrich Werner, Studienleiter an der Missionsakademie in Hamburg, mitverfaßt

221 Vgl. dazu W. Kopfermann, Abschied von einer Illusion. Volkskirche ohne Zukunft, Mainz-Kastel 1990.

222 W. J. Hollenweger, Art. Charismatische Bewegung, in: Ökumenelexikon, hg. von H. Krüger u. a., Frankfurt a. M. 1983, 213–215, hier 214.

223 Vgl. dazu Chr. Link, Die Kirche in der Krise der Moderne, in: Volk Gottes, Gemeinde und Gesellschaft, Neukirchen-Vluyn 1992, 283–303.

224 Vgl. die Studie des Straßburger Instituts: Neue transkonfessionelle Bewegungen. Dokumente aus der evangelikalen, der aktionszentrierten und der charismatischen Bewegung, hg. von G. Gaßmann und H. Meyer, Frankfurt 1976.

225 E. Käsemann, Exegetische Versuche und Besinnungen I, Göttingen ^{6}1970, 117.

226 Vgl. dazu U. Luz, Charisma und Institution aus neutestamentlicher Sicht, in EvTh 49 (1989), 76–94.

Ausgewählte Literatur

Bartleman, Frank, Feuer fällt in Los Angeles, Hamburg 1983

Benz, Ernst, Der Heilige Geist in den USA, Düsseldorf 1970

Bloch-Hoell, Nils, The Pentecostal Movement. Its Origin, Development and distinctive Character, Copenhagen/Stockholm/Göteburg 1964

Burgess, S. M., et al. (Hg.), Dictionary of Pentecostal and Charismatic Movements, Grand Rapids, Zondervan 1988

Busch, Roger J., Einzug in die festen Burgen? Ein kritischer Versuch, die Bekennenden Christen zu verstehen, Hannover 1995

Christenson, Larry, Welcome Holy Spirit, Augsburg 1987

Cox, Harvey, Fire From Heaven. The Rise of Pentecostal Spirituality and the Reshaping of Religion in the Twentyfirst Century, New York 1995

Dayton, W. Donald, Theological Roots of Pentecostalism, London 1987

Ecke, Karl, Der Durchbruch des Urchristentums infolge Luthers Reformation. Lesestücke aus einem vergessenen Kapitel der Kirchengeschichte, Altdorf 1949

Eisenlöffel, Ludwig, Ein Feuer auf Erden. Einführung in Lehre und Leben der Pfingstbewegung, Erzhausen 1963

Fleisch, Paul, Geschichte der Pfingstbewegung in Deutschland von 1900–1950, Marburg 1983

Föller, Oskar, Charisma und Unterscheidung, Wuppertal 1995

Geldbach, Erich, Freikirchen: Erbe, Gestalt und Wirkung, Göttingen 1989

Giese, Ernst, Pastor Jonathan Paul, ein Knecht Jesu Christi, sein Leben und Werk, Altdorf 1964

Ders., Und flicken ihre Netze, Dokumente zur Erweckungsgeschichte des 20. Jahrhunderts, Marburg 1976

Großmann, Siegfried, Weht der Geist, wo wir wollen? Der »Toronto-Segen« und der Weg der charismatischen Bewegung, Wuppertal 1995

Heitmann, Claus/Mühlen, Heribert, Erfahrung und Theologie des Heiligen Geistes, Hamburg/München 1974

Hollenweger, Walter J., Enthusiastisches Christentum. Die Pfingstbewegung in Geschichte und Gegenwart, Zürich 1969

Ders., Charismatisch-pfingstliches Christentum. Herkunft – Situation – Ökumenische Chancen, Göttingen 1997

Hutten, Kurt, Seher, Grübler, Enthusiasten, Stuttgart [12]1982.

Jung, Friedhelm, Die deutsche Evangelikale Bewegung – Grundlinien ihrer Geschichte und Theologie, Frankfurt 1991

Kern, Thomas, Zeichen und Wunder, Frankfurt/Main 1997

Krust, Christian Hugo, 50 Jahre deutsche Pfingstbewegung Mülheimer Richtung, Nürnberg 1958

Martin, David, Tongues of Fire, Oxford UK & Cambridge 1990

Masuch, Herbert, Charismatisch – Pro und Contra? Bd. 2, Metzingen 1995

McDonnell, Kilian, The Baptism of Jesus in the Jordan. Collegeville, Minnesota 1996

Mosiman, Eddison, Das Zungenreden geschichtlich und psychologisch untersucht, Tübingen 1911

Reimer, Hans-Diether, Wenn der Geist in der Kirche wirken will, Ein Vierteljahrhundert Charismatische bewegung, Stuttgart 1987

Ders., Für eine Erneuerung der Kirche. Aufsätze, Berichte, Fragmente, Gießen 1996

Schmieder, Lucida, Geisttaufe. Ein Beitrag zur neueren Glaubensgeschichte, Paderborn 1982

Theißen, Gerd, Psychologische Aspekte paulinischer Theologie, Göttingen 1983

Ulonska, Reinhold, Geistesgaben in Lehre und Praxis, Erzhausen 1983

Zopf, Jakob, … auf alles Fleisch. Geschichte und Auftrag der Pfingstbewegung, Kreuzlingen 1985